传统体育与健康

主　编　周大军　黄海圣　黄田田
副主编　喻志雄　陈玉红
　　　　陈士平　金凤延
主　审　李其明

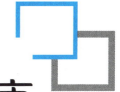

北京理工大学出版社
BEIJING INSTITUTE OF TECHNOLOGY PRESS

版权专有　侵权必究

图书在版编目（CIP）数据

传统体育与健康 / 周大军, 黄海圣, 黄田田主编.
北京：北京理工大学出版社, 2024.8.
ISBN 978-7-5763-3909-3

Ⅰ. G8；G479

中国国家版本馆 CIP 数据核字第 20240FV251 号

| **责任编辑** / 王梦春 | **文案编辑** / 邓　洁 |
| **责任校对** / 周瑞红 | **责任印制** / 施胜娟 |

出版发行 / 北京理工大学出版社有限责任公司
社　　址 / 北京市丰台区四合庄路 6 号
邮　　编 / 100070
电　　话 / (010) 68914026 (教材售后服务热线)
　　　　　　 (010) 68944437 (课件资源服务热线)
网　　址 / http://www.bitpress.com.cn
版 印 次 / 2024 年 8 月第 1 版第 1 次印刷
印　　刷 / 河北盛世彩捷印刷有限公司
开　　本 / 787 mm×1092 mm　1/16
印　　张 / 17.25
字　　数 / 405 千字
定　　价 / 56.00 元

图书出现印装质量问题，请拨打售后服务热线，负责调换

前言

习近平总书记在中共中央政治局集体学习时指出:"中华文化源远流长,积淀着中华民族最深层的精神追求,代表着中华民族独特的精神标识,为中华民族生生不息、发展壮大提供了丰厚滋养。"中共中央、国务院印发并实施的《"健康中国2030"规划纲要》指出"大力发展群众喜闻乐见的运动项目,鼓励开发适合不同人群、不同地域特点的特色运动项目,扶持推广太极拳、健身气功等民族民俗民间传统运动项目"。体育文化传承有其独有的传承方式,是通过理念传承、身体练习、技能贯穿而实践实施。体育的属性决定了"天行健,君子自强不息"的积极进取精神的坚守,体现了"天下兴亡,匹夫有责"的爱国主义精神,民族传统体育更是体现出不同民族、不同体育项目祖辈相承、薪火相传,因蕴含文化内涵不同而特点鲜明。体育在新时期构建社会主义核心价值观中有着极其重要的作用。

为对接《"健康中国2030"规划纲要》的实施,本书根据学生所学专业、未来职业以及宜昌本土体育文化等特点,按"传统篇""休闲篇""健康篇""宜昌地方篇"等分类,共18章,在传授体育与健康及养生知识的同时,力求使学生形成终身体育锻炼的意识与习惯。本书改变了传统的以竞技运动为主的方法体系,强调体育健身、运动保健、体育文化、健康教育和运动技能的协调统一。

宜昌,这片古老而神奇的土地,拥有"屈原昭君故里、世界水电之都"的美誉,是"大国重器"三峡工程所在地,秀美的山水间孕育出许多地方特色体育项目,如龙舟竞渡、土家族健身舞蹈等民俗体育,早已成为宜昌文化的瑰宝。这些体育健身项目不仅展示了宜昌人民的勇敢与智慧,还传递了团结、进取、拼搏的体育精神,随着时代的发展,这些传统体育项目正在传承中不断创新,焕发出新的生机与活力。

基于上述要求,结合当今高职院校体育的发展现状,本书融入了现代体育教育的新理念,教材在追求面向全体学生的同时,还力图使学生建立现代健康观,获取终身体育锻炼的知识和技能。在编写的过程中,编者力求突破一般高职院校体育教材的规律,立足于普通公共课,以贴近学生、贴近社会为基本原则,力求内容简单、通俗易懂。同时,编者还将桥牌、围棋、中国象棋、国际象棋等列为休闲体育类,用于开发学生智力,使学生在了解传统体育技能的基础之上开发智力潜力,拥有健康体魄的同时又有一定的逻辑思维能力,既掌握体育锻炼的方法又具有服务社会、与人交往的能力;既有参与体育与休闲的能力又有组织体育活动的能力。

本书由湖北三峡职业技术学院副教授周大军、黄田田以及湖北中医药高等专科学校副教授黄海圣担任主编,由喻志雄、陈玉红、陈士平、金凤延担任副主编。具体编写分工如下:周大军编写第三、四、五、六章并做全书统稿;黄田田编写第十六、十八章;黄海圣编写第九、十、十一、十二章;喻志雄编写第二、七章;陈玉红编写第八、十三章;陈士平编写第十四、十七章;金凤延编写第一、十五章。

本书在编写过程中,参考了部分相关教材,得到了湖北三峡职业技术学院通识教育学院以及兄弟院校的大力支持。为了把好质量关,特聘湖北中医药高等专科学校李其明教授担任本书的主审,在此一并表示衷心感谢!

由于编者水平及时间有限,书中疏漏之处在所难免,恳请同行、专家及读者批评指正。

编 者

传统篇

第一章 民族传统体育 ·· 3
  第一节 民族传统体育概述 ·· 4
  第二节 民族传统体育的分类 ······································ 6
  第三节 民族传统体育与文化传承 ·································· 8

第二章 武术运动基础 ·· 12
  第一节 武术运动概述 ·· 13
  第二节 武术基本功和基本动作 ···································· 14

第三章 二十四式简化太极拳 ·· 22
  第一节 二十四式简化太极拳概述 ·································· 23
  第二节 二十四式简化太极拳的技术分析及练习 ······················ 26

第四章 三十二式太极剑 ·· 45
  第一节 三十二式太极剑概述 ······································ 45
  第二节 三十二式太极剑技术分析及练习 ···························· 47

第五章 五禽戏 ·· 62
  第一节 五禽戏概述 ·· 63
  第二节 五禽戏的技术分析及练习 ·································· 66
  第三节 五禽戏的动作图解 ·· 68

第六章 八段锦 ·· 81
  第一节 八段锦概述 ·· 81
  第二节 八段锦的技术分析及练习 ·································· 84

第七章　毽球运动 ········· 95

第一节　毽球运动概述 ········· 95
第二节　毽球运动基本技术 ········· 102

第八章　太极柔力球运动 ········· 116

第一节　太极柔力球运动概述 ········· 116
第二节　太极柔力球基本技术 ········· 119

休闲篇

第九章　桥牌 ········· 131

第一节　桥牌概述 ········· 131
第二节　发牌规则及程序 ········· 133
第三节　叫牌规则及程序 ········· 134
第四节　打牌规则及程序 ········· 139
第五节　记录及计分 ········· 141

第十章　围棋 ········· 146

第一节　围棋概述 ········· 146
第二节　围棋的基本规则 ········· 148
第三节　围棋的基本技术 ········· 151

第十一章　中国象棋 ········· 156

第一节　中国象棋概述 ········· 157
第二节　中国象棋的基本规则 ········· 158
第三节　中国象棋的基本技术 ········· 160

第十二章　国际象棋 ········· 163

第一节　国际象棋概述 ········· 163
第二节　国际象棋的基本规则 ········· 165
第三节　国际象棋的基本技术 ········· 167

健康篇

第十三章　体育与健康 ········· 173

第一节　体育保健学概述 ········· 173
第二节　体育与健康指导 ········· 175
第三节　运动与医务监督 ········· 186

第四节　运动创伤的临时处置 …………………………………………… 188

第十四章　运动按摩 ……………………………………………………… 190

第一节　运动按摩概述 …………………………………………………… 190
第二节　运动按摩的基本方法 …………………………………………… 192
第三节　运动调节按摩 …………………………………………………… 204

第十五章　体质与健康的评价 …………………………………………… 206

第一节　体质与健康的评价概述 ………………………………………… 206
第二节　体质与健康的评价指标 ………………………………………… 208
第三节　大学生体质健康评分表 ………………………………………… 209
第四节　女子及中老年人的健身与保健要求 …………………………… 215
第五节　运动处方 ………………………………………………………… 218

宜昌地方篇

第十六章　土家族撒叶儿嗬 ……………………………………………… 223

第一节　土家族撒叶儿嗬 ………………………………………………… 224
第二节　巴山舞 …………………………………………………………… 243

第十七章　龙舟竞渡 ……………………………………………………… 251

第一节　龙舟竞渡概述 …………………………………………………… 252
第二节　龙舟竞渡的技术与战术 ………………………………………… 254
第三节　龙舟竞渡的比赛规则 …………………………………………… 257

第十八章　宜昌其他特色体育 …………………………………………… 261

第一节　枝江碟舞 ………………………………………………………… 261
第二节　五峰板凳舞 ……………………………………………………… 263
第三节　夷陵区龙泉高跷 ………………………………………………… 265

参考文献 …………………………………………………………………… 267

传统篇

第一章　民族传统体育

学习目标

知识目标
1. 掌握民族传统体育的概念和内涵；
2. 掌握民族传统体育的分类和作用。

技能目标
1. 能够列举民族传统体育项目分类及内容；
2. 能够学会欣赏民族传统体育。

素质目标
1. 能够提升大学生对体育精神的认知，领会民族传统体育运动的体育精神；
2. 积极主动宣传与参与民族传统体育；
3. 在日常生活和学习中能够具备顽强拼搏精神，积极主动地寻找解决方案；
4. 面对困难不退缩，勇于挑战，发扬体育精神。

课堂导入

经国务院批准，由国家民族事务委员会和国家体育总局主办、海南省人民政府承办的中华人民共和国第十二届少数民族传统体育运动会，定于 2024 年 11 月 22 日至 30 日在海南省三亚市举行。

本届运动会遵循"平等、团结、拼搏、奋进"的宗旨，深入学习宣传贯彻党的二十大精神，以铸牢中华民族共同体意识为主线，坚定文化自信，大力弘扬中华民族优秀传统文化，全面推进中华民族共有精神家园建设，搭建各民族交往交流交融的平台，将推进民族团结进步事业、服务全民健身战略作为重要目标，充分展现新时代新征程全国各族人民共同奋勇拼搏的精神风貌，为中国式现代化建设做出积极贡献。

中国民族传统体育，是指在中华历史上一个或多个民族内流传或继承的体育活动的总称，主要是指我国各民族传统的祛病、健身、习武和娱乐活动项目。

民族传统体育是人类体育文化的一个重要组成部分，它既是一种带有民族特点的文化形式的表现，又是一种颇具传统色彩的文化形态。它既是人类体育文化的组成部分，又是民族传统历史文化的重要内容。作为一种体育文化，它应是不同的民族有目的地、能动地改造人类社会及人类自身的一种客观物质活动；作为一种民族的传统文化，它应具有作为一种文化形态自身的形成、发展及生存的历史过程，具有属于其自身的突出而丰富的科学内涵和与其他相关文化形态相融、相隔的文化限定。

民族体育，内容丰富，形式多样，且多在民族节日和民俗活动中开展，与生产、生活和军事活动等有密切的联系，既有竞技性较强的体育形式，又包含有娱乐性、趣味性和健身性较浓的体育内容，有着广泛的群众性和普及性。

第一节 民族传统体育概述

一、民族传统体育的含义

民族传统体育顾名思义，它包含三层意思：一是体育的，二是民族的，三是传统的。

（一）所谓体育的

所谓体育的，是指这类活动项目或运动项目都具有体育的特性，是人类有目的有计划地按照一定的规则锻炼自己的身体，使自己的身体各个部分得到平衡协调的发展。

（二）所谓民族的

所谓民族的，是这类体育活动或体育运动具有民族性。这种民族性主要表现在它的民族文化底蕴上。这种民族文化底蕴主要反映在其活动或运动项目来自特定的民族，反映了该民族的文化传统和民俗习惯，为该民族广大民众所喜好，在该民族地域有着深厚的民族群众基础。

（三）所谓传统的

所谓传统的，是指这类体育项目具有历史继承性，是代代相传的。这类体育项目中任何一个都是在特定的民族文化背景下，在一定历史阶段产生的，并在历史发展过程中淘汰其糟粕，保留其精华，从而逐步发展成熟起来，且具有该民族的民族气派和民族风格，它是民族传统文化的重要组成部分（图1-1）。

图1-1 民族传统文化

二、民族传统体育的特点及功能

（一）特点

（1）以养生、卫国和娱乐身心作为目的。

民族传统体育项目大多是为了修身养性、达到娱乐身心、锻炼身体、增强体质。八段锦等运动都是以修身养性为目的。

（2）重形神兼顾，尤重形与精、气、神的结合。

中国传统体育追求体悟运动技术以及促进身心和谐发展，在体育运动过程中逐渐与外在客观世界相融合，注重形与精、气、神的结合，从而实现内在主观世界的精神超越，促进人的完整性发展。

（3）个人修炼身心，注重动静结合。

丰富多彩的民族传统体育文化，显示了中华民族的智慧与勇敢，体现了民族的英武与蛮健，运动项目注重动静、虚实结合。更寄托了对民族人性完美的追求。

（4）体育与德美结合，寓德美于体育活动之中。

丰富多彩的民族传统体育文化，显示了中华民族的智慧与勇敢，体现了民族的英武与蛮健，更寄托了对民族人性完美的追求。

（二）功能

（1）健身功能。

民族传统体育项目的设置和形式大多是为了修养身心、锻炼身体、增强体质。这些活动往往强调通过体力的挑战和技能的训练来达到身体健康的目的。

（2）教育功能。

民族传统体育通过结合传统体育活动与深厚的民族文化遗产，为学生提供了一个独特的学习和体验平台。这种综合型的教育式不仅有助于学生的身心发展，更重要的是，道德观念的培育和社会责任感的加强方面起到了核心作用。同时也为当代学生提供一个理解、尊重和欣赏多元文化的机会。

（3）娱乐功能。

民族传统体育以各种民族节日为体育活动提供了良好的场所，同时各种时令和节令活动也就成为了休闲娱乐民族传统体育的重要载体；而这类体育活动融入民俗节日之中使其娱乐性得以充分展现，为民族的节日内容增添了浓厚的节日氛围，让节日的气氛更加活跃，娱乐性更强。

（4）交往功能。

人们在民族传统体育活动中形成的合作、竞争、遵守规则的意识和行为，通常会迁移到日常社会生活、学习和工作中，有利于人们理解和遵守社会规范的意义及重要性，有利于形成尊重他人的行为习惯，从而能促进人际关系的和谐发展。

第二节 民族传统体育的分类

民族传统体育的所有项目，就其历史发展及其运动的主体功能而言，可划分为以下三大类。

一、技击壮力类民族传统体育运动

（一）拳类

长拳、太极拳、南拳、形意拳、八卦拳、少林拳、查拳、翻子拳、八极拳、通臂拳、劈挂拳、地趟拳、醉拳、螳螂拳、鹰爪拳、猴拳、绵拳、花拳、意拳、六合拳等都具有技法多元性、锻炼形式多样性特征。

（二）器械类

(1) 勾击类：戈、戟、钩等。
(2) 刺击类：枪、矛、殳、剑、铩、叉等。
(3) 劈击类：刀、斧、钺等。
(4) 砸击类：棍棒头、鞭、锤等。
(5) 护体类：胄甲、护臂、头盔、盾等古代军事武艺活动中所使用的各种兵器。
(6) 单器械：剑、刀、枪、棍等。
(7) 双器械：双剑、双刀、双钩等。
(8) 软器械：三节棍、九节鞭、绳标、流星锤等由古代兵器演化而成的各种武术器械。

（三）摔跤

绊跤、搏克、且里西、北嘎、格等古代军事训练项目及民间各种习武壮力活动。

（四）射术

射箭、射柳、骑射、射弩、弹弓等。

（五）举重

举鼎、翘关、举石球、举石锁、举石担、掇石等。

（六）田径

(1) 跑：贵由赤（蒙古语，指赛跑）、高脚竞速等。
(2) 跳：跳骆驼、撑竿跳等。
(3) 投：投石、打布鲁等。

二、休闲娱乐类运动

(一) 骑戏

赛马、走马、赛牦牛、赛骆驼、刁羊等。

(二) 球戏

蹴鞠、马球、击鞠、捶丸、珍珠球、蹴球、柔力球等。

(三) 舞戏

舞龙、舞狮、踢踏舞、摇旱船、跳竹竿、霸王鞭、铜鼓舞等。

(四) 舟戏

划龙舟、龙舟竞渡、赛独木舟、赛皮筏等。

(五) 水戏

游泳、潜水、游水捉鸭等。

(六) 冰雪戏

滑冰、滑雪、打冰嘎等。

(七) 棋戏

象棋、围棋等。

(八) 其他

抢花炮、拔河、秋千、风筝、打陀螺、踢毽子、跳绳、投壶、秧歌等。

三、养生健身类运动

(一) 导引

太清导引养生经、养生方导引法、补养宣导法、马王堆导引图、赤松子导引法、彭祖谷仙卧引法、陶弘景导引按摩法、孙思邈导引法、陈希夷二十四气坐功、婆罗门导引十二法、十八罗汉导引、五禽戏、易筋经、八段锦等,都是以延年益寿为目的,以内外兼修为原则,以肢体、呼吸、意识整合运动为特征。

(二) 太极

健身太极拳、健身太极剑、健身太极扇、健身太极球、健身太极棒等。

(三) 健舞

敦煌拳舞、木兰拳舞、木兰剑舞、木兰扇舞等。

第三节 民族传统体育与文化传承

精神文化，是文化的核心、灵魂，是不同类型文化的标志。它居于文化结构的内层，是最稳定、最保守的层面。也有人将这部分称为理念文化，如日本社会学家横山宁夫曾把精神文化区分为理念文化与制度文化。理念文化是处在思想、观念状态的文化，还没有变为社会规范。而制度文化则是已成为多数人遵循的规范，它反过来对人们的行为具有约束力。很显然，横山宁夫在使用精神文化一词时，是在与物质文化相对应的定义上使用的，其理念文化相当于本文中所定义的精神文化。由于在其具体定义上有一定的区别与混乱，因此明确定义其内涵就是非常有必要的。

对于中华民族传统体育的研究，不仅要重视体育的运动形态，更要注意它的制度与观念形态，因为理念文化是文化中最保守、最不易变化的部分。通过对民族传统体育精神文化中价值观念、思维方式、审美情趣、民族心理等部分的分析与研究，才能促使民族传统体育真正地走向现代化。高玉兰曾指出：中国体育改革正面临文化深层——思想观念的变革（《从文化结构看中国体育改革》，沈阳体育学院学报，1991年第1期）。目前，我国体育精神文化处于现代体育精神文化与传统体育观念、思维方式不相适应的矛盾中。现代体育精神文化要求主体具有综合的体育价值观念，开放多元的思维方式，强烈的竞争意识，以及独立自主开拓进取的心理品质，而这正是深深根植于传统农业型文化土壤中的中国传统体育精神文化所缺少的。传统体育观念中，中庸、求静、求和、等级观念、贵义贱利等，实际上已成为中国体育走向现代化的心理障碍，体育改革已紧迫地面临着文化深层——思想观念的变革。中国传统体育文化是一部不能轻易读懂的书，我们只有以高度的历史责任感与使命感，才能解读它的奥秘。中华民族传统体育是在长达千余年的封建、农业型文化中发展起来的，中国传统文化必然会对传统体育产生影响，传统体育又同时必然折射出人们的传统观念。

关于中华民族传统体育的价值取向，有许多学者进行过研究和探讨。如有学者（于涛，《关于中西体育的分殊与融合的历史唯物主义思考》）概括为："以儒家'天人合一'和'气一元论'为哲学基础，以保健性、表演性为基本模式，以崇尚礼让、宽厚、平和为价值取向的体育形态"。也有学者（高玉兰，沈阳体育学院学报，1991年第1期）总结为："中庸、求静、求和、等级观念特征和贵义贱利的价值观念。"民族传统体育是在民族传统文化影响下的一种文化创造，它必然以农业经济、中央集权、宗法家庭等因素为背景，形成与传统文化相一致的体育文化。

一、重教化、讲等级、崇文而尚柔

受占主导地位的儒家文化的影响，中国传统体育表现出的特点是：在目的作用上的伦理教化的价值取向，尊卑有别的等级观念，崇文尚柔的运动形态。中国自汉朝以后的历代封建帝王和儒家先哲，把道德需要作为人的最高需要，最大的价值就是道德价值。"内圣外王"的贤人是人生的追求标准和理想境界。由于过于重视伦理教化而忽视了其余，致使其走向极端，形成悖谬。受此影响的中国传统体育，只是人"成圣成德，完成圆善"的手段，体育的健康、娱乐等其他价值与功能遭到抹杀。这不仅不利于中国民族传统体育的正常发展，而且也不利于人的身心同步发展。例如，射礼要求"内志正，外体直"；投壶要求"不使之过，亦不使之不及，所以中也，不使之偏颇流散，所以为正也，中正，道之根底也"；踢球应以"仁义"为主。尊卑有别的等级观念在传统体育中得到了最大的渗透。体育活动中的"君臣之礼，长幼之序"严重影响了体育的公平竞争。西周的射礼有大射、宾射、燕射之分，有弓箭、箭靶、伴司乐曲、司职人员的等级区别。"秋"在围猎最后阶段，要由皇帝所在的"黄帷"射出第一箭，奸兽活动才能开始。受"中庸""贵和""寡欲不争""以柔克刚"等思想观念的影响，中国民族传统体育表现出力量、刚强、竞争不足，而舒缓、柔弱、平和有余的性格特征。中国的儒家文化使中国民族传统体育的体育特征几乎丧失殆尽。

二、追求人与自然的和谐与统一

在传统的农业经济条件下，人为了处理好人与自然之间的关系，就要法天地，法四时，"天人合一"。受此哲学观的影响，民族传统体育注重以整体的概念描述人体运动过程中形态、机能、意念、精神诸方面的活动，以及这些状态与外部世界的联系。在体育上不主张事物的极限发展，没有对自然躯体的支配欲，强调人与自然的和谐，在宁静、冥想中悟道。例如，中国传统体育的代表项目气功、太极拳等都是在意念的主导下，"以心会意，以意调气，以气促形，以形会神"。通过意识与肢体的活动使"心灵交通，以契合体道"。它借助于人体内部物质系统的信息流、能量流去维持与外界时空环境的有序活动，进而调节机体的新陈代谢，保养生命。锻炼过程中多采用基本功练习与完整练习相结合的方法，体现了中华民族追求平衡和顺其自然的主体化思维方式。这种观念和思想对于克服西方科学主义"主客之分，身心两分"所带来的科学危机已显示出独到之处。但是由于缺乏积极探索自然的精神和重视知觉思维方式的影响，对运动健康的奥秘很少像古希腊的学者那样彻底地探究，即使是中医也始终停留在"阴阳平衡"的境界，未能更进一步。

三、群体价值本位

中国文化占统治地位的是亲亲尊尊的礼教观念。传统文化以家庭、家族为本位外推，把亲亲尊尊的价值观念扩大和延伸到整个社会群体之中，也就造成了中国传统文化以社会群体为本位的价值取向。受此影响，以个人为基础的竞争在传统体育中不能充分发展。民族传统体育项目中，绝大多数是表演性的，即使有竞争，也往往是群体基础上的竞争。

四、重功利、轻嬉戏

中国古代的知识分子，以"齐家、治国、平天下"作为人生的最高理想。绝大多数都是积极的入世者，步入仕途、高官厚禄是很多人的理想。这种特有的"功利"观，影响了消闲娱乐体育的发展。例如，汉朝对只满足于身心欢娱的体育活动，视为玩物丧志的奇技淫巧。汉代儒生提出"去武行文，废力尚德"，批评提倡"角抵戏"是"玩不用之器"，一些儒生认为蹴鞠费力劳体，有违"君子勤礼，小人尽力"的古训，而主张用其他合于礼仪的"雅戏"来取代。这种对消闲娱乐活动的基本价值观，在无形中影响着人们选择体育运动形式的意向，后世许多对消闲娱乐活动的偏见，皆由此产生。

五、以柔、静为美

中国古代以孔孟为代表的文化是一种阴柔文化。它要求人们在思想上"乐而不淫""哀而不伤"和"心宁、志逸、气平、体安",在做人上多"隐",使情感含蓄而不外露,顺从被视为美德。所以说,中国古代文化追求静极之物,太极是万物之体,万物的最高之母便是静态中的太极。中国的太极拳理论、气功文化皆追求静和自然。这种静态变化,追求内在美高于外在美;静态美高于动态美;追求封闭的系统胜于开放的系统。在中国传统体育中,温文尔雅的太极拳、导引养生、围棋等源远流长,经久不衰。太极拳要求"形不破体,力不尖出","有退有进,站中求圆",技术动作趋向于"拧、曲、圆"的内聚形态。技击交手中讲究"声东击西、避实就虚,守中有攻,就势借力""四两拨千斤"反映了中华民族以智斗勇,追求技巧的审美心理。

六、守内、尚礼、恋土的民族情结

中国传统体育的民族心理特征主要表现在:从体育原理上体现出中华民族追求平衡和顺应自然的主体化思维方式;从技术特点上,反映出中华民族以智斗勇,追求技巧的审美心理;从竞赛规则上,中国传统的比武通常是表演性的,没有具体的动作规定和比赛规则,交手过招中强调礼让为先,点到为止,不战而胜,心服而已,反映了中华民族守内、尚礼的人格倾向。中国象棋的"将、帅"只能活动在"九宫"之内,不得越雷池半步。在对弈的攻守进退中,依靠"仕、相"的护卫,坐镇宫中"站、走、移、挪",反映了"帅不离位"恋土归根的农业民族心理。

综上所述,中国是一个有着悠久封建史的国家。传统的农业型经济、高度统一的中央集权制以及与此相适应的儒家文化,造就了特色鲜明的中国传统体育。从教育史的发展来看,教育是人类社会的一种特有的社会活动,它随着人类社会的产生而产生、发展而发展,教育与政治、经济制度,与生产力发展水平之间存在着极为密切的联系。一方面,社会的政治、经济制度决定教育的领导权,决定教育的目的和内容,决定着人受教育的权利,制约着教育的管理体制;生产力制约着教育目的的确立,制约着教育事业的规模与速度,制约着教育的内容,制约着教学的形式、方法与手段。另一方面,教育又能动地作用于政治、经济、制度,给予政治、经济制度以巨大的影响和作用。教育通过培养大批的符合统治者需要的统治人才,为其制度服务;在生产力方面,教育是生产力再生产的手段,是科学知识再生产的手段,是科学知识转化为生产力的必经途径。教育目的是社会对于人的培养结果和质量规格的总的规定和要求,是教育工作的出发点,也是教育工作的归宿。

在中国封建社会,以铁制工具为代表的生产方式,不需要或很少需要科学技术,生产的科技含量相当低。因此,学校教育内容以治人、济世为主,同时也由于封建的政治、经济体制,决定了中国古代的教育目的是培养封建统治阶级的卫道士。脑体劳动的分离与对立,不利于人的全面发展。封建社会的教育是片面的,只重视儒家经典、文学艺术和礼仪道德等方面的教育,没有体育健康方面的教育。因此,这种体制下的体育,是没有地位、没有存在和发展的条件与机遇的。所以,整个中国古代学校教育中体育是不被重视的,有时还遭到排斥与打击。由于统治者的取士标准是德为先,所以社会风气也就重文轻武。只有养生、保健类体育在古代得到较大发展。中国长期的奴隶与封建社会,特殊的生产力与生产关系、经济基础与上层建筑，决定了对体育功能的认识只能停留在养生、保健方面，休闲娱乐体育因为被视为"奇技淫巧"，因此多方加以挞伐，限制其发展。

由于中国古代对体育功能的认识把身心关系对立割裂开来，所以体育的发展是缓慢的、畸形的。而与此同时，西方亚里士多德则提出：智力的健全依赖于身体的健全。《美国独立宣言》的起草人、第三任总统托马斯·杰斐逊称：强健的身体造就强健的精神。尤其是欧洲16世纪开始的宗教改革和文艺复兴运动，冲破了基督教神学的束缚，提倡人本主义，以人道代替神道，宣扬自由、平等、博爱和个性解放，抨击了基督教神学的"肉体是灵魂的监狱"的唯心主义说教，提倡"健全的精神寓于健全的身体"，为体育的迅速、蓬勃发展提供了前所未有的历史机遇和条件。中西方体育在不同文化因素的影响下，在近代越来越明显地表现出民族性和地域性差异，表现出文化特质的差异。中华民族的价值观念、思维方式、审美倾向和民族心理是中华民族传统体育特点的内在决定因素，是特有政治与经济体制的一种反映与折射。

中国传统体育文化中有许多值得继承和不断发展的精华部分，比如我国的太极体育和太极体育文化，不管是从体育的形式内容，还是体育所能达到的目的或者精神本质上来看，都具有非常重要的意义。对传统体育文化中的这些优秀的精髓内容需要进行不断地强化，并且对其中的民族特色、民族认同感、传统文化价值理念等精髓进行拓展传承。首先，不断地挖掘并分析整理中华民族传统体育文化理论，使得传统体育文化中的本质内涵被充分地利用并体现出来，探索分析当前体育文化理论的发展规律，形成具有中国特色的传统体育文化理论体系。其次，利用先进的现代化理论和现代化技术，找出传统体育文化与现代体育文化相似或者相同的地方，使传统体育文化的内涵更加凸显。比如打破原来的传统体育文化传承机制和传承方式，利用现代化技术对传统体育文化进行文化理论上的增值，对传统体育文化进行科学的分层整理，利用多媒体手段对传统体育文化相关理论进行归档以便于分析，并且考虑到我国不同地区、不同民族不同人群对传统体育文化的需求，更深层次地构建传统体育文化理论体系，使中国传统体育发扬光大。

第二章 武术运动基础

学习目标

知识目标

通过了解武术运动概述、基本功、基本动作，了解武术的特点和作用。

技能目标

1. 掌握武术锻炼的基本方法；
2. 能够完成五步拳练习。

素质目标

1. 通过武德教育学习，培养大学生"自强不息"的精神，坚韧不拔的意志品质、顽强的拼搏精神、强烈的民族自豪感。
2. 形成自觉锻炼的习惯，在武术的修炼中，不断锤炼自己的意志品质，提高大学生的道德水平。

课堂导入

武术运动教会我们"自强不息"的精神。在武术的世界里，每一个动作、每一次练习，都需要我们付出辛勤的汗水。正如古人所言："天行健，君子以自强不息。"正是这种不断挑战自我、超越自我的精神，激励着一代又一代的武术爱好者不断前进。通过武术的修炼，培养坚韧不拔、勇往直前的品质。

武术运动强调"以礼为先"的武德。在武术的较量中，我们注重的不是胜负，而是对对手的尊重和对武德的坚守。这种"以礼为先"的精神，正是中华文化的精髓所在。通过武术的学习，我们要学会尊重他人、遵守规则，培养良好的道德品质和社会责任感。

武术运动还传承了"兼爱非攻"的和平理念。在武术的世界里，我们追求的是和谐共生、和平共处。正如《道德经》所言："夫唯不争，故天下莫能与之争。"通过武术的修炼，我们要学会宽容、包容和谅解，摒弃暴力和争斗。

通过武术运动，可以传承和弘扬中华文化中的自强不息精神。在武术的练习中，要不断锤炼自己的意志品质，提高自己的道德水平，为实现中华民族的伟大复兴贡献自己的力量。

第一节 武术运动概述

武术是以技击动作为主要内容，以套路和格斗为主要运动形式，注重内外兼修的中国传统体育项目。在其漫长的发展史中，武术一直深受我国传统文化的影响。从它的形成、内容和方法上，都体现着中国古典的哲学理念、美学思想、兵法思想、伦理道德等丰富的传统文化。

一、武术的内容和分类

我国历史悠久，地域辽阔，伴随着这个特点产生、发展的武术运动可谓根深叶茂、内容丰富而且分类方式很多，如传统分类中，以是否"主搏于人"而分为内家与外家；按山川、地域分为少林、武当、峨嵋等门派，还有南拳北腿、东枪西棍之说；依习武范围与目的将武术划分为竞技武术、学校武术、民间传统武术和军事武术等；根据体育竞技比赛项目将武术分为长拳、南拳、太极拳和同类拳种的器械、四类传统拳术以及传统器械。一般按运动形式将武术分为三大类：

（一）功法运动

功法运动是以单个武术动作作为主体进行练习，以达到健体或增强某方面体能的运动。例如，专习浑元桩可以调心、调身、调息，长时间站马步桩可以增强腿力等。传统功法运动的内容丰富多彩，按其形式与内容可分为内功（内养功）、外功（外壮功）、轻功（弹跳）、硬功（击打和抗击打）四种。其中前人根据实践经验总结出来的有些功法一直延续至今，如"排打功""沙包功"等仍是提高武术专项技能的有效训练方法与手段。

（二）套路运动

套路运动是指以技击动作为内容，以攻守进退、动静疾徐、刚柔虚实等矛盾运动的变化规律为依据编成的整套练习。套路运动的主要内容有拳术、器械、对练、集体演练。

1. 拳术

拳术指徒手练习的套路运动。拳术的种类很多，如长拳、太极拳、南拳、形意拳、八卦拳、通背拳、象形拳等。

2. 器械

器械指手持武术兵器进行练习的套路运动。器械又可分为长器械、短器械、双器械、软器械。目前最常用的器械是刀、剑、枪、棍，它们也是武术竞赛的主要项目。

3. 对练

对练指在单练基础上，两人或两人以上，在预定条件下进行的假设性攻防练习。其中包括徒手对练、器械对练、徒手与器械的对练等。

4. 集体表演

集体表演指六人以上徒手或手持器械同时进行练习的演练形式。练习时可变换队形，可用音乐伴奏，要求队形整齐，动作协调一致。

（三）搏斗运动

搏斗运动是两人在一定条件下按照一定的规则进行斗智、较力、较技的实战练习形式。目前武术竞赛中正在开展的有散打、推手等。

1. 散打

散打又称散手，古称手搏、白打等，由于比赛是以徒手相搏相较的运动形式在擂台上进行，又称"打擂台"。现在的散打是两人按照一定的规则使用踢、打、快摔等方法制胜对方的竞技项目。

2. 推手

推手是两人遵照一定的规则，使用掤、捋、挤、按、采、挒、肘、靠等手法，双方粘连黏随，寻机借劲发力将对方推出，以此决定胜负的竞技项目。

二、武术的特点和作用

（一）武术的特点

（1）动作具有攻防技击性。
（2）具有内外合一，形神兼备的运动特色。
（3）内容丰富多彩，具有广泛的适应性。

（二）武术的作用

（1）壮内强外的健身作用。
（2）提高防身自卫能力。
（3）培养道德情操的教育作用。
（4）娱乐观赏，丰富文化生活。

第二节 武术基本功和基本动作

一、手型

（一）拳（图2-1）

五指卷紧、拇指压于食指、中指第二指节上。

（二）掌（图2-2）

四指伸直并拢，拇指弯曲紧扣于虎口处。

（三）勾（图 2-3）

五指撮拢成勾，屈腕。

图 2-1 拳

图 2-2 掌

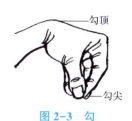
图 2-3 勾

二、步型

（一）弓步（图 2-4）

左脚向前一大步，脚尖微内扣，左腿屈膝半蹲，大腿接近水平，膝与脚尖垂直。右腿挺膝伸直，脚尖内扣（斜向前方）。两脚全脚着地。上体正对前方，眼向前平视，两手抱拳与腰间。弓右腿为右弓步，弓左腿为坐弓步。

要求：前腿弓，后退绷，挺胸、塌腰、沉髋，两脚在同一条直线上。

（二）马步（图 2-5）

两脚平行开立（约为本人脚长的 3 倍），脚尖正对前方，屈膝半蹲，膝部不超过脚尖，大腿接近水平，全脚着地，身体重心落于两腿之间，两手抱拳于腰间。

要求：挺胸、塌腰、脚跟外蹬。

（三）虚步（图 2-6）

两脚前后开立，右脚外展 45°，屈膝半蹲，左脚脚跟离地，脚面绷平，脚尖稍内扣，虚点地面，膝微屈，重心落于后腿上，两手叉腰，眼向前平视。左脚在前为左虚步，右脚在前为右虚步。

要求：挺胸、塌腰、虚实分明。

图 2-4 弓步

图 2-5 马步

图 2-6 虚步

(四) 仆步（图 2-7）

两脚左右开立，右腿屈膝全蹲，大腿和小腿靠紧，臀部接近小腿，右脚全脚着地，脚尖和膝关节外展，左腿挺直平仆，脚尖里扣，全脚着地。两手抱拳于腰间，眼向左方平视。仆左腿为左仆步，仆右腿为右仆步。

要求：挺胸、塌腰、沉髋。

(五) 歇步（图 2-8）

两脚交叉靠拢全蹲，左脚全脚着地，脚尖外展，右脚前脚掌着地，膝部贴近左腿外侧，臀部坐于右腿接近脚跟处。两手抱拳于腰间，眼向左前方平视。左脚在前为左歇步，右脚在前为右歇步。

要求：挺胸、塌腰、两腿靠拢并贴紧。

图 2-7　仆步

图 2-8　歇步

三、手法

(一) 冲拳（图 2-9）

分平拳与立拳两种。平拳拳心向下，立拳拳眼向上。

两脚左右开立，与肩同宽，两拳抱于腰间，肘尖向后，拳心向上。挺胸、收腹、直腰，右拳从腰间向前冲出，转腰、顺肩，在肘关节过腰后，右前臂内旋。力达拳面，臂要伸直，高于肩平，同时左肘向后牵拉。练习时，左右可交替进行。

要求：出拳要快速有力，要有寸劲（即爆发力），做好拧腰、顺肩、急旋前臂的动作。

(二) 架拳（图 2-10）

右拳向下、向左、向上经头前向右上方划弧架起，拳眼向下，眼看左方。练习时，左右可交替进行。

要求：松肩，肘微屈，前臂内旋。

图 2-9　冲拳

(三) 推掌（图 2-11）

两脚左右开立，与肩同宽，两拳抱于腰间，肘尖向后，拳心向上。右拳变掌，前臂内旋，并以掌根为力点，向前猛力推击。推击时要转腰、顺肩，臂要伸直，高于肩平，同时左肘向后牵拉。练习时，左右可交替进行。

要求：挺胸、收腹、直腰。出掌要快速有力，有寸劲，同时做好拧腰、顺肩、沉腕、翘掌等动作。

图 2-10　架拳

图 2-11　推掌

（四）亮掌（图 2-12）

两脚左右开立，与肩同宽，两拳抱于腰间，肘尖向后，拳心向上。右拳变掌，经体侧向右、向上划弧，至头部右前上方时，抖腕亮掌，臂成弧形。掌心向前，虎口朝下，眼随右手动作转动，亮掌时，注视左方。练习时，左右可交替进行。

要求：抖腕、亮掌与转头要同时完成。

图 2-12　亮掌

四、腿法

（一）正踢腿（图 2-13）

两脚并立，两手立掌，两臂侧平举，上体正直，左脚向前上半步，左腿支撑，右脚脚尖勾起向前额处猛踢，两眼平视前方。练习时左右交替进行。

要求：挺胸、直腰。

（二）侧踢腿（图2-14）

一脚支撑，另一脚伸直向体侧勾脚尖上踢，脚尖踢向自己的耳部。

要求：挺胸直腰，开髋侧身，速度要快。强调踢向耳侧。

图2-13　正踢腿　　　　　　　　　图2-14　侧踢腿

（三）外摆腿（图2-15）

两脚并立，两手立掌，两臂侧平举，上体正直，右脚向右前方上半步，左脚脚尖勾紧向右侧上方踢起，经面前向左侧上方摆动，直腿落在右腿旁。眼向前平视。练习时左右交替进行。

要求：挺胸、塌腰、松髋、展髋，外摆幅度要大，成扇形。

（四）里合腿（图2-16）

两脚并立，两手立掌，两臂侧平举，上体正直，右脚向右前方上半步，左脚脚尖勾起里扣并向左上方踢起，经面前向右侧上方直腿摆动，落于右腿外侧。眼向前平视。练习时左右交替进行。

要求：挺胸、直腰、松髋、合髋，里合幅度要大，成扇形。

图2-15　外摆腿　　　　　　　　　图2-16　里合腿

五、腰功

（一）前俯腰（图2-17）

并步站立，两手手指交叉，直臂上举，手心朝上，上体前俯，两手尽量触地，然后两手松开，抱住两脚跟腱逐渐使胸部贴近腿部，持续一定的时间再起立。

要求：两腿挺膝伸直，挺胸、塌腰、收髋。

（二）后甩腰（图2-18）

开步站立，两臂上举。以腰、髋关节为轴，上体坐后屈甩腰动作，两臂也跟着甩动，两腿伸直。

要求：后甩腰要快速，动作紧凑而有弹性。

图2-17 前俯腰　　　　　　　　　图2-18 后甩腰

（三）涮腰（图2-19）

两脚开立，略宽与肩，两臂自然下垂。以髋关节为轴，上体前俯，两臂随之向左前下方伸出，然后向前、向右、向后、向左翻转绕环。

要求：尽量增大绕环幅度。

图2-19 涮腰

六、组合练习——五步拳

五步拳，发源于山东省聊城市冠县张尹庄村，是长拳类武术的基本练习方法，主要用于武术拳法套路入门、提高四肢动作协调力，是查拳基础套路之一，中国传统武术拳法之一。

五步拳是通过武术中最基本的弓、马、仆、虚、歇五种步型结合拳、掌、勾三种手型及上步、退步步法和搂手、冲拳、按掌、穿掌、挑掌、架打、盖打等手法构成的组合练习套路。

预备式

身体直立，两脚并拢，两臂自然下垂，两掌轻贴大腿外侧；精神集中，眼向前平视；两掌握拳，屈肘收抱于腰间，拳心向上（图2-20）。

弓步冲拳

左脚向左迈出一步，成左弓步；左手向左平搂并顺势收至腰间抱拳，右拳向前冲出，拳心朝下，目视前方（图2-21）。

弹腿冲拳

重心前移，左腿挺膝立起，右腿屈膝提起，当大腿抬至接近水平时，迅速挺膝绷脚面，向前甩摆小腿，腿成水平，同时右拳收抱至腰右侧；左拳自腰侧向前立拳冲出，高与肩平，力达面拳，目视左拳（图2-22）。

图2-20 预备式　　　图2-21 弓步冲拳

图2-22 弹腿冲拳

马步架打

右脚向前落步，脚尖内扣，上体左转90°，两腿屈膝半蹲成马步；同时左拳变掌，屈肘上架于头上方，掌缘朝上，掌指尖朝右，右拳自腰侧向右冲出，臂与肩平，目视右拳（图2-23）。

歇步盖冲拳

左转身约90°，左脚向右脚后插步，脚前掌着地，同时左掌收至腰侧抱拳，拳心向上，右拳变掌向上经头上方，向前下方盖至胸前，环臂，掌心向下，指尖向左，目视右掌；两腿屈膝全蹲成右歇步，同时右掌变拳收至腰右侧，左拳自腰侧向前平拳冲出，目视左拳（图2-24）。

图2-23 马步架打

图2-24 歇步盖冲拳

提膝穿掌

右腿挺膝直立，左腿屈膝提起，同时左拳变掌屈肘回收下按；右拳变掌自腰侧经左手背上向前上方穿出，左掌顺势回收至右腋下，目视右掌（图2-25）。

仆步穿掌

上动不停，左脚落地成仆步；左手掌指朝前，沿左腿内侧穿至左脚面。目视左掌（图2-26）。

图2-25　提膝穿掌

图2-26　仆步穿掌

虚步挑掌

重心前移，左腿屈膝蹲起，脚尖外展，右脚随之蹬地向前上步，脚尖内侧着地成右虚步，同时左手向前、经上绕至左后方成勾手；右手向下、经体右侧绕至右前方成立掌，左手稍高于肩，右手臂略低于肩，目视右手（图2-27）。

并步抱拳（收式）

右脚收至左脚内侧，两腿随之挺膝立起，同时右掌收于腰右侧抱拳；左掌收于腰左侧抱拳，目视前方（图2-28）。

图2-27　虚步挑掌

图2-28　收式

第三章　二十四式简化太极拳

学习目标

知识目标

1. 了解二十四式简化太极拳套路的基本理论。
2. 掌握二十四式简化太极拳的特点、练习注意事项。

技能目标

1. 能随音乐节奏自练单个动作和组合动作，并尝试动作创新，培养学生的创造性思维和自主学习的能力。
2. 能够运用所学知识指导初学者进行太极拳练习。
3. 能够运用所学的太极拳套路进行体育锻炼，成为终身体育的一项技能。

素质目标

1. 培养学生认真学习的态度、不怕吃苦的精神和探索新知识的兴趣。
2. 提升学生对本民族优秀文化的认同，培养"自强不息、厚德载物"的民族精神。
3. 感受太极拳独特的文化魅力，感悟太极拳孕育的民族精神，成为太极拳的文化守护者。

课堂导入

太极拳，是一种内外兼修、刚柔并济的武术。它追求的是身心合一、和谐共生的境界。这种精神理念，正是我们所倡导的，能够引导学生树立正确的价值观、人生观，培养他们成为具有家国情怀、担当精神的优秀公民。

太极拳的精髓在于"以柔克刚、以静制动"。这种智慧，同样适用于国家发展。在全球化的今天，我们面临着诸多挑战与机遇。只有保持冷静、沉着应对，才能在激烈的国际竞争中立于不败之地。培养学生具备这种智慧，能够使他们在复杂多变的环境中保持定力，进而为国家的发展贡献自己的力量。

太极拳讲究"天人合一"，追求人与自然的和谐共生，这也符合我们国家的可持续发展理念。

第一节 二十四式简化太极拳概述

二十四式简化太极拳是国家国家体育运动委员会（现为国家体育总局）于1956年组织太极拳专家汲取杨氏太极拳之精华编纂而成。尽管它只有24个动作，但相比传统的太极拳套路来讲，其内容更显精练，动作更显规范，并且也能充分体现出太极拳的运动特点。它以其深刻的文化内涵和多元化的价值功能，受到了当今大学生的广泛追捧。它是国家本着弘扬国粹、发扬传统武术的指导思想而编纂的一套入门级的太极拳。

一、太极拳运动的特点

（一）心静体松

练太极拳要求思想集中，全神贯注于动作，做到"神聚、心静、意专、体松"。

"心静"是练太极拳的重要原则，"心静"要求专心，在练拳时，思想要集中，意识不断地引导动作，并且灵活变换，使任何动作都有一定的指向，不能顾此失彼。"心静"要有耐心，不可焦躁或心猿意马，否则动作方向、姿势不正确，就难以把太极拳学好、练好。

"体松"是和心静同样重要的一个原则，是贯彻"用意不用力"的重要措施。运动时，在心静的前提下用意识引导肢体内外各个器官、关节和肌肉的放松，逐步做到全身不该用力处毫不用力，内外各部分无一处不松，尽量使身体自然舒展而不僵硬。按照规矩用劲，以意贯注于动作过程之中，按照动作的虚实变化适度地完成动作。

（二）轻灵沉稳

练太极拳要求在意识引导下动作轻灵、重心沉稳。

"轻灵"是保证全身内外充分放松的必要措施。所谓"一举动，周身俱要轻灵"，只有用力越少越好的练法，动作才能越练越灵活，不轻就不能松，不松就不能灵活。灵是轻的发展，在轻的基础上发展，方能达到"一羽不能加"的高度敏感的灵。

"沉稳"是使上体端正舒适，保持下肢稳定，要求虚领、立身中正、气沉丹田、步似猫行。进退转换，要分清虚实，步随身腰变化，需稳健、轻灵、沉着。

（三）柔和缓慢

"柔和"的前提是要放松，放松对解除疲劳、积蓄力量，以及提高耐力、速度、灵敏和技巧等，都有直接的关系。练习时，要求始终放松，在心静用意的前提下，引导全身放松。放松是用意的，是积极振作的，不是漫不经心、消极疲沓的。练习时，要在放松的基础上使两臂动作保持弧形，使两臂运动走弧线。

"缓慢"也是太极拳的重要特点，它是一种平稳中正的缓慢，肌肉和骨节不是处在某一特定角度下收缩和旋转，而是用许多不同的角度完成一系列伸缩和旋转的静力性练习。

（四）连贯圆活

练太极拳要求"一动无有不动""由脚而腿而腰，总须完整一气"，要求做到上下相随、节节贯串地连贯圆活。

每一势如何起、如何落，要仔细揣摩，到定势时必须意识贯注十分，似停非停，这种势与势之间的承接，就称作连贯。连贯就是要求上一动作和下一动作流畅地衔接起来，转接处微微贯动，不僵不滞，不能有停顿断续之处。

动作要圆活，亦即动作要圆满灵活，在一连贯的弧形动作中圆满地不凹不凸，没有缺陷，不起棱角，变动又非常轻灵活泼。圆满灵活运用到动作上，要求达到中正不偏、不越界限、不被压扁、走化粘依、不丢不顶、处处圆满灵活。

（五）身法中正

身法中正指的是"中正不偏""上下一条线"。

太极拳的身法主要是"立身须中正安舒，支撑八面""不偏不倚，无过不及"，处处不使身体各部位散漫失中。要表现出中正、大方、严正、舒展、和顺的形象，符合心静用意的静态要求。

练习时不论前进、后退、左旋、右转，四肢动作不论如何转换，自头顶、躯干至会阴始终要形成一条直线，凡是身体向前俯、后仰、左歪、右斜、失去重心垂直平衡的，都是不符合"中正不偏"的要求，都是身法上的缺点。

"上下一条线"的关键，在于用意识使脊柱保持垂直状态。太极拳身法的轻灵、圆活，全凭腰、胯、胸的运转和协调动作，使得在任何角度上都能够保持全身的平衡；进退、旋转，不论手足如何伸缩，身法必须保持中正。虚领顶劲和尾闾中正是太极拳身法中正不偏的标志。但如果没有含胸拔背和气沉丹田的协调动作，胸部就会僵硬而得不到运动，腿部也只能随着腰部的左旋右旋而左右旋转，得不到一升一降的上起下落的弧形运动。虚领顶劲是身法中正的首要条件，尾闾中正作为动作定向的舵手，含胸拔背和气沉丹田是身法上必要须始终保持的状态，是气不上浮、重心稳定的关键。

（六）对称协调

太极拳的连贯圆活，是在肌肉放松的情况下，全身肌肉群在意识指挥下做精确严密的、有组织的、有规律的统一性运动，不使各关节拉力所产生的分力破坏平衡，而是在节节贯串中求得每一动作的合力点。这在太极拳中称作对称协调。太极拳对称协调的内在规律，可以总结为五个方面：意欲向上，必先欲下；意欲向左，必先右去；前去之中，必有后撑；上下左右，相吸相系；对拉拔长，曲中求直。

（七）呼吸自然

在练习太极拳的时候，我们应采用深呼吸的方法。深呼吸可以帮助我们放松身体，减轻紧张情绪，使我们的身体更加放松、稳定。深呼吸时，要将气吸入丹田（腹部），然后慢慢呼出，保持呼吸的自然舒适。

呼吸和动作要相互融合。一般来说，当我们的动作向内收敛时，应该配合吸气，而在动作向外展开时，应该配合呼气。这种呼气方式可以帮助我们更好地发挥太极拳的技巧，提高身体的协调性和稳定性。

（八）意领身随

人体的任何动作（除反射性的动作外），包括各种体育锻炼的动作，都需要经过意识的指挥。练习太极拳的全部过程，也要求用意识（指想象力）引导动作，把注意力贯注到动作中去

拳论说："神为主帅，身为驱使"，意领身随就是这个意思。

二、初学太极拳的注意事项

（一）速度要均匀

初学太极拳时宜慢不宜快，从慢上练功夫，打基础，先把动作学会，把要领掌握好。熟练以后，不论速度稍快或稍慢，都要从头到尾保持均匀。

打一套"简化太极拳"，正常的速度是 4~6 分钟，有的人慢练，可长达 8~9 分钟，但也不可太慢。

（二）架势不可忽高忽低

初学时架势可以高一点，也可低一点，但在"起势"时就要确定高低程度，以后整套动作，要大体上保持同样的高度（除"下势"以外）。

体弱者最好采用高一点的架势练习，随着动作的熟练和体质的增强，再练中型架势或低一些的架势。

（三）要适当掌握运动量

太极拳运动虽然不如体操运动和其他长拳运动剧烈，但是由于它要求在上下肢呈一定的弯曲情况下做慢动作，加之要求全身内外上下高度集中统一，所以，还是有一定运动量的。特别是下肢的运动量比较大。因为打这种拳，一方面要求两腿分清虚实，体重经常由一条腿来负担，而这条腿又是在膝关节弯曲情况下来支撑体重的；另一方面，由一个姿势转到另一个姿势、重心由一条腿过渡到另一条腿上时要求缓慢，用的时间较长，这就大大增加了下肢的负荷量。所以，初学的人练完一两趟"简化太极拳"，往往会感到两腿酸痛，这是正常的生理现象。坚持练下去，这种腿部酸痛的现象就会消失。

每次锻炼的时间长短、趟数多少、运动量大小，应根据工作和学习情况及自己的体质而定。一般健康无病的人，运动量可以略大一些，可以连续打一趟或两趟。老年人和体弱者要根据自己的身体情况，适当调节运动量，可以单练一组或几组；也可以专练一两组动作如"揽雀尾""云手""起势"等；也可以架势稍高一些，如"弓步"的前腿应垂直，膝盖与脚尖在一条垂直线上，送时，膝关节弯曲度可略小一些。患有腰间伤病的人，每次的运动量不宜太大，要注意循序渐进，逐步加大运动量，必要时应征求医生的意见。总之，在初练太极拳时，运动量的掌握一定要因人制宜，因病制宜，不应贪多求快，急于求成。

（四）要持之以恒

练太极拳和从事其他体育锻炼一样，贵在坚持。不仅开始时要积极参加练习，而且一定要坚持继续练下去。根据自己生活、工作或学习的情况，最好每天能安排一定的业余时间进行练习。切不可"三天打鱼，两天晒网""一曝十寒"，或是认为已经练会了，或者感到病情有所好转，就不再继续坚持练习。那样，不仅不能逐步提高太极拳的技术水平，不能做到精益求精，也不能更好地起到增强体质和治病防病的效果。

第二节 二十四式简化太极拳的技术分析及练习

一、动作名称及口诀

（一）第一组

1. 起势

左脚开立　两臂前举　屈膝按掌

2. 左右野马分鬃

丁步抱球　转体上步　弓步分手
后坐撇脚　丁步抱球　转体上步　弓步分手
后坐撇脚　丁步抱球　转体上步　弓步分手

3. 白鹤亮翅

跟步抱球　后坐转体　虚步分手

（二）第二组

1. 左右搂膝拗步

转体摆臂　转体收脚　上步屈肘　弓步搂推
后坐撇脚　转体收脚　上步屈肘　弓步搂推
后坐撇脚　转体收脚　上步屈肘　弓步搂推

2. 手挥琵琶

跟步摆臂　后坐挑掌　虚步合臂

3. 左右倒卷肱

转体撤手　提膝屈肘　退步错手　虚步推掌
转体撤手　提膝屈肘　退步错手　虚步推掌
转体撤手　提膝屈肘　退步错手　虚步推掌
转体撤手　提膝屈肘　退步错手　虚步推掌

（三）第三组

1. 左揽雀尾
转体撤手　收脚抱球　上步分手　弓步掤臂
翻掌前捋　转体后捋
弓步前挤
后坐收掌　弓步推按

2. 右揽雀尾
转体撤手　收脚抱球　上步分手　弓步掤臂
翻掌前捋　转体后捋
弓步前挤
后坐收掌　弓步推按

（四）第四组

1. 单鞭
转体扣脚　丁步勾手　转体上步　弓步推掌

2. 云手
转体扣脚　转体云手　收步云手
开步云手　收步云手
开步云手　收步云手

3. 单鞭
丁步勾手　转体上步　弓步推掌

（五）第五组

1. 高探马
跟步翻掌　后坐屈肘　虚步探掌

2. 右蹬脚
提膝穿掌　弓步分掌　丁步合抱　蹬脚撑手

3. 双峰贯耳
收脚落手　上步分手　弓步贯拳

4. 转身左蹬脚
转体扣脚　丁步合抱　蹬脚撑手

（六）第六组

1. 左下势独立
提膝勾手　仆步穿掌　弓步挑掌　提膝挑掌

2. 右下势独立
落脚勾手　仆步穿掌　弓步挑掌　提膝挑掌

（七）第七组

1. 左右穿梭
落脚转体　丁步抱球　上步翻掌　弓步架推
后坐撇脚　丁步抱球　上步翻掌　弓步架推

2. 海底针
跟步落手　后坐提手　虚步探掌

3. 闪通臂
收脚提手　上步翻掌　弓步架推

（八）第八组

1. 转身搬拦捶
转身扣脚　上步搬拳　上步拦掌　弓步冲拳

2. 如封似闭
穿掌翻手　后坐收掌　弓步推按

3. 十字手
转体扣脚　弓步分手　后坐扣脚　收脚合抱

4. 收势
翻掌分手　落臂按掌　收脚还原

二、套路动作技术原理及练习

在文字说明中，凡有"同时"两字，不论是先写还是后写身体的某一部分动作，都要一齐活动，不要分先后去做。动作的方向是以人体的前、后、左、右为依据的，不论怎样转变，总是以面对的方向为前，背后的方向为后，身体左侧为左，身体右侧为右。

（一）第一组

1. 起势

（1）身体自然直立，两脚开立，与肩同宽，脚尖向前；两臂自然下垂，两手自然放在大腿外侧，指尖向下；向前平视［图3-1（1）］。

要点：头颈正直，下颏向后收，不要故意挺胸或收腹。精神集中。

（2）两臂慢慢向前平举高与肩平，同肩宽，手心向下［图3-1（2），图3-1（3）］。

（3）上体保持正直，两腿屈膝下蹲；同时两手轻轻下按，两肘下垂与两膝相对，眼向前平视［图3-1（4）］。

(1)

(2)

(3)

(4)

图 3-1　起势

要点：两肩下沉，两肘松垂，手指自然微屈。屈膝松腰，臀部不可凸出，身体重心落于两腿中间。两臂下落和身体下蹲的动作要协调一致。

2. 左右野马分鬃

（1）上体微向右移，重心移至右腿上；同时右臂收在胸前平屈，手心向下，左手经体前向右下划弧放在右手下，手心向上，两手心相对成抱球状，左脚收到右脚内侧，脚尖点地；眼看右手［图3-2（1）、图3-2（2）］。

（2）上体微向左转，左脚向左前方迈出，右脚跟后蹬。右腿自然伸直成左弓步；同时上体继续向左转，左右手随转体慢慢分别向左上右下分开，左手高与眼平（手心斜向上），肘微屈；右手落在右胯旁，屈肘，手心向下，指尖向前；眼看左手［图3-2（3）～图3-2（5）］。

（3）上体慢慢后坐，重心移至右腿，左脚尖翘起，微向外撇（为45°~60°）。左脚掌慢慢踏实，身体左转，重心再移至左腿；同时左手翻转向下，左臂收在胸前平屈，右手向左划弧放在左手下，两手心相对成抱球状；右脚随即收到左脚内侧，脚尖点地；眼看左手［图3-2（6）～图3-2（8）］。

（4）右腿向右前方迈出，左腿自然伸直，成右弓步；同时上体右转，左右手随转体分别向左下右上分开。右手高与眼平（手心斜向上），肘微屈；左手落在左胯旁，肘微屈，手心向下，指尖向前，眼看右手［图3-2（9）、图3-2（10）］。

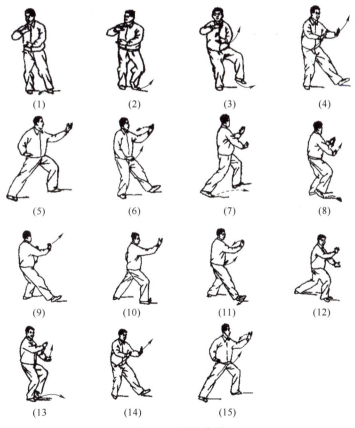

图3-2 野马分鬃

（5）与（3）相同，唯左右相反［图3-2（11）～图3-2（13）］。

（6）与（4）相同，唯左右相反［见图3-2（14）、图3-2（15）］。

要点：上体不可前俯后仰，胸部必须宽松舒展。两臂分开时要保持弧形。身体转动时要以腰为轴、弓步动作与分手的速度要均匀一致。做弓步时，迈出的脚先是脚跟着地，然后脚掌慢慢踏实，脚尖向前，膝盖不要超过脚尖；后腿自然伸直，前后脚尖角成45°~60°（需变化时后脚跟可以后蹬调整）。野马分鬃式的弓步，前后脚的脚跟要分在中轴线两侧，它们之间的横向距离（即以动作行进的中线为纵轴，其两侧的垂直距离为横向）应该保持在10~30 cm。

3. 白鹤亮翅

（1）上体微向左转，左手翻掌向下，左臂平屈胸前，右手向左上划弧，手心翻转向上，与左手抱成抱球状；眼看左手［图3-3（1）］。

（2）右脚跟进半步，上体后坐，身体重心移至右腿，上体先向右转，面向右前方，眼看右手，然后左脚稍向前移，脚尖点地，成左虚步，同时上体再微向左转，面向前方，两手随转体慢慢向右上左下分开，右手上提停于右额前，手心向左后方，左手落于左胯前，手心向下，指尖向前；眼平视前方［图3-3（2）、图3-3（3）］。

(1)   (2)   (3)

图3-3　白鹤亮翅

要点：完成姿势胸部不要挺出，两臂上下都要保持半圆形，左膝要微屈，身体重心后移和右手上提、左手下按要协调一致。

（二）第二组

1. 左右搂膝拗步

（1）右手从体前下落，由下向后上方划弧至右肩外侧，肘微屈，手与耳同高，手心斜向上；左手由左下向上，向右划弧至右胸前，手心斜向下；同时上体先微向左再向右转；左脚收至右脚内侧，脚尖点地；眼看右手［图3-4（1）~图3-4（3）］。

（2）上体左转，左脚向前（偏左）迈出成左弓步；同时右手屈回由耳侧向前推出，高与鼻尖平，左手向下由左膝前搂过左胯旁，指尖向前；眼看右手手指［图3-4（4）、图3-4（5）］。

（3）右腿慢慢屈膝，上体后坐，重心移至右腿，左脚尖翘起微向外撇，随后脚掌慢慢踏实，左腿前弓，身体左转，身体重心移至左腿，右脚收到左脚内侧，脚尖点地同时左手向外翻掌由左后向上划弧至在肩外侧，肘微屈，手与耳同高，手心外向上，右手随转体向上、向左下划弧落于左胸前，手心斜向下；眼看左手［图3-4（6）~图3-4（8）］。

（4）与（2）相同，唯左右相反［图3-4（9）、图3-4（10）］。

（5）与（3）相同，唯左右相反［图3-4（11）~图3-4（13）］。

（6）与（2）相同［图3-4（14）、图3-4（15）］。

图 3-4 搂膝拗步

要点：前手推出时，身体不可前俯后仰，要松腰松胯。推掌时要沉肩垂肘，坐腕舒掌，同时须与松腰、弓腿上下一致。搂膝拗步成弓步时，两腿跟的横向距离保持约 30 cm。

2. 手挥琵琶

右脚跟进半步，上体后坐，重心移到右腿上，上体半面向右转，左脚略提起稍前移，变成左虚步，脚跟着地，脚尖翘起，膝微屈；同时左手由左下向上挑举，高与鼻尖平，手心向右，臂微屈；右手收回放在左臂肘部里侧，手心向左；眼看左手食指（图3-5）。

图 3-5 手挥琵琶

要点：身体要平稳自然，沉肩垂肘，胸部放松；左手上起时不要直向上挑，要由左向上、向前，微带弧形。右脚跟进时，脚掌先着地，再全脚踏实。身体重心后移和左手上起、右手回收要协调一致。

3. 左右倒卷肱

（1）上体右转，右手翻掌（手心向上），经腹前由下向后上方划弧平举，臂微屈，左手随即翻掌向上；眼的视线随着向右转体先向右看，再转向前方看左手［图3-6（1）、图3-6（2）］。

（2）右臂屈肘折向前，右手由耳侧向前推出，手心向前，左臂屈肘后撤，手心向上，撤至左肋外侧；同时左腿轻轻提起向后（偏左）退一步，脚掌先着地，然后全脚慢慢踏实，身体重心移到左腿上，成虚步，右脚随转体以脚掌为轴扭正；眼看右手［图3-6（3）、图3-6（4）］；

（3）上体微向左转，同时左手随转体向后上方划弧平举，手心向上，右手随即翻掌，掌心向上，眼随转体先向左看，再转向前方看右手［图3-6（5）］。

（4）与（2）相同，唯左右相反［图3-6（6）、图3-6（7）］。

（5）与（3）相同，唯左右相反［图3-6（8）］。

（6）与（2）相同［图3-6（9）、图3-6（10）］。

（7）与（3）相同［图3-6（11）］。

（8）与（2）相同，唯左右相反［图3-6（12）、图3-6（13）］。

图3-6 左右倒卷肱

要点：前推手不要伸直，后撤手也不可直向回抽，随转体仍走弧线。前推时，要转腰松胯，两手的速度要一致，避免僵硬。退步时，脚掌先着地，再慢慢全脚踏实，同时，前脚随转体以脚掌为轴扭正。退左脚略向左后斜，退右脚略向右后斜，避免使两脚落在一条直线上。后退时，眼神随转体动作先向左右看，然后再转看前手。最后退右脚时，脚尖外撇的角度略大些，便于接做"左揽雀尾"的动作。

（三）第三组

1. 左揽雀尾

（1）上体微向右转，同时右手随转体向后上划弧平举，手心向上，左手放松，手心向下；眼看左手［图3-7（1）］。

图3-7　左揽雀尾

（2）身体继续右转，左手自然下落逐渐翻掌经腹前划弧至右肋前，手心向上；右臂屈肘，手心转向下，收至右胸前两手相对成抱球状；同时身体重心落在右腿上，左脚收到右脚内侧，脚尖点地；眼看右手［图3-7（2）、图3-7（3）］。

（3）上体微向左转，左脚向左前方迈出，上体继续左转，右腿自然蹬直，左腿屈膝，成左弓步；同时左臂向左前方掤出（即左臂平屈成弓形，用前臂外侧和手背向前方推出），高与肩平，手心向后；右手向右下落放于右胯旁，手心向下，指尖向前；眼看左前臂［图3-7（4）、图3-7（5）］。

要点：掤出时，两臂前后均保持弧形。分手、松腰、弓腿三者必须协调一致。揽雀尾弓步时，两脚跟横向距离不超过10 cm。

（4）身体微向左转，左手随即前伸翻掌向下，右手翻掌向上，经腹前向上、向前伸至左前臂下方；两手下捋，即上体向右转，两手经腹前向右上方划弧，直至右手手心向上，高与肩平，左臂平屈胸前，手心向后；同时身体重心移至右腿；眼看右手［图 3-7（6）、图 3-7（7）］。

要点：下捋时，上体不可前倾，臀部不要凸出。两臂下打捋须随腰旋转，仍走弧线。左脚全掌着地。

（5）上体微向左转，右臂屈肘折回，右手附于左手腕里侧（相距约 5 cm），上体继续左转，双手同时向前慢慢挤出，左手心向后，右手心向前，左前臂要保持半圆；同时身体重心逐渐前移成左弓步；眼看左手腕部［图 3-7（8）、图 3-7（9）］。

要点：向前挤时，上体要正直。挤的动作要与松腰、弓腿相一致。

（6）左手翻掌，手心向下，右手经左腕上方向前、向右伸出，高与左手齐，手心向下，两手左右分开，与肩同宽；然后右腿屈膝，上体慢慢后坐，重心移至右腿，左脚尖翘起；同时两手屈肘回收至腹前，手心均向前下方；向前平观［图 3-7（10）~图 3-7（12）］。

（7）上式不停，重心慢慢前移，同时两手向前、向上按出，掌心向前；左脚前弓成左弓步；眼平视前方［图 3-7（13）］。

要点：向前按时，两手须走曲线，手腕部高与肩平，两肘微屈。

2. 右揽雀尾

（1）右腿屈膝，上体后坐右转，身体重心移至右腿，左脚尖里扣；右手向右平行划弧至右侧，然后由右向下经腹前向左上划弧至肋前，手心向上，左臂平屈胸前，左手向下与右手成抱球状；同时身体重心再移向左腿，右腿收至左脚内侧，脚尖点地。眼看左手［图 3-8（1）~图 3-8（4）］。

图 3-8　右揽雀尾

(2) 同"左揽雀尾"(3),唯左右相反[图3-8(5)、图3-8(6)]。

(3) 同"左揽雀尾"(4),唯左右相反[图3-8(7)、图3-8(8)]。

(4) 同"左揽雀尾"(5),唯左右相反[图3-8(9)、图3-8(10)]。

(5) 同"左揽雀尾"(6),唯左右相反[图3-8(11)~图3-8(13)]。

(6) 同"左揽雀尾"(7),唯左右相反[图3-8(14)]。

(四) 第四组

1. 单鞭(1)

(1) 上体后坐,重心逐渐移至左腿上,右脚尖里扣;同时上体左转,两手(左高右低)向左弧形运转,直至左臂平举,伸于身体左侧,手心向左,右手经腹前运至左肋前,手心向后上方;眼看左手[图3-9(1)、图3-9(2)]。

(2) 重心逐渐移至右腿上,上体右转,左脚向右脚靠拢,脚尖点地;同时右手向右上方划弧(手心由里转向外),至右侧方时变勾手,臂与肩平;左手向下经腹前向右上划弧停于右肩前,手心向里;眼看左手[图3-9(3)、图3-9(4)]。

图3-9 单鞭(1)

(3) 身体微向左转,左脚向左前侧方迈出,右脚跟后蹬成左弓步;在身体重心移向左腿的同时,左掌随上体继续左转慢慢翻转向前排出,手心向前,手指与眼齐平,臂微屈;眼看左手[图3-9(5)、图3-9(6)]。

要点:上体保持正直,松腰。完成式时,右臂肘部稍下垂,左肘与左膝上下相对,两肩下沉。左手向外翻掌前推时,要随转体边翻边排出,不要翻掌太快或最后突然翻掌。全部过渡动作,上下要协调一致。如面向南起势,单鞭的方向(左脚尖)应向东偏北(大约为15°)。

2. 云手

(1) 重心移至右腿上,身体渐向右转,左脚尖里扣;左手经腹前向右上划弧至右肩前,手心斜向后。同时右手变掌,手心向右前;眼看左手[图3-10(1)、图3-10(2)、图3-10(3)]。

(2) 上体慢慢左转,身体重心随之逐渐左移;左手由脸前向左侧运转;手心渐渐转向左方;右手由右下经腹前向左上划弧,至左肩前,手心斜向后;同时右脚靠近左脚,成小开立步（两脚距离 10~20 cm）；眼看右手［图 3-10（4）、图 3-10（5）］。

（3）上体再向右转，同时左手经腹前向右上划弧至右肩前，手心斜向后。右手向右侧运转手心翻转向右；随之左腿向左横跨一步，眼看左手［图 3-10（6）~图 3-10（8）］。

（4）同（2）［图 3-10（9）、图 3-10（10）］。

（5）同（3）［图 3-10（11）~图 3-10（13）］。

（6）同（2）［图 3-10（14）、图 3-10（15）］。

图 3-10 云手

3. 单鞭（2）

（1）上体向右转，右手随之向右运转，至右侧方时变勾手；左手经腹前向右上划弧至右肩前，手心向内；身体重心落在右腿上，左脚尖点地；眼看左手［图 3-11（1）~图 3-11（3）］。

（2）上体微向左转，左脚向左前侧方迈出，右脚跟后蹬，成左弓步，在身体重心移向左腿的同时，上体继续左转，左手慢慢翻转向前推出，成"单鞭"式［图 3-11（4）、图 3-11（5）］。

要点：与"单鞭（1）"式相同。

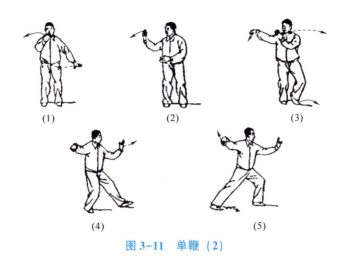

图 3-11　单鞭（2）

（五）第五组

1. 高探马

（1）右脚跟进半步，身体重心后移至右腿上；右勾手变掌，两手心翻转向上，两肘微屈，同时身体微向右转，左脚跟渐渐离地；眼平视左前方［图 3-12（1）］。

（2）上体微向左转，面向前方；右手经右耳旁向前推出，手心向前，手指与眼同高；左手收至左侧腰前，手心向上；同时左脚微向前移，脚尖点地成左虚步；眼看右手［图 3-12（2）］。

图 3-12　高探马

要点：上体自然正直，双肩下沉，右肘微下垂。跟步移换重心时，身体不要有起伏。

2. 右蹬脚

（1）左手手心向上，前伸至右手腕背面，两手相互交叉，随即向两侧分开并向下划弧，手心斜向下；同时左脚提起向前方迈步（脚尖略外撇）；身体重心前移，右腿自然蹬直，成立弓步；眼看前方［图 3-13（1）~ 图 3-13（3）］。

（2）两手由外圈向里圈划弧，两手交叉合抱于胸前，右手在外，手心均向后；同时右脚向左脚靠拢，脚尖点地；平视右前方［图 3-13（4）］。

（3）两臂左右划弧分开平举，肘微屈，手心均向外；同时右腿屈膝提起，右脚向右前方慢慢蹬出；眼看右手［图 3-13（5）、图 3-13（6）］。

要点：身体要稳定，不可前俯后仰。两手分开时，腕部与肩齐平。蹬脚时，左腿微屈，右脚尖回勾，劲使在脚跟。分手和蹬脚须协调一致。右臂和右腿上下相对。如面向南起势，蹬脚方向应为正东偏南（约30°）。

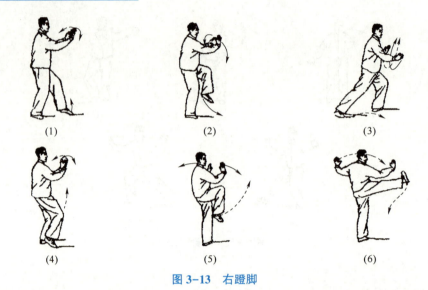

图 3-13 右蹬脚

3. 双峰贯耳

(1) 右腿收回平屈，脚尖自然下垂，左手由后向上、向前落至体前，两手心均翻转向上，同时向下划弧分落于左膝盖两侧；平视前方［图3-14（1）、图3-14（2）］。

(2) 右脚向右前方落下，重心渐前移成右弓步，面向右前方；同时两手下落，慢慢变拳，分别从两侧向上、向前划弧至面部前方，成钳形状，两拳相对，高与耳齐，拳眼都斜向内下（两拳中间距离10～20 cm），眼看右拳［图3-14（3）、图3-14（4）］。

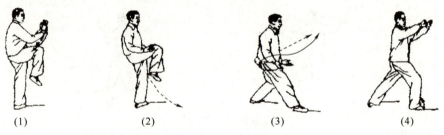

图 3-14 双峰贯耳

要点：完成式时，头颈正直，松腰松胯，两拳松握，沉肩垂肘，两臂均保持弧形。双峰贯耳式的弓步和身体方向与右蹬脚方向相同。弓步的两脚跟横向距离同"揽雀尾"式。

4. 转身左蹬脚

(1) 左腿屈膝后坐，身体重心移至左腿，上体左转，右脚尖里扣；两拳变掌，由上向左右划弧分开平举，手心向前；眼看左手［图3-15（1）、图3-15（2）］。

(2) 身体重心再移至右腿，左脚收到右脚内侧，脚尖点地；同时两手由外圈向里圈划弧合抱于胸前，左手在外，手心均向后；眼平视左方［图3-15（3）、图3-15（4）］。

(3) 两臂左右划弧分开平举，肘部微屈，手心均向外；同时左腿屈膝提起，左脚向左前方慢慢蹬出；眼看左手［图3-15（5）、图3-15（6）］。

要点：与"右蹬脚"式相同，唯左右相反。

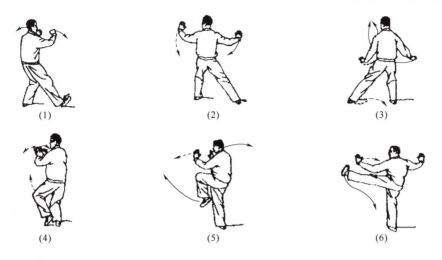

图 3-15 转身左蹬脚

（六）第六组

1. 左下势独立

（1）左腿收回平屈，上体右转；右掌变勾手，左掌向上、向右划弧下落，立于右肩前，掌心斜向后；眼看右手［图 3-16（1）、图 3-16（2）］。

（2）右腿慢慢屈膝下蹲，左腿由内向左侧（偏后）伸出，成左仆步；左手下落（掌心向外），向左下顺左腿内侧向前穿出；眼看左手［图 3-16（3）、图 3-16（4）］。

要点：右腿全蹲时，上体不可过于前倾。左腿伸直，左脚尖须向里扣，两脚脚掌全部着地。左脚尖与脚跟踏在中轴线上。

（3）身体重心前移，左脚跟为轴，脚尖尽量外撇，左腿前弓，右腿后蹬，右脚尖里扣，上体微左转并向前起身；同时左臂继续向前伸出（立掌），掌心向右，右勾手下落，勾尖向后；眼看左手［图 3-16（5）］。

（4）右腿慢慢提起平屈，成左独立步，同时右勾手变掌，并由后下方顺右腿外侧向前划弧摆出，屈臂立于右腿上方，肘与膝相对，手心向左；左手落于左胯旁，手心向下，指尖向前，眼看右手［图 3-16（6）、图 3-16（7）］。

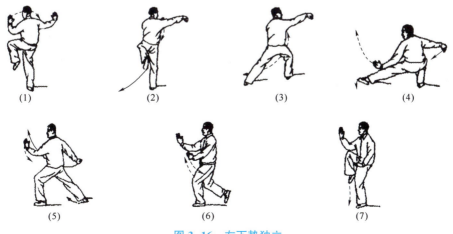

图 3-16 左下势独立

要点：上体正直，独立的腿要微屈，右腿提起时脚尖自然下垂。

2. 右下势独立

（1）右脚下落于左脚前，脚掌着地，然后以左脚前掌为轴脚跟转动，身体随之左转；同时左手向后平举变勾手，右手随转身向左侧划弧，立于左肩前，掌心斜向后；眼看左手［图 3-17（1）、图 3-17（2）］

（2）同"左下势独立"（2），唯左右相反［图 3-17（3）、图 3-17（4）］

（3）同"左下势独立"（3），唯左右相反［图 3-17（5）］

（4）同"左下势独立"（4），唯左右相反［图 3-17（6）、图 3-17（7）］

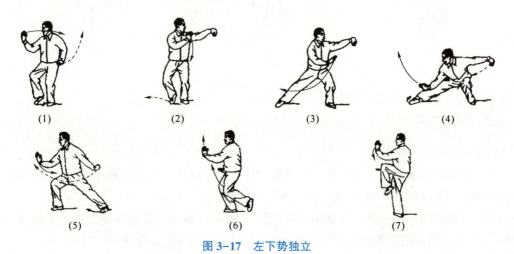

图 3-17　左下势独立

要点：右脚尖触地后必须稍微提起，然后再向下仆腿。其他均与"左下势独立"相同，只是左右相反。

（七）第七组

1. 左右穿梭

（1）身体微向左转，左脚向前落地，脚尖外撇，右脚跟离地屈膝成半坐盘式；同时两手在左胸前抱球状（左上右下）；然后右脚收到左脚内侧，脚尖点地；眼看左前臂［图 3-18（1）~图 3-18（3）］。

（2）身体右转，右脚向右前方迈出，屈膝弓腿，成右弓步；同时右手由脸前上举并翻掌停在右额前，手心斜向上；左手先向左下再经体前向前推出，高与鼻尖平，手心向前；眼看左手［图 3-18（4）~图 3-18（6）］。

（3）身体重心略向右移，右脚尖稍向外撇，随即身体重心再移至右腿，左腿跟进，停于脚内侧，脚尖点地；同时两手在右胸前成抱球状（右上左下），眼看右前臂［图 3-18（7）、图 3-18（8）］。

（4）同（2），唯左右相反［图 3-18（9）~图 3-18（11）］。

要点：完成姿势面对斜前方（如面向南起势，左右穿梭方向分别为正西偏北和正西偏南，均约 30°）。手推出后，上体不可前俯。手向上举时，防止引肩上耸。一手上举一手前推要与弓腿松腰上下协调一致。做弓步时，两脚跟的横向距离，保持在 30 cm 左右。

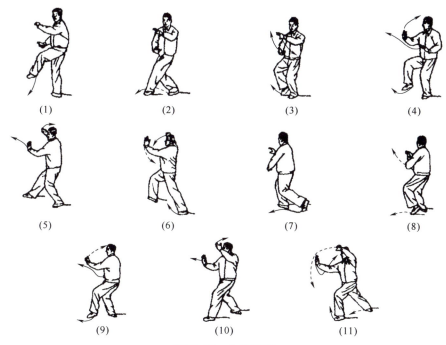

图 3-18　左右穿梭

2. 海底针

右脚向前跟进半步，身体重心移至右腿，左脚稍向前移，脚尖点地，成左虚步；同时身体微向右转，右手下落经体前向后、向上提抽至肩上耳旁，再随身体左转，由右耳旁斜向前下方插出，手心向左，指尖斜向下；与此同时，左手向前、向下划弧落于左胯旁，手心向下，指尖向前，眼看下方（图 3-19）。

图 3-19　海底针

要点：身体要先向右转，再向左转。完成姿势，面向正面，上体不可太前倾。避免低头和臀部外凸，左腿要微屈。

3. 闪通臂

上体微右转，左脚向前迈出，屈膝弓腿，成左弓步；同时右手由体前上提，屈臂上举，停于右额前上方，手心翻转斜向上，拇指朝下；左手上起经胸前向前推出，高与鼻尖平，手心向前；眼看左手（图 3-20）。

要点：完成姿势时上体自然正直，松腰、松胯；左臂不要完全伸直，背部肌肉要伸展开。推掌、举掌和弓脚动作要协调一致。弓步时，两腿跟横向距离同"揽雀尾"（不超过 10 cm）。

图 3-20 闪通臂

（八）第八组

1. 转身搬拦捶

（1）上体后坐，身体重心移至右腿上，左脚尖里扣，身体向右后转，然后身体重心再移至左腿上；与此同时，右手随着转体向右、向下（变拳）经腹前划弧至左肋旁，拳心向下；左掌上举于头前，掌心斜向上；眼看前方 [图 3-21（1）~图 3-21（2 附）]。

（2）向右转体，右拳经胸前翻转撇出，拳心向上；左手落于左胯旁，掌心向下，指尖向前，同时右脚收回后，（不要停顿或脚尖点地）即向前迈出，脚尖外撇；眼看右拳 [图 3-21（3）~图 3-21（4）]。

（3）身体重心移至右腿上，左脚向前迈一步；左手上起经左侧向前上划弧拦出，掌心向前下方；同时右拳向右划弧收至右腰旁，拳心向上；眼看左手 [图 3-21（5）、图 3-21（6）]。

（4）左腿前弓成左弓步，同时右拳向前打出，拳眼向上，高与胸平，左手附于右前臂里侧，眼看右拳 [图 3-21（7）]。

图 3-21 转身搬拦捶

要点：右拳不要握得太紧，右拳收回时，前臂要慢慢内旋划弧，然后再外旋停于右腰旁，拳心向上。向前打拳时，右肩随拳略向前引伸，沉肩垂肘，右臂要微屈。弓步时，两脚横向距离不超过 10 cm。

2. 如封似闭

（1）左手由右腕下向前伸出，右拳变掌，两手手心逐渐翻转向上并慢慢分开回收；同时身体后坐，左脚尖翘起，身体重心移至右腿；眼看前方［图 3-22（1）~图 3-22（3）］。

（2）两手在胸前翻掌，向下经腹前再向上，向前推出，腕部与肩平，手心向前；同时左腿成弓步，平视前方［图 3-22（4）~图 3-22（6）］。

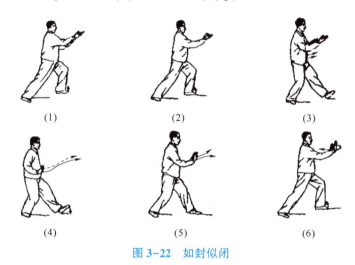

图 3-22　如封似闭

要点：身体后坐时，避免后仰，臀部随身体回收时，肩、肘部略向外松开，不要直着抽回。两手推出宽度不要超过两肩。

3. 十字手

（1）屈膝后坐，重心移向右腿，左脚尖里扣，向右转体；右手随转体向右平摆划弧，与左手成两臂侧平举，掌心向前，肘部微屈；同时右脚尖随着转体稍向外撇，成右侧弓步，眼看右手［图 3-23（1）、图 3-23（2）］。

（2）身体重心慢慢移至左腿，右脚尖里扣，随即向左收回，两脚距离与肩同宽，两腿逐渐蹬直，成开立步；同时两手向下经腹前向上划弧交叉合抱于胸前，两臂撑圆，腕高与肩平，右手在外，成十字手，手心均向后；平视前方［图 3-23（3）、图 3-23（4）］。

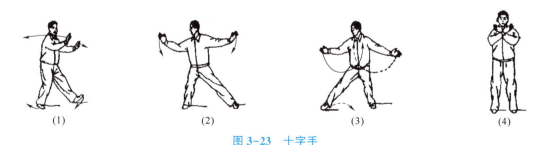

图 3-23　十字手

要点：两手分开和合抱时，上体不要前俯。站起后，身体自然正直，头要微向上顶，下颌稍向后收，两臂环抱时须圆满舒适，沉肩垂肘。

4. 收势

两手向外翻掌，手心向下，两臂慢慢下落，停于身体两侧，平视前方（图3-24）。

图3-24 收势

要点：两手分开下落时，要注意全身放松，同时气也徐徐下沉，呼吸平稳后，将左脚收到右脚旁，还原。

第四章　三十二式太极剑

学习目标

知识目标

通过了解三十二式太极剑的动作口诀，能够掌握三十二式太极剑的基本剑法。

技能目标

1. 能随音乐节奏自练单个动作和组合动作，并尝试动作创新，培养学生的创造性思维和自主学习的能力。

2. 提高学生的身体柔韧、协调等素质，以及在与同伴的合作与交流中增进交往能力和团队的合作能力，培养学生适应未来社会竞争和发展的能力。

素质目标

1. 培养学生认真学习的态度、不怕吃苦的精神和探索新知识的兴趣。

2. 培养学生真实地感受美，体验美，增强文明行为和集体主义精神，陶冶学生美的情操。

课堂导入

在太极剑的演练中，我们将学习如何运用柔劲化解对方的刚劲，以不变应万变。这种哲学思想，正是我们面对生活挑战时应具备的。在复杂多变的社会环境中，我们要学会以柔克刚，用智慧与包容去化解矛盾，实现和谐共处。

太极剑是一门充满智慧的武术，太极剑的演练，如同我们的人生旅程，它让我们在挥剑之间领悟到人生的真谛。在这个过程中，我们可不断磨砺意志、锤炼品质、提升能力。正如太极剑所展现的"刚柔并济、内外兼修、天人合一"的哲学思想，我们也要在人生的道路上不断追求和谐、平衡与完美。

第一节　三十二式太极剑概述

太极剑是属于太极拳系统的一种剑术套路。它具有太极拳的运动特点及健身价值。三十二式太极剑是根据传统太极剑套路整理改编的，它精简易学，虚实分明，动作连贯圆活，轻盈缓慢，运行路线处处带有弧线，连绵不断，全套动作除"起势"和"收势"之外，共有32个动作，打一套三十二式太极剑，正常的速度是2~3分钟，有的人慢练，可长达5~6分钟，但也不能太慢。动作中包括点、击、刺、劈、挂、截、抽、带、撩、扫、挡、抹、托等主要剑法和各种身法、步法。它可以单人独练，也可以集体练习。经常练习太极剑能更好地提高我们的健康水平，使我们保持充沛的精力。

一、基本剑法和持剑方法

（一）基本剑法

1. 刺剑

立剑或平剑向前直出为刺，力达剑尖，臂与剑成一直线。

2. 劈剑

立剑，向上向下为劈，力达剑身，臂与剑成一直线。

3. 挂剑

立剑，剑尖由前向上、向后或向下，向后为挂，力达剑身前部。

4. 撩剑

立剑，由下向前上方为撩，力达剑身前部。

5. 云剑

平剑，在头顶或头前上方平圆绕环为云。

6. 架剑

立剑，横向上架，剑高过头，力达剑身，手心向里或向外。

7. 点剑

立剑，提腕使剑尖猛向前下为点，力达剑尖，臂伸直。

8. 崩剑

立剑，沉腕使剑尖猛向前上为崩，力达剑尖，臂伸直，剑尖高不过头。

9. 截剑

剑身斜向上或斜向下为截，力达剑身前部。

10. 抱剑

右手抱剑于胸前，剑尖朝右为横抱剑，剑尖朝上为立抱剑；剑尖朝前为平抱剑。

11. 穿剑

平剑，剑尖经胸腹间弧形向前为平穿剑，力达剑尖，剑身不得触及身体；前臂内旋，立剑剑尖由前向后转动而出为后穿剑，力达剑尖，高不过膝，低不触地，抱穿剑剑尖向后，向左随转体贴身立圆绕环一周。

12. 斩剑

平剑向左（右）横出，高度在头与肩之间为斩，力达剑身，臂伸直。

13. 剑指

中指与食指伸直并拢，其余三指屈于手心拇指压在无名指第一指节上。

（二）持剑方法

1. 左手持剑法

左手持剑法（图4-1）：左手持剑时手自然展开，虎口部位对准剑的护手处，然后拇指由护手上方向下,中指、无名指和小指由护手下面向上,两者相对握住护手(由于手的形式不同,拇指也可从下向上握),食指伸指贴附于剑把之上,剑身平贴于左前臂后侧。

2. 右手持剑法

右手持剑法(图4-2):右手持剑时手自然展开,虎口对向剑的"上刃"(剑面竖直成立剑时,在上的一侧剑刃称为上刃),然后拇指和食指靠近护手将剑把握紧,其他三指可松握,以拇指的跟节和小指外沿的掌根部控制剑的活动。另一种持剑法是,以中指、无名指和拇指握住剑把,食指和小指松握。当遇到某些需要增加剑锋弹力和灵活性的动作时,食指则附贴于护手上,以控制剑活动的准确性。

3. 剑指

剑指(图4-3):在练剑时,不持剑的手一般都保持成"剑指"姿势,即把食指和中指尽量伸直,无名指和小指屈握,然后用拇指压在无名指指甲上。

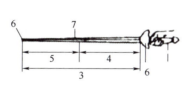

图4-1　左手持剑法　　　　图4-2　右手持剑法　　　　图4-3　剑指

第二节　三十二式太极剑技术分析及练习

一、动作名称及口诀

(一)预备势

两脚开立　左手持剑　右手剑指

(二)起势

两臂前举　转体摆臂　弓步前指　坐盘展臂　弓步接剑

(三)第一组

1. 并步点剑

绕剑跟步　并步前点

2. 独立反刺

撤步崩剑　丁步挑剑　提膝反刺

3. 仆步横扫

撤步劈剑　仆步扫剑

4. 向右平带

收脚收剑　上步送剑　弓步右带

5. 向左平带

收脚收剑　上步送剑　弓步左带

6. 独立抡劈

转体抡剑　上步举剑　独立劈剑

7. 退步回抽

退步提剑　虚步抽剑

8. 独立上刺

转体上步　提膝上刺

(四) 第二组

1. 虚步下截

转体摆剑　虚步下截

2. 左弓步刺

退步提剑　转体撤剑　收脚收剑　弓步平刺

3. 转身斜带

扣脚收剑　提脚转体　弓步右带

4. 缩身斜带

收脚收剑　撤步送剑　丁步左带

5. 提膝捧剑

虚步分剑　提膝捧剑

6. 跳步平刺

落脚收剑　蹬腿前刺　跳步压剑　弓步平刺

7. 左虚步撩

收脚绕剑　垫步绕剑　虚步左撩

8. 右弓步撩

转体绕剑　垫步绕剑　弓步右撩

(五) 第三组

1. 转身回抽

转体收剑　弓步劈剑　后坐抽剑　虚步前指

2. 并步平刺

转体移步　并步平刺

3. 左弓步拦

转体绕剑　上步绕剑　弓步拦剑

4. 右弓步拦

撤脚绕剑　收脚收剑　弓步拦剑

5. 左弓步拦

撤脚绕剑　收脚收剑　弓步拦剑

6. 进步反刺

上步收剑　转体后刺　弓步反刺

7. 反身回劈

转体收剑　提脚举剑　弓步劈剑

8. 虚步点剑

落手收脚　转体举剑　虚步点剑

（六）第四组

1. 独立平托

插步绞剑　提膝托剑

2. 弓步挂劈

转体挂剑　弓步劈剑

3. 虚步抡劈

转体抡剑　上步举剑　虚步劈剑

4. 撤步反击

提脚合剑　撤步击剑

5. 进步平刺

提脚横剑　垫步收剑　弓步平刺

6. 丁步回抽

扣脚后坐　丁步抽抱

7. 旋转平抹

摆步横剑　扣步抹剑　虚步分剑

8. 弓步直刺

提膝收剑　弓步直刺

（七）收势

后坐接剑　跟步收势

▶ 二、套路组合动作技术原理及练习

（一）预备式

身体正直，两脚开立，与肩同宽，脚尖向前；两臂自然垂于身体两侧，左手持剑，剑尖向上，剑身竖直；眼平视前方［图4-4（1）］。

要点：上体要自然，不要故意挺胸、收腹。剑身在左臂后不要触及身体，两肩自然松沉。

（二）起势

1. 两臂前举

右手握成剑指，两臂慢慢向前平举，高与肩平，手心向下；眼平视前方［图4-4（2）］。

要点：两臂上起时，不要用力，两手宽度不超过两肩。剑身在左臂下要平，剑尖不可下垂。

2. 转体摆臂，弓步前指

上体略向右转，身体重心移于右腿，屈膝下蹲，然后再向左转体，左腿提起向左侧前方迈出，成左弓步；左手持剑随即经体前向左下方搂出，停于左胯旁，剑立于左臂后，剑尖向上；同时右手剑指下落转成掌心向上，由右后方屈肘上举经耳旁随转动方向向前指出，高与眼平；眼先向右看，然后向前看右剑指［图4-4（3）、图4-4（4）］。

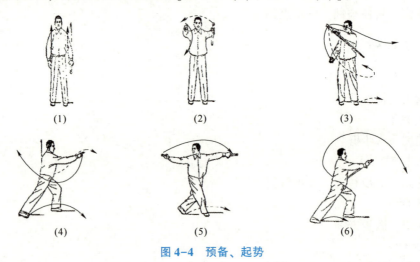

图4-4 预备、起势

要点：左臂向体前划弧时，身体要先微向右转，身体重心在右腿放稳之后再提左腿。转体、迈步和两臂动作要协调柔和。

3. 坐盘展臂

左臂屈肘上提，左手持剑（手心向下）经胸前从右手上穿出，右剑指翻转（手心向上），并慢慢下落撤至右后方（手心仍向上），两臂向外展平，身体右转；右腿提起向前横落，脚尖外撇，两腿交叉，膝部弯屈，左脚跟离地，身体稍向下坐，成半坐盘势；向后看右手［图4-4（5）］。

要点：左右手必须在体前交错分开，右手后撤与身体右转动作要协调。

4. 弓步接剑

右脚和左手持剑的位置不动，左脚前进一步，成左弓步；同时身体向左扭转，右手剑指随之经头部右上方向前落于剑把之上，准备接剑；平视前方［图4-4（6）］。

要点：动作时，应先提腿和向左转头，然后再举右臂向前下落。两臂不要硬直，两肩要松。上体保持自然。

（三）第一组

1. 并步点剑

左手食指向中指一侧靠拢，右手松开剑指，虎口对着护手，将剑接换过，并使剑在身体左侧划一立圆，然后剑尖向前下点，剑尖略向下垂，右臂要平直；左手变成剑指，附于右手腕部；同时右脚前进向左脚靠拢并齐，脚尖向前，身体略向下蹲；目注剑尖（图4-5）。

要点：剑身向前绕环时，两臂不可高举。右手握剑划圆只用手腕绕环。点剑时，力注剑尖，肩要下沉，上体正直。

图4-5　并步点剑

2. 独立反刺

（1）右脚向右后方撤一步，随即身体右后转，然后左脚收至右脚内侧，脚尖点地，同时右手持剑经体前下方撤至右后方，右腕翻转，剑尖上挑；左手剑指随剑回撤，停于右肩旁；眼看剑尖［图4-6（1）、图4-6（2）］。

（2）上体左转，左膝提起，成独立式，脚尖下垂；同时右手渐渐上举，使剑经头部前上方向前刺出（拇指向下，反手立剑），剑尖略低，力注剑尖；左手剑指则经下颏处随转体向前指出，高与眼平；目注剑指［图4-6（3）］。

  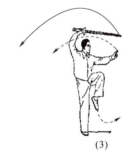

(1)　　　　　　　　　(2)　　　　　　　　　(3)

图4-6　独立反刺

要点：分解动作中间不要间断。独立姿势要稳定，身体不可前俯后仰。

3. 仆步横扫

（1）上体右后转，剑随转体向右后方劈下，右臂与剑平直，左剑指落于右手腕部。转体的同时，右膝前弓，左腿向左横落撤步，膝部伸直；眼看剑尖［图4-7（1）］。

（2）身体向左转，左手剑指经体前顺左肋反插，向后、向左上方划弧举起至左额前上方，手心斜向上；右手持剑翻掌，手心向上，使剑由下向左上方平扫，力在剑刃中部，剑高与胸平齐；在转体的同时，右膝弯屈成半仆步；此式不停，接着身体重心逐渐前移，左脚尖外撇左腿屈膝，右脚尖里扣，右腿自然伸直，变成左弓步；眼看剑尖［图4-7（2）］。

要点：以上两个分解动作，要连贯进行。弓步时，身体保持正直。

4. 向右平带

右腿提起经左腿内侧向右前方跨出一步，成右弓步；右手剑向前引伸，然后翻转手心向下，将剑向右斜方慢慢回带，屈肘，右手带至右肋前方，力在右剑刃，剑尖略高于手；左手剑指下落附于右手腕部；眼看剑尖（图4-8）。

要点：剑的回带和弓步屈膝动作要一致。

5. 向左平带

右手剑向前引伸，并慢慢翻掌将剑向左斜方回带，屈肘握剑手带至左肋前方，力在左剑

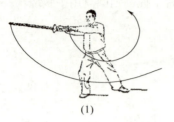
(1)

(2)

图 4-7　仆步横扫

刃，左手剑指经体前左肋向左上方划弧举起至左额上方，手心斜向上；同时，左脚经右腿内侧向左前方迈出一步，成左弓步；目注剑尖（图 4-9）。

图 4-8　向右平带

图 4-9　向左平带

要点：与"向右平带"动作要点相同。

6. 独立抢劈

右脚前进到左脚内侧，脚尖着地；左手从头部左上方落至右腕部，然后身体左转，右手抽剑由前向下、向后划弧，经身体左下方旋臂翻腕上举，向前下方正手立剑劈下，力在剑下刃；左手剑指则由身体左侧向下、向后转至左额上方，掌心斜向上；在抢劈剑的同时，右脚前进一步，左腿屈膝提起，成独立步，眼看剑尖（图 4-10）。

图 4-10　独立抢劈

要点：劈剑时，身体和头部先向左转，然后随剑的抢劈方向再转向前方。提膝和劈剑要协调一致。整个动作过程要连贯不停。

7. 退步回抽

左脚向后落下，屈膝，右脚随之撤回半步，脚尖点地，成右虚步；右手剑抽回，剑把靠近左肋旁边，手心向里，剑面与身体平行，剑尖斜向上，左手剑指下落附于剑把上；眼看剑尖（图 4-11）。

要点：右脚回撤与剑的回抽动作要一致。上体要正直。

8. 独立上刺

身体微向右转，面向前方，右脚向前一步，左腿屈膝提起，成独立步；同时，右手剑向前上方刺出（手心向上），力注剑尖，剑尖高与眼平；左手仍附在右手腕部；眼看剑尖（图4-12）。

图4-11　退步回抽

图4-12　独立上刺

要点：身体微向前倾，但不要故意挺胸。独立式要平衡稳定。

（四）第二组

1. 虚步下截

左脚向左后方落步，右脚随即微向后撤，脚尖点地，成右虚步；同时，右手剑先随身体左转再随身体右转经体前向右、向下按（截），力注剑刃，剑尖略下垂，高与膝平；左剑指由左后方绕行至左额上方（掌心斜向上）；眼平视右前方（图4-13）。

要点：右脚变虚步与剑向下截要协调一致，如面南起势，此势虚步方向正东偏北（约30°）。上体右转，面向东南。

2. 左弓步刺

右脚向右后方回撤一步，左脚收至右腿内侧后再向左前方迈出，成左弓步，面向左前方。同时，右手剑随身体转动经面前向后。向下抽卷，再向左前方刺出，手心向上，力注剑尖；左手剑指向右。向下落，经体前再向左、向上绕行至左额下方，手心斜向上，臂要撑圆；眼看剑尖（图4-14）。

图4-13　虚步下截

图4-14　左弓步刺

要点：右手回撤时，前臂先外旋再内旋（手心先转向外，再向下，再转向上），从右腰部将剑刺出。左剑指绕行时要先落在右手腕部，再分开转向头上方，弓步方向为东偏北（约30°）。

3. 转身斜带

（1）身体重心后移，左脚尖里扣，上体右转，随后身体重心又移至左脚上，右腿提起，贴在左腿内侧；同时，右手剑收回横置胸前，掌心仍向上；左剑指在右手腕部；眼看左方［图4-15（1）］。

（2）上式不停，向右后方转体，右脚向右侧方迈出，成右弓步；同时右手剑随转体翻腕，掌心向下并向身体右侧外带（剑尖略高），力在剑刃外侧；左剑指仍附于右手腕部；眼看剑尖 [图4-15（2）]。

图4-15 转身斜带

要点：身体重心移动，向右侧方迈出成右弓步，须与向右后转的动作一致，力求平稳、协调。转身斜带弓步方向应转为正西偏北（约30°）。

4. 缩身斜带

左腿提起后再向原位置落下，重心移于左腿，右脚撤到左脚内侧，脚尖点地，同时，右手翻掌手心向上，并使剑向左侧回带（剑尖略高），力在剑刃外侧；左手剑指随即由体前向下反插，再向后、向上绕行划弧线重落于右手腕部；眼看剑尖（图4-16）。

要点：剑回带时，身体也随着向左扭转。身体后坐时，臀部不要凸出。

5. 提膝捧剑

（1）右脚后退一步，左脚也微向后撤，脚尖着地；同时两手平行分开，手心都向下，剑身斜置于身体右侧，剑尖位于体前，左剑指置于身体左侧 [图4-17（1）]。

（2）左脚略向前进，右膝向前提起成独立式；同时右手剑把与左手（剑指变掌）在胸前相合，左手捧托在右手背下，两臂微屈，剑在胸前，剑身直刺前方，剑尖略高；眼看前方 [图4-17（2）]。

图4-16 缩身斜带　　　图4-17 提膝捧剑

要点：以上两个分解动作要连贯不停。独立步左腿自然蹬直，右腿提膝，脚尖下垂。上体保持自然。

6. 跳步平刺

（1）右脚向前落下，重心前移，然后右脚尖用力蹬地，左脚随即前进一步踏实，右脚在左脚将要落地时，迅速向左腿内侧收拢（脚不落地）；同时，两手捧剑先微向回收，紧接着随右脚落地，再直向前伸刺，然后，随左脚落地两手分开撤回身体两侧，两手手心都向下，左手再变剑指；眼看前方 [图4-18（1）、图4-18（2）]。

（2）右脚再向前上一步，成右弓步；同时，右手剑向前平刺（手心向上），力注剑尖；左手剑指由左后方上举，绕至左额上方，手心斜向上；眼看剑尖 [图4-18（3）]。

要点：两手先略向回收，再与右脚落地同时向前伸。左脚落地要与两手回撤动作一致。

(1)

(2)

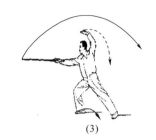
(3)

图 4-18　跳步平刺

刺出后，剑要平稳。

7. 左虚步撩

重心后移至左脚上，上体左转，右脚回收再向前垫步，脚尖外撇，再向右转体，重心前移至右腿，左脚随即前进一步，脚尖着地，成左虚步；同时，右手剑随身体转动经左上方向后、向下、立剑向前撩出（前臂内旋，手心向外），力在剑刃前部，剑把停于头前，剑尖略低；左手剑指在上体左转时即下落附于右腕部，随右手绕转；眼看前方（图 4-19）。

图 4-19　左虚步撩

要点：撩剑的路线必须划一个整圆。左手剑指须下落到左肋侧再与右手相合。

8. 右弓步撩

身体先向右转，右手剑由上向后绕环，掌心向外，左剑指随剑绕行附于右臂内侧；随之左脚向前垫步，右脚继而前进一步，成右弓步；右手剑随着上右步由下向前立剑撩出（前臂外旋，手心向外），剑与肩平，剑尖略低，力在剑刃前部；左剑指则由下向上绕行至左额上方，手心斜向上，眼看前方（图 4-20）。

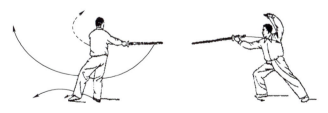

图 4-20　右弓步撩

要点：剑向后绕环时，身体和眼神随着剑向后转。整个动作要连贯。

（五）第三组

1. 转身回抽

（1）身体左转，重心后移，右脚尖里扣，左脚尖稍外展，右腿蹬直，成侧弓步；同时，右手将剑柄收引到胸前,剑身平直,剑尖向右后,左手剑指仍附于右腕上;然后身体再向左转,随转体右手剑向左前方劈下,力在剑刃(剑身要平),左手剑指附于右腕部;眼看剑尖[图4-21(1)、图4-21(2)]。

(2)重心后移至右腿,左膝稍屈,左脚回撤,脚尖点地,成左虚步;同时,右手剑抽回至身体右侧(剑尖略低);左剑指收回再经胸前、下颌处向前指出,高与眼齐;眼看剑指[图4-21(3)]。

图4-21 转身回抽

要点:第一动,向左转体时,要先扣右脚,再展左脚;右臂先屈回胸前再向左劈。第二动,左手剑指必须随右手收到腹前,再向上、向前指出。全部动作要协调,如果面向南起势,此式方向则为东偏南(约30°)。

2. 并步平刺

左脚略向左移,右脚靠拢左脚成并步,面向前方,身体直立;同时左剑指向左转并向右下方划弧,反转变掌捧托在右手下,然后双手捧剑向前平刺,手心向上,力注剑尖,高与胸平;眼看前方(图4-22)。

要点:剑刺出后两臂要微屈,并步和刺剑要一致。身体直立要自然,不要故意挺胸。如果面向南起势,刺剑的方向为正东。

3. 左弓步拦

右手剑翻腕后抽,随身体右转,由前向右转动,再随身体左转,经右后方向下、向左前方托起拦出,力在剑刃,剑身与头平,前臂外旋,手心斜向里;左剑指则向右、向下、向上绕行,停于左额上方,手心斜向上;在身体左转时,左脚向左前方进一步,左腿屈膝,成左弓步;眼先随剑视右后方,最后平视前方(图4-23)。

图4-22 并步平刺

图4-23 左弓步拦

要点:身体应随剑先向右转,再向左转。右腿先微屈,然后迈左脚。左手剑指随右手绕行,到右上方之后再分开。

4. 右弓步拦

身体重心微向后移,左脚尖外撇,身体先向左转再向右转;在转体的同时,右脚经左侧向右前方进一步，成右弓步；右手剑由左后方划一整圆向右前托起拦出（前臂内旋，手心向外），力在剑刃，剑身与头平；左剑指附于右手腕部；眼看前方（图4-24）。

要点：以上两动作要连贯，剑须走一大圈，视线随剑移动。

5. 左弓步拦

身体重心微向后移，左脚尖外撇，其余动作及要点与前"右弓步拦"相同，只是方向左右相反。右手剑拦出时，右臂外旋，手心斜向内（图4-25）。

图4-24　右弓步拦

图4-25　左弓步拦

6. 进步反刺

（1）身体向右转，右脚向前横落盖步，脚尖外撇，左脚跟离地成半坐盘势；同时，右手剑尖下落，左剑指下落到右腕部，然后剑向后方立剑刺出，左剑指向前方指出，手心向下，两臂伸平，右手手心向体前；眼看剑尖［图4-26（1）］。

(1)

(2)

图4-26　进步反刺

（2）身体左转，左脚前进一步，成左弓步；同时，右前臂向上弯屈，剑尖向上挑挂，继而向前刺出（前臂内旋，手心向外，成反立剑），力注剑尖，剑尖略低；左手剑指附于右腕部；眼看剑尖［图4-26（2）］。

要点：以上两动作要连贯，弓步刺剑时身体不可太前俯。

7. 反身回劈

身体重心先移至右腿，左脚尖里扣，然后再移到左腿上；右腿提起收回（不停），身体右后转，右脚随即向前迈出成右弓步，面向中线右前方；同时，右手剑随转体由上向右后方劈下，力在剑刃；左手剑指由体前经左下方转在左额上方，手心斜向上；眼看剑尖（图4-27）。

要点：劈剑，转体与迈右脚成弓步要协调一致。弓步和劈剑方向为正西偏北（约30°）。

8. 虚步点剑

左脚提起，上体左转，左脚向起势方向垫步，脚尖外撇，随即右脚提起落在左脚前，脚尖点地，成右虚步；同时，右手剑随转体划弧上举向前下方点出，右臂平直。剑尖下垂，力注剑尖；左剑指下落经身体左侧向上划弧，在体前与右手相合，附于右腕部；眼看剑尖（图4-28）。

图4-27　反身回劈

图4-28　虚步点剑

要点：点剑时，腕部用力，使力量达于剑尖。点剑与右脚落地要协调一致。身体保持正直。虚步和点剑方向与起势方向相同。

（六）第四组

1. 独立平托

右脚向左腿的左后方倒插步。两脚以脚掌为轴向右转体（仍成面向前方），随即左膝提起成右独立步；在转体的同时，剑由体前先向左。向下绕环，然后随向右转体动作向右上方托起，剑身略平，稍高于头，力在剑刃上侧；左剑指仍附于右腕部；眼看前方（图4-29）。

要点：撤右腿时，右脚掌先落地，然后再以脚掌为轴向右转体。身体不要前俯后仰。提膝和向上托剑动作要一致，右腿自然伸直。

2. 弓步挂劈

（1）左脚向前横落，身体左转，两腿交叉成半坐盘式，右脚跟离地，同时，右手剑向身体左后方穿挂，剑尖向后；左剑指仍于附右腕上；眼向后看剑尖［图4-30（1）］。

（2）右手剑由左侧翻腕向上再向前劈下，剑身要平，力在剑刃；左剑指则经左后方上绕至左额上方，手心斜向上；同时，右脚向前进一步，成右弓步；眼向前看剑尖［图4-30（2）］。

要点：身体要先向左转再向右转，视线随剑移动。

图4-29　独立平托　　　　　　（1）　　　　　　（2）

图4-30　弓步挂劈

3. 虚步抢劈

（1）重心略后移，身体右转，右脚尖外撇，左脚跟离地成交叉步；同时，右手剑由右侧下方向后方反手撩平，左剑指落于右肩前；眼向后反看剑尖［图4-31（1）］。

（2）左脚向前垫一步，脚尖外撇，身体左转，随即右脚前进一步，脚尖着地，成右虚步；同时，右手剑由右后翻臂上举再向前劈下，剑尖与膝同高，力在剑刃；左剑指自右肩前下落经体前向左上划圆再落于右前臂内侧；眼看前下方［图4-31（2）］。

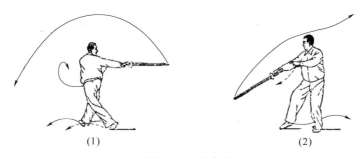

图4-31　虚步抢劈

要点：以上两个分解动作要连贯，中间不停顿。

4. 撤步反击

上体右转，右脚提起向右后方撤一大步，左脚跟外转，左腿蹬直，成右侧弓步；同时，右手剑向后上方斜削击出，力在剑刃前端，手心斜向上，剑尖斜向上，高与头平；左剑指向左下方分开平展，剑指略低于肩，手心向下；眼看剑尖（图4-32）。

要点：右脚先后撤，再蹬左脚。两手分开要与弓腿、转体动作一致。撤步和击剑方向为东北。

图4-32　撤步反击

5. 进步平刺

（1）身体微向右后转，左脚提起贴靠于右腿内侧；同时右手翻掌向下，剑身收回于右肩前，剑尖斜向左前；左剑指向上划弧落在右肩前；眼看前方［图4-33（1）］。

（2）身体向左后转，左脚垫步，脚尖外撇，继而右脚前进一步，成右弓步；同时，右手剑随转体动作向前方刺出，力贯剑尖，手心向上；左剑指经体前顺左肋反插，向后再向左、向上、划弧至左额上方，手心斜向上；眼看剑尖［图4-33（2）］。

要点：左腿提起时，要靠近右腿后再转身落步，待左腿稳定后再进右步，上下须协调一致。

图4-33　进步平刺

6. 丁步回抽

身体重心后移，右脚撤至左脚内侧，脚尖点地，成右丁步；同时，右手剑屈肘回抽（手心向里），剑把置于左肋部，剑身斜立，剑尖斜向上，剑面与身体平行；左剑指落于剑把之上；眼看剑尖（图4-34）。

图 4-34 丁步回抽

要点：右脚回收和剑回抽要一致，上体须正直。

7. 旋转平抹

（1）右脚提起向前落步外摆（两脚成"八"字形）；同时上体稍右转，右手翻掌向下，剑身横置胸前［图 4-35（1）］。

（2）重心移于右腿，上体继续右转，左脚随即向右脚前扣步，两脚尖斜相对（成内"八"字形），然后以左脚掌为轴向右后转身，右脚随转体向中线侧方后撤一步，左脚随之稍后收，脚尖点地，成左虚步；同时，右手剑随转体由左向右平抹，力在剑刃外侧，然后在变左虚步的同时，两手向左右分开，置于两胯旁，手心都向下，剑身斜置身体右侧，剑尖位于体前；身体恢复起势方向，眼平看前方［图 4-35（2）、图 4-35（3）］。

（1）　　　　　　　　（2）　　　　　　　　（3）

图 4-35 旋转平抹

要点：移步转身要平稳自然，不要低头弯腰，速度要均匀。由"丁步回抽"到"旋转平抹"完成，转体约 360°，身体方向归成起势方向。

8. 弓步直刺

左脚向前进半步，成左弓步；同时，右手剑立剑平直向前刺出，高与胸平，力注剑尖；左剑指附在右手腕部；眼看前方（图 4-36）。

要点：弓步、刺剑要动作一致。

图 4-36 弓步直刺

（七）收势

1. 后坐接剑

身体重心后移，随即身体向右转；同时，右手剑向右后方回抽，手心仍向内；左手也随即屈肘回收（两手心内外相对），接握剑的护手；眼看剑身［图4-37（1）］。

2. 跟步收势

身体左转，身体重心再移至左腿，右脚向前跟进半步，与左脚成开立步（与肩同宽，脚尖向前）；同时，左手接剑（反握）经体前下落垂于身体左侧；右手变成剑指向下、向右后方划弧上举，再向前、向下落于身体右侧；全身放松；眼平看前方［图4-37（2）］。

(1)

(2)

图4-37 收势

第五章 五 禽 戏

学习目标

知识目标
1. 了解五禽戏的基本理论。
2. 掌握五禽戏的功法特点、习练要领、练习注意事项。

技能目标
1. 能随音乐节奏自练单个动作和组合动作，并尝试动作创新，培养学生的创造性思维和自主学习的能力。
2. 能够运用所学知识指导初学者进行五禽戏练习。
3. 能够运用所学的五禽戏进行自身的体育锻炼，成为终身体育的一项技能。

素质目标
1. 培养学生认真学习的态度、不怕吃苦的精神和探索新知识的兴趣。
2. 提升对民族优秀文化的认同感，培养"自强不息、厚德载物"的民族精神。

课堂导入

五禽戏，源远流长，其创始人华佗医术高超，医德高尚。他创立的五禽戏，将动物的形态、动作与人的健康养生相结合，形成了独具特色的健身方式。五禽戏不仅强健了体魄，更传承了华夏民族的智慧和文明。2006 年，华佗五禽戏被安徽省人民政府批准为省级非物质文化遗产项目；2011 年，五禽线被国务院命名为第三批国家级非物质文化遗产项目。

五禽戏不仅是一种健身方式，更是一种生活哲学和人生智慧。它告诉我们要顺应自然、尊重生命、追求和谐。这种思想在当今社会依然具有深刻的现实意义。

五禽戏的传承，离不开我们每一个人的努力。让我们携手共进，将五禽戏这一文化遗产发扬光大，让它在新的时代焕发出新的光彩！

第五章 五禽戏

第一节 五禽戏概述

五禽戏是东汉名医华佗根据古代导引、吐纳之术，研究了虎、鹿、熊、猿、鸟的活动特点，并结合人体脏腑、经络和气血的功能所编成的一套具有民族风格的健身气功功法。

为更好地体现"取其精华，去其糟粕"的精神，推动健身气功在新世纪的新发展，上海体育学院参与了国家体育总局科研课题"编创健身气功新功法"的竞标，并承担了"健身气功·五禽戏"子课题的研究任务。为此，上海体育学院专门成立了编创"健身气功·五禽戏"课题组，由长期从事气功导引、武术健身、运动生理、运动心理、运动医学、中医养生教学和科研的专家、教授领衔，数十位博士、硕士参与。在编创中，努力从文化学、社会学、运动学、生物学、心理学、现代医学和中医养生学等不同角度出发，对五禽戏功法进行挖掘、整理、研究，按照传统五禽戏的风格、特点、博采各家之长，编创了这套功理科学、内容充实、动作规范、简便易学、安全健康、效果显著的"五禽戏"。

一、功法特点

（一）安全易学，左右对称

"健身气功·五禽戏"是在对传统五禽戏进行挖掘整理的基础上编创的，便于广大群众习练。因此，动作力求简捷，左右对称，平衡发展，既可全套连贯习练，也可侧重多练某戏，还可只练某戏，运动量较为适中，属有氧训练，各人可根据自身情况调节每势动作的运动幅度和强度，安全可靠。

整套功法虽然动作相对简单，但每一动作无论是动姿或静态，都有细化、精化的余地。如"虎举"，手型的变化，就可细化为撑掌、屈指、拧拳三个过程；两臂的举起和下落，又可分为提、举、拉、按四个阶段，并将内劲贯注于动作的变化之中，眼神要随手而动，带动头部的仰俯变化。待动作熟练后，还可按照起吸落呼的规律以及虎的神韵要求，内外合一地进行锻炼。习练者可根据自己的身体条件和健康状况，循序渐进，逐步提高。

（二）引伸肢体，动诸关节

本功法动作体现了身体躯干的全方位运动，包括前俯、后仰、侧屈、拧转、折叠、提落、开合、缩放等各种不同的姿势，对颈椎、胸椎、腰椎等部位进行了有效的锻炼。总的来看，新功法以腰为主轴和枢纽，带动上、下肢向各个方向运动，以增大脊柱的活动幅度，增强健身功效。

本功法特别注意手指、脚趾等关节的运动，以达到加强远端血液微循环的目的。同时，还注意对平时活动较少或为人们所忽视的肌肉群的锻炼。例如，在设计"鹿抵""鹿奔""熊晃""猿提""鸟伸"等动作时，就充分考虑了这些因素。试验点教学效果检测对比数据也证实了这些动作的独特作用，有关指标呈现出较为明显的变化。

(三) 外导内引,形松意充

古人将"导引"解释为"导气令和,引体令柔"。所谓"导气令和",主要指疏通调畅体内气血和调顺呼吸之气;所谓"引体令柔",就是指活利关节、韧带、肌肉的肢体运动。"健身气功·五禽戏"是以模仿动物姿势、以动为主的功法,根据动作的升降开合,以形引气。虽然"形"显示于外,但为内在的"意""神"所系。外形动作既要仿效虎之威猛、鹿之安舒、熊之沉稳、猿之灵巧、鸟之轻捷,还要力求蕴含"五禽"的神韵,意气相随,内外合一。例如"熊运",外形动作为两手在腹前划弧,腰、腹部同步摇晃,实则要求丹田内气也要随之运使,呼吸之气也要按照提吸落呼的规律去做,以达到"心息相依"的要求。

习练过程在保持功法要求的正确姿势前提下,各部分肌肉应尽量保持放松,做到舒适自然,不僵硬、不拿劲、不软塌。只有肢体松沉自然,才能做到以意引气,气贯全身;以气养神,气血通畅,从而增强体质。

(四) 动静结合,练养相兼

"健身气功·五禽戏"模仿"五禽"的动作和姿势,舒展肢体,活络筋骨,同时在功法的起势、收势以及每一戏结束后,配以短暂的静功站桩,诱导习练者进入相对平稳的状态和"五禽"的意境,以此来调整气息、宁心安神,起到"外静内动"的功效。具体来说,肢体运动时,形显示于外,但意识、神韵贯注于动作中,排除杂念,思想达到相对的"入静"状态;进行静功站桩时,虽然形体处于安静状态,但是必须体会到体内的气息运行以及"五禽"意境的转换。动与静的有机结合,两个阶段相互交替出现,起到练养相兼的互补作用,可进一步提高练功效果。

二、习练要领

习练"健身气功·五禽戏",必须把握好"形、神、意、气"四个环节。

(一) 形

形,即练功时的姿势。古人说:"形不正则气不顺,气不顺则意不宁,意不宁则神散乱",说明姿势在练功中的重要性。开始练功时,头身正直,含胸垂肩,体态自然,使身体各部位放松、舒适,不仅肌肉放松,而且精神上也要放松,呼吸要调匀,逐步进入练功状态。开始习练每戏时,要根据动作的名称含义,做出与之相适应的动作造型,动作到位,合乎规范,努力做到"演虎像虎""学熊似熊"。特别是对动作的起落、高低、轻重、缓急、虚实要分辨清楚,不僵不滞,柔和灵活,以达到"引挽腰体,动诸关节,以求难老"的功效。

(二) 神

神,即神态、神韵。养生之道在于"形神合一"。习练健身气功应当做到"惟神是守"。只有"神"守于"中",而后才能"形"全于"外"。所谓"戏",有玩耍、游戏之意,这也是"健身气功·五禽戏"与其他健身气功功法不同之处。只有掌握"五禽"的神态,进入玩耍、游戏的意境,神韵方能显现出来,动作形象才可能逼真。虎戏要仿效虎的威猛气势,虎视眈眈;鹿戏要仿效鹿的轻捷舒展,自由奔放;熊戏要仿效熊的憨厚刚直,步履沉稳;猿戏要仿效猿的灵活敏捷,轻松活泼;鸟戏要仿效鹤的昂首挺立,轻盈潇洒。

(三) 意

意,即意念、意境。在习练中,要尽可能排除不利于身体健康的情绪和思想,创造一个美好的内环境。开始练功时,可以通过微想腹部下丹田处,使思想集中,排除杂念,做到心静神凝。习练每戏时,逐步进入"五禽"的意境,模仿不同动物的不同动作。练"虎戏"时,要意想自己是深山中的猛虎,伸展肢体,抓捕食物;练"鹿戏"时,要意想自己是原野上的梅花鹿,众鹿戏抵,伸足迈步;练"熊戏"时,要意想自己是山林中的黑熊,转腰运腹,自由漫行;练"猿戏"时,要意想自己是置于花果山中的灵猿,活泼灵巧,摘桃献果;练"鸟戏"时,要意想自己是江边仙鹤,抻筋拔骨,展翅飞翔。意随形动,气随意行,达到意、气、形合一,以此来疏通经络,调畅气血。

(四) 气

气,即指练功时对呼吸的锻炼,也称调息。就是习练者有意识地注意呼吸调整,不断去体会、掌握、运用与自己身体状况或与动作变化相适应的呼吸方法。

对于初学者,应先学会动作,明确其含义,使姿势达到舒适准确。待身体放松、情绪安宁后,逐渐注意调整呼吸。古人说:"使气则竭,屏气则伤",应引以为戒。习练"五禽戏"时,呼吸和动作的配合有以下规律:起吸落呼,开吸合呼,先吸后呼,蓄吸发呼。其主要呼吸形式有自然呼吸、腹式呼吸、提肛呼吸等,可根据姿势变化或劲力要求而选用。但是,不管选用何种呼吸形式,都要求松静自然,不能憋气。同时,呼吸的"量"和"劲"都不能太过、太大,以不疾不徐为宜,逐步达到缓慢、细匀、深长的程度,以利身体健康。

三、练习注意事项

(一) 由浅入深

"五禽戏"包括起势、收功,共12个动作。虽然动作相对简单,容易学会,但要练得纯熟,动作细化、精化,必须经过一段时间的认真习练。因此,初学者必须先掌握动作的姿势变化和运行路线,并清楚来龙去脉,跟随他人一起边模仿边练习,尽快融入集体习练中,初步做到"摇筋骨,动肢节"即可。随后,在习练中要注意动作的细节,可采取上、下肢分解练习,再过渡到以腰为轴的完整动作习练,最后进行逐动、逐戏和完整功法的习练,使动作符合规范,并达到熟练的程度。此时,就要注意动作和呼吸、意识、神韵的结合,充分理解动作的内涵和意境,真正达到"形神兼备、内外合一"。特别需要指出的是,不要动作还没真正弄清楚,就想追求内在的体验,这是不可能的,甚至会出现不良后果。练功必须由简到繁，由浅入深，循序渐进，逐步掌握。只有这样，才能保证打好基础，防止出现偏差。

（二）因人而异

习练时，中老年人，体虚体弱的人，尤其是患有各种慢性疾病者，需要根据自身体质状况来进行。动作的速度、步姿的高低、幅度的大小、锻炼的时间、习练的遍数、运动量的大小都应很好把握。其原则是练功后感到精神愉快，心情舒畅，肌肉略感酸胀，但不感到太疲劳，不妨碍正常的工作和生活。切忌急于求成，贪多求快。

第二节 五禽戏的技术分析及练习

一、基本手型

（一）虎爪

五指张开，虎口撑圆，第一、二指关节弯曲内扣（图5-1）。

（二）鹿角

拇指伸直外张，食指、小指伸直，中指、无名指弯曲内扣（图5-2）。

（三）熊掌

拇指压在食指指端上，其余四指并拢弯曲，虎口撑圆（图5-3）。

图5-1 虎爪

图5-2 鹿角

图5-3 熊掌

（四）猿钩

五指指腹捏拢，屈腕（图5-4）。

（五）鸟翅

五指伸直，拇指、食指、小指向上翘起，无名指、中指并拢向下（图5-5）。

（六）握固

拇指抵掐无名指根节内侧，其余四指屈拢收于掌心（图5-6）。

图5-4 猿钩　　　　　图5-5 鸟翅　　　　　图5-6 握固

二、基本步型

（一）弓步

两腿前后分开一大步，横向之间保持一定宽度，左（右）腿屈膝前弓，大腿斜向地面，膝与脚尖上下相对，脚尖微内扣；右（左）腿自然伸直，脚跟蹬地，脚尖稍内扣，全脚掌着地（图5-7）。

（二）虚步

左（右）脚向前迈出，脚跟着地，脚尖上翘，膝微屈；右（左）腿屈膝下蹲，全脚掌着地，脚尖斜向前方，臀部与脚跟上下相对。身体重心落于右（左）腿（图5-8）。

（三）丁步

两脚左右分开，间距10~20厘米，两腿屈膝下蹲，左（右）脚脚跟提起，脚尖着地，虚点地面，置于右（左）脚脚弓处，右（左）脚全脚掌着地踏实（图5-9）。

图5-7 弓步　　　　　图5-8 虚步　　　　　图5-9 丁步

三、平衡

（一）提膝平衡

左（右）脚直立站稳，上体正直；右（左）腿在体前屈膝上提，小腿自然下垂，脚尖向下。

（二）后举腿平衡

右（左）腿蹬直站稳，左（右）腿伸直，向体后举起，脚面绷平，脚尖向下。

第三节　五禽戏的动作图解

一、预备势　起势调息

动作一：两脚并拢，自然伸直；两手自然垂于体侧；胸腹放松，头项正直，下颏微收，舌抵上腭；目视前方。

动作二：左脚向左平开一步，稍宽于肩，两膝微屈，松静站立；调息数次，意守丹田。

动作三：肘微屈，两臂在体前向上、向前平托，与胸同高。

动作四：两肘下垂外展，两掌向内翻转，并缓慢下按于腹前；目视前方。

重复动作三、动作四两遍后，两手自然垂于体侧。

【动作要点】

1. 两臂上提下按，意在两掌劳宫穴，动作柔和、均匀、连贯。
2. 动作也可配合呼吸，两臂上提时吸气，下按时呼气。

【易犯错误】

1. 向左开步时，两膝过分挺直，身体左右摇晃。
2. 两掌上提下按时，运行路线直来直去，两肘尖外扬，肩膀上耸。

【纠正方法】

1. 开步前，两膝先微屈；开步时，身体重心先落于右脚，左脚提起后，再缓缓向左移动，左脚掌先着地，使重心保持平稳。
2. 意念沉肩，在两臂起动，肘尖有下垂感觉，两掌上提、内合、下按，运行路线成弧线，圆活自然。

【功理与作用】

1. 排除杂念，诱导入静，调和气息，宁心安神。
2. 吐故纳新，升清降浊，调理气机。

二、第一戏　虎戏

"虎戏"要体现虎的威猛。神发于目，虎视眈眈；威生于爪，伸缩有力；神威并重，气势凌人。动作变化要做到刚中有柔、柔中生刚、外刚内柔、刚柔相济，具有动如雷霆无阻挡、静如泰山不可摇的气势。

第一式　虎举（图 5-10）

动作一：接上式。两手掌心向下，十指撑开，再弯曲呈虎爪状；目视两掌 [图 5-10（1）]。

动作二：随后，两手外旋，由小指先弯曲，其余四指依次弯曲握拳，两拳沿体前缓慢上提 [图 5-10（2）]。至肩前时，十指撑开，举至头上方再弯曲呈虎爪状；目视两掌 [图 5-10（3）]。

动作三：两掌外旋握拳，拳心相对；目视两拳。

动作四：两拳下拉至肩前时，变掌下按［图5-10（4）］。沿体前下落至腹前，十指撑开，掌心向下；目视两掌［图5-10（5）］。

重复动作一至动作四三遍后，两手自然垂于体侧；目视前方。

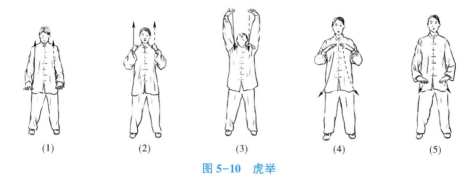

(1)　　　　(2)　　　　(3)　　　　(4)　　　　(5)

图5-10　虎举

【动作要点】

1. 十指撑开、弯曲成"虎爪"和外旋握拳，三个环节均要贯注劲力。
2. 两掌向上如托举重物，提胸收腹，充分拔长躯体；两掌下落如拉双环，含胸松腹，气沉丹田。
3. 眼随手动。
4. 动作可配合呼吸，两掌上举时吸气，下落时呼气。

【易犯错误】

1. 手直接由掌变拳，虎爪状不明显。
2. 两掌上举时，身体后仰，成反弓状。

【纠正方法】

1. 手指撑开后，先依次屈扣第一、二节指关节，再紧握成拳。
2. 两掌向头部正上方托举，身体与地面保持垂直。

【功理与作用】

1. 两掌举起，吸入清气；两掌下按，呼出浊气。一升一降，疏通三焦气机，调理三焦功能。
2. 手成"虎爪"变拳，可增强握力，改善上肢远端关节的血液循环。

第二式　虎扑（图5-11）

动作一：接上式。两手握空拳，沿身体两侧上提至肩前上方［图5-11（1）］。

动作二：两手向上、向前划弧，十指弯曲成"虎爪"，掌心向下；同时上体前俯，挺胸塌腰；目视前方［图5-11（2）］。

动作三：两腿屈膝下蹲，收腹含胸；同时，两手向下划弧至两膝侧，掌心向下；目视前下方［图5-11（3）］。随后，两腿伸膝，送髋，挺腹，后仰；同时，两掌握空拳，沿体侧向上提至胸侧；目视前上方［图5-11（4）］。

动作四：左腿屈膝提起，两手上举［图5-11（5）］。左脚向前迈出一步，脚跟着地，右腿屈膝下蹲，成左虚步；同时上体前倾，两拳变"虎爪"向前、向下扑至膝前两侧，掌心向下；目视前下方［图5-11（6）］。随后上体抬起，左脚收回，开步站立；两手自然下落于体侧；目视前方［图5-11（7）］。

·69·

动作五至动作八：同动作一至动作四，唯左右相反。

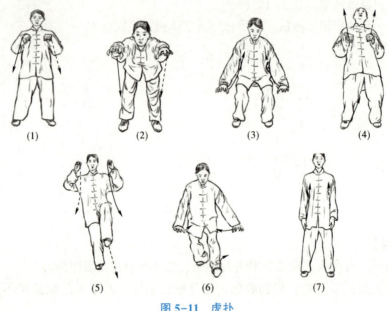

图 5-11 虎扑

【动作要点】

1. 上体前俯，两手尽力向前伸，而臀部向后引，充分伸展脊柱。

2. 屈膝下蹲、收腹含胸要与伸膝、送髋、挺腹、后仰动作过程连贯。使脊柱形成由折叠到展开的蠕动，两掌下按上提要与之配合协调。

3. 虚步下扑时，速度可加快，先柔后刚，配合快速深呼气，气由丹田发出，以气催力，力达指尖，表现出虎的威猛。

4. 中老年习练者和体弱者，可根据情况适当减小动作幅度。

【易犯错误】

1. "虎爪"和握拳两种手型的变化过程掌握不当。

2. 身体由折弯到展开不够充分，两手配合不够协调。

3. 向前迈步成虚步时，重心不稳，左右摇晃。

【纠正方法】

1. 两手前伸抓扑时，拳变"虎爪"，力达指尖，由柔转刚；两掌向里划弧回收时，"虎爪"屈拢，轻握空拳，由刚转柔。

2. 身体前挺展开时，两手要注意后伸，运行路线要成弧形，协助身体完成屈伸蠕动。

3. 迈步时，两脚横向间距要保持一定宽度，适当增大稳定角度。

【功理与作用】

1. 虎扑动作形成了脊柱的前后伸展折叠运动，尤其是引腰前伸，增加了脊柱各关节的柔韧性和伸展度，可使脊柱保持正常的生理弧度。

2. 脊柱运动能增强腰部肌肉力量，对常见的腰部疾病，如腰肌劳损、习惯性腰扭伤等症有防止作用。

3. 督脉行于背部正中，任脉行于腹部正中。脊柱的前后伸展折叠，牵动任、督两脉，起到调理阴阳、疏通经络、活跃气血的作用。

三、第二戏　鹿戏

鹿喜挺身眺望，好角抵，运转尾闾，善奔走，通任、督两脉。习练"鹿戏"时，动作要轻盈舒展，神态要安闲雅静，意想自己置身于群鹿中，在山坡、草原上自由快乐地活动。

第一式　鹿抵

动作一：接上式。两腿微屈，身体重心移至右腿，左脚经右脚内侧向左前方迈步，脚跟着地；同时，身体稍右转；两掌握空拳，向右侧摆起，拳心向下，高与肩平；目随手动，视右拳［图5-12（1）］。

动作二：身体重心前移；左腿屈膝，脚尖外展踏实；右腿伸直蹬实；同时，身体左转，两掌成"鹿角"，向上、向左、向后划弧，掌心向外，指尖朝后，左臂弯曲外展平伸，肘抵靠左腰侧；右臂举至头前，向左后方伸抵，掌心向外，指尖朝后；目视右脚跟［图5-12（2）］。随后，身体右转，左脚收回，开步站立；同时两手向上、向右、向下划弧，两掌握空拳下落于体前；目视前下方［图5-12（3）］。

动作三、四：同动作一、二，唯左右相反［图5-12（4）~图5-12（6）］。

动作五至动作八：同动作一至动作四。

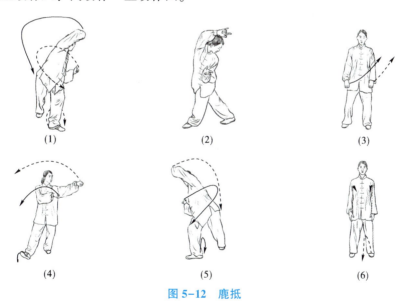

图5-12　鹿抵

【动作要点】

1. 腰部侧屈拧转，侧屈的一侧腰部要压紧，另一侧腰部则借助上举手臂后伸，得到充分牵拉。

2. 后脚脚跟要蹬实，固定下肢位置，加大腰、腹部的拧转幅度，运转尾闾。

3. 动作可配合呼吸，两掌向上划弧摆动时吸气，向后伸抵时呼气。

【易犯错误】

1. 腰部侧屈拧转时，身体过于前倾。

2. 身体侧屈幅度不够，眼看不到后脚跟。

【纠正方法】

1. 后腿沉髋，有助于上体正直，可加大腰部拧转幅度。

2. 重心前移，增加前腿膝关节弯曲度，同时加大上举手臂向后下方伸展的幅度。

【功理与作用】

1. 腰部的侧屈拧转，使整个脊椎充分旋转，可增强腰部的肌肉力量，也可防治腰部的脂肪沉积。

2. 目视后脚脚跟，加大腰部在拧转时的侧屈程度，可防治腰椎小关节紊乱等症。

3. 中医认为，"腰为肾之府"。尾闾运转，可起到强腰补肾、强筋健骨的功效。

第二式　鹿奔

动作一：接上式。左脚向前跨一步，屈膝，右腿伸直成左弓步；同时，两手握空拳，向上、向前划弧至体前，屈腕，高与肩平，与肩同宽，拳心向下；目视前方［图5-13（1）］。

动作二：身体重心后移；左膝伸直，全脚掌着地；右腿屈膝；低头，弓背，收腹；同时，两臂内旋，两掌前伸，掌背相对，拳变"鹿角"［图5-13（2）］。

动作三：身体重心前移，上体抬起；右腿伸直，左腿屈膝，成左弓步；松肩沉肘，两臂外旋，"鹿角"变空拳，高与肩平，拳心向下；目视前方［图5-13（3）］。

动作四：左脚收回，开步直立；两拳变掌，回落于体侧；目视前方［图5-13（4）］。

动作五至动作八：同动作一至动作四，唯左右相反［图5-13（5）~图5-13（8）］。

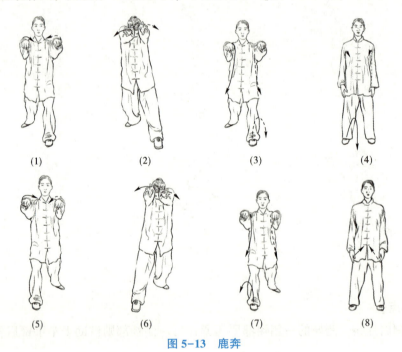

图5-13　鹿奔

【动作要点】

1. 提腿前跨要有弧度，落步轻灵，体现鹿的安舒神态。

2. 身体后坐时，两臂前伸，胸部内含，背部形成"横弓"状；头前伸，背后拱，腹收缩，臀内敛，形成"竖弓"状，使腰、背部得到充分伸展和拔长。

3. 动作可配合呼吸。身体后坐时，配合吸气。重心前移时，配合呼气。

【易犯错误】

1. 落步后两脚成一直线，重心不稳，上体紧张歪扭。
2. 背部"横弓"与躯干"竖弓"不够明显。

【纠正方法】

1. 脚提起后，向同侧肩部正前方跨步，保持两脚横向宽度。
2. 加大两肩内旋幅度，可增大收胸程度；头、髋前伸，收腹后顶，可增大躯干的后弯幅度。

【功理与作用】

1. 两臂内旋前伸，肩、背部肌肉得到牵拉，对颈肩综合征、肩关节炎等症有防治作用；躯干弓背收腹，能校正脊柱畸形，增强腰、背部肌肉力量。
2. 向前落步时，气充丹田。身体重心后坐时，气运命门，加强了人的先天与后天之气的交流。尤其是重心后坐，整条脊柱后弯，内加尾闾，后凸命门，打开大椎，意在疏通督脉经气，具有振奋全身阳气的作用。

四、第三戏　熊戏

"熊戏"要表现出熊憨厚沉稳、松静自然的神态。运势外阴内阳，外动内静，外刚内柔，以意领气，气沉丹田；行步外观笨重拖沓，其实笨重生灵，蕴含内劲，沉稳之中显灵敏。

第一式　熊运

动作一：接上式。两掌握空拳成"熊掌"，拳眼相对，垂于下腹部；目视两拳［图5-14（1）］。

动作二：以腰、腹为轴，上体做顺时针摇晃；同时，两拳随之沿右肋部、上腹部、左肋部、下腹部划圆；目随上体摇晃环视［图5-14（2）~图5-14(5)］。

动作三、四：同动作一、二。

动作五至动作八：同动作一至动作四，唯左右相反，上体做逆时针摇晃，两拳随之划圆。

(1)　　　(2)　　　(3)　　　(4)　　　(5)

图5-14　熊运

【动作要点】

1. 两掌划圆应随腰、腹部的摇晃而被动牵动，要协调自然。

2. 两掌划圆是外导，腰、腹摇晃为内引，意念内气在腹部丹田运行。

3. 动作可配合呼吸，身体上提时吸气，身体前俯时呼气。

【易犯错误】

1. 两掌贴腹太紧或主动划圆形成摩腹动作，没有随腰、腹部的转动协调地进行划圆摆动。

2. 以腰、胯为轴进行转动，或身体摇晃幅度过大。

【纠正方法】

1. 肩肘放松，两掌轻附于腰、腹，体会用腰、腹的摇晃来带动两手运行。

2. 相对固定腰、胯位置，身体摇晃时，在意念上是做立圆摇转。因此，当向上摇晃时，做提胸收腹，重复伸展腰、腹；向下摇晃时，做含胸松腹，挤压脾、胃、肝等中焦区域的内脏器官。

【功理与作用】

1. 活动腰部关节和肌肉，可防止腰肌劳损及软组织损伤。

2. 腰腹转动，两掌划圆，引导内气运行，可加强脾、胃的运化功能。

3. 运用腰、腹摇晃，对消化器官进行体内按摩，可防止消化不良、腹胀纳呆、便秘腹泻等症。

第二式　熊晃

动作一：接上式。身体重心右移；左髋上提，牵动左脚离地，再微屈左膝；两掌握空拳成"熊掌"；目视左前方［图5-15（1）］。

动作二：身体重心前移；左脚向左前方落地，全脚掌踏实，脚尖朝前，右腿伸直；身体右转，左臂内旋前靠，左拳摆至左膝前上方，拳心朝左；右拳摆至体后，拳心朝后；目视左前方［图5-15（2）］。

动作三：身体左转，中心后坐；右腿屈膝，左腿伸直；拧腰晃肩，带动两臂前后弧形摆动；右拳摆至左膝前上方，拳心朝右；左拳摆至体后，拳心朝后；目视左前方［图5-15（3）］。

动作四：身体右转，重心前移；左腿屈膝，右腿伸直；同时，左臂内旋前靠，左拳摆至左膝前上方，拳心朝左；右拳摆至体后，拳心朝后；目视左前方［图5-15（4）］。

动作五至八：同动作一至动作四，唯左右相反。

重复一至八动作一遍后，左脚上步，开步站立；同时，两手自然垂于体侧［图5-15（5）］。两掌向身体侧前方举起，与胸同高，掌心向上；目视前方［图5-15（6）］。屈肘，两掌内合下按，自然垂于体侧；目视前方［图5-15（7）］。

【动作要点】

1. 用腰侧肌群收缩来牵动大腿上提，按提髋、起腿、屈膝的先后顺序。

2. 两脚前移，横向间距稍宽于肩，随身体重心前移，全脚掌踏实，使震动感传至髋关节处，体现熊步的沉稳厚实。

【易犯错误】

1. 没有提髋动作，直接屈膝提腿，向前迈步。

2. 落步时，脚用力前踏，髋关节处没有震动感。

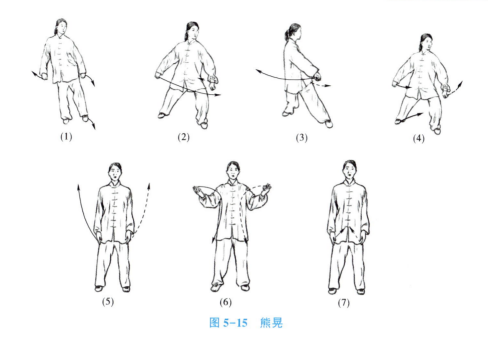

图 5-15 熊晃

【纠正方法】

1. 可先练习左右提髋。方法是：两肩保持水平，重心移向右脚，上提左髋，牵动左腿提起，在原处落下；然后重心左移，上提右髋。以此体会腰侧肌群收缩状态。

2. 提髋，屈膝，身体重心前移，脚自然落地，体重落于全脚掌。同时踝、膝关节放松，使震动感传至髋部。

【功理与作用】

1. 身体左右晃动，意在两胁，调理肝脾。

2. 提髋行走，加上落步的微震，可增加髋关节周围肌肉的力量，提高平衡能力，有助于防治老年人下肢无力、髋关节损伤、膝痛等症。

五、第四戏　猿戏

猿生性好动，机智灵敏，善于纵跳，折枝攀树，躲躲闪闪，永不疲倦。习练"猿戏"时，外练肢体的轻灵敏捷，欲动则如疾风闪电，迅敏机警；内练精神的宁静，欲静则似静月凌空，万籁无声，从而达到"外动内静""动静结合"的境界。

第一式　猿提

动作一：接上式。两掌在体前，手指伸直分开［图 5-16（1）］，再屈腕撮拢捏紧成"猿钩"［图 5-16（2）］。

动作二：两掌上提至胸，两肩上耸，收腹提肛；同时，脚跟提起，头向左转；目随头动，视身体左侧［图 5-16（3）］。

动作三：头转正，两肩下沉，松腹落肛，脚跟着地；"猿钩"变掌，掌心向下；目视前方［图 5-16（4）］。

动作四：两掌沿体前下按落于体侧；目视前方［图 5-16（5）］。

动作五至动作八：同动作一至动作四，唯头向右转。

(1)　　　　　(2)　　　　　(3)　　　　　(4)　　　　　(5)

图 5-16　猿提

【动作要点】

1. 掌指撮拢变钩，速度稍快。

2. 按耸肩、收腹、提肛、脚跟离地、转头的顺序，上提重心。耸肩、缩胸、屈肘、提腕要充分。

3. 动作可配合提肛呼吸。两掌上提吸气时，稍用意提起会阴部；下按呼气时，放下会阴部。

【易犯错误】

1. 脚跟离地后，重心不稳，前后晃动。

2. 耸肩不够充分，胸、背部和上肢不能充分团紧。

【纠正方法】

1. 头部百会穴上领，牵动整个身体垂直向上，起到稳定重心的作用。

2. 以胸部膻中穴为中心，缩项、夹肘、团胸、收腹，可加强胸、背部和上肢的团紧程度。

【功理与作用】

1. "猿钩"的快速变化，意在增强神经-肌肉反应的灵敏性。

2. 两掌上提时，缩项，耸肩，团胸吸气，积压胸腔和颈部血管；两掌下按时，伸颈，沉肩，松腹，扩大胸腔体积，可增强呼吸，按摩心脏，改善脑部供血。

3. 提踵直立，可增强腿部力量，提高平衡能力。

第二式　猿摘

动作一：接上式。左脚向左后方退步，脚尖点地，右腿屈膝，重心落于右腿；同时，左臂屈肘，左掌成"猿钩"收至左腰侧；右掌向右前方自然摆起，掌心向下［图5-17(1)］。

动作二：身体重心后移；左脚踏实，屈膝下蹲，右脚收至左脚内侧，脚尖点地，成右丁部；同时，右掌向下经腹前向左上方划弧至头左侧，掌心对太阳穴；目先随右掌动，再转头注视右前上方［图5-17(2)］。

动作三：右掌内旋，掌心向下，沿体侧下按至左髋侧；目视左掌［图5-17(3)］。右脚向右前方迈出一大步，左腿蹬伸，身体重心前移；右腿伸直，左脚脚尖点地；同时，右掌经体前向右上方划弧，举至右上侧变"猿钩"，稍高于肩；左掌向前、向上伸举，屈腕撮钩，成采摘势；目视左掌［图5-17(4)］。

动作四：身体重心后移；左掌由"猿钩"变为"握固"；右手变掌，自然回落于体前，虎口朝前［图5-17(5)］。随后，左腿屈膝下蹲，右脚收至左脚内侧，脚尖点低，成右丁步；同时，左臂屈肘收至左耳旁，掌指分开，掌心向上，成托桃状；右掌经体前向左划弧至左肘下捧托；目视左掌［图5-17（6）］。

动作五至动作八：同动作一至动作四，唯左右相反。

重复动作一至动作八一遍后，左脚向左横开一步，两腿直立；同时，两手自然垂于体侧［图5-17（7）］。两掌向身体侧前方举起，与胸同高，掌心向上；目视前方［图5-17（8）］。屈肘，两掌内合下按，自然垂于体侧；目视前方［图5-17（9）］。

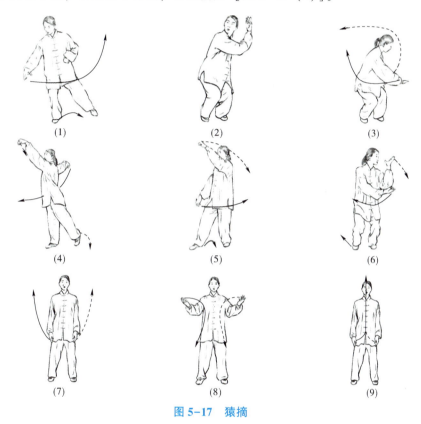

图5-17 猿摘

【动作要点】

1. 眼要随上肢动作变化左顾右盼，表现出猿猴眼神的灵敏。

2. 屈膝下蹲时，全身呈收缩状。蹬腿迈步，向上采摘，肢体要充分展开。采摘时变"猿钩"，手指撮拢快而敏捷；变握固后，成托桃状时，掌指要及时分开。

3. 动作以神似为主，重在体会其意境，不可太夸张。

【易犯错误】

1. 上、下肢动作配合不够协调。

2. 摘桃时，手臂向上直线推出，"猿钩"变化的时机掌握不准。

【纠正方法】

1. 下蹲时，手臂屈肘，上臂靠近身体；蹬伸时，手臂充分展开。

2. 向上采摘，手的运行路线呈向上弧形，动作到位时，手掌才变猿钩状。

【功理与作用】

1. 眼神的左顾右盼，有利于颈部运动，促进脑部的血液循环。

2. 动作的多样性体现了神经系统和肢体运动的协调性，模拟猿猴在采摘桃果时愉悦的

六、第五戏　鸟戏

鸟戏取形于鹤。鹤是轻盈安详的鸟类，人们对它进行描述时往往寓意它的健康长寿。习练时，要表现出鹤的盎然挺拔、悠然自得的神韵。仿效鹤翅飞翔，抑扬开合。两臂上提，伸颈运腰，真气上引；两臂下合，含胸松腹，气沉丹田。活跃周身经络，灵活四肢关节。

第一式　鸟伸

动作一：接上式。两腿微屈下蹲，两掌在腹前相叠。

动作二：两掌向上举至头前上方，掌心向下，指尖向前；身体微前倾，提肩，缩项，挺胸，塌腰；目视前下方。

动作三：两腿微屈下蹲；同时，两掌相叠下按至腹前；目视两掌［图5-18（1）］。

动作四：身体重心右移；左腿蹬直，右腿伸直向后抬起；同时，两掌左右分开，掌成"鸟翅"，向体侧后方摆起，掌心向上；抬头，伸颈，挺胸，塌腰；目视前方［图5-18（2）］。

动作五至动作八：同动作一至动作四，唯左右相反。

重复动作一至动作八一遍后，右脚下落，两脚开步站立，两手自然垂于体侧；目视前方［图5-18（3）］。

(1)　　　　　　(2)　　　　　　(3)

图5-18　鸟伸

【动作要点】

1. 两掌向体前相叠，上下位置可任选，以舒适自然为宜。
2. 注意动作的松紧变化。掌上举时，颈、肩、臀部紧缩；下落时，两腿微屈，颈、肩、臀部松沉。
3. 两臂后摆时，身体向上拔伸，并形成向后反弓状。

【易犯错误】

1. 松紧变化掌握不好。
2. 单腿支撑时，身体重心不稳。

【纠正方法】

1. 先练习两掌相叠，在体前做上举下落动作，上举时收紧，下落时放松，逐步过渡到完整动作。
2. 身体重心移到支撑腿后，另腿再向后抬起，支撑腿的膝关节挺直，有助于提高动作的稳定性。

【功理与作用】

1. 两掌上举吸气，扩大胸腔；两手下按，气沉丹田，呼出浊气，可加强肺的吐故纳新功能，增加肺活量，改善慢性支气管炎、肺气肿等病的症状。

2. 两掌上举，作用于大椎和尾闾，督脉得到牵动；两掌后摆，身体呈反弓状，任脉得到拉伸。这种松紧交替的练习方法，可增强疏通任、督两脉经气的作用。

第二式　鸟飞

接上式。两腿微屈；两掌成"鸟翅"合于腹前，掌心相对；目视前下方［图5-19（1）］。

动作一：右腿伸直独立，左腿屈膝提起，小腿自然下垂，脚尖朝下；同时，两掌成展翅状，在体侧平举向上，稍高于肩，掌心向下；目视前方［图5-19（2）］。

动作二：左脚下落在右脚旁，脚尖着地，两腿微屈；同时，两掌合于腹前，掌心相对；目视前下方［图5-19（3）］。

动作三：右腿伸直独立，左腿屈膝提起，小腿自然下垂，脚尖朝下；同时，两掌经体侧，向上举至头顶上方，掌背相对，指尖向上；目视前方［图5-19（4）］。

动作四：左脚下落在右脚旁，全脚掌着地，两腿微屈；同时，两掌合于腹前，掌心相对；目视前下方［图5-19（5）］。

动作五至动作八：同动作一至动作四，唯左右相反。

重复动作一至动作八一遍后，两掌向身体侧前方举起，与胸同高，掌心向上；目视前方［图5-19（6）］。屈肘，两掌内合下按，自然垂于体侧；目视前方［图5-19（7）、图5-19（8）］。

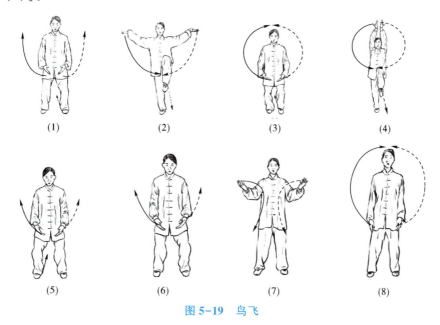

图5-19　鸟飞

【动作要点】

1. 两臂侧举，动作舒展，幅度要大，尽量展开胸部两侧；两臂下落内合，尽量挤压胸部两侧。

2. 手脚变化配合协调，同起同落。

3. 动作可配合呼吸，两掌上提时吸气，下落时呼气。

【易犯错误】

1. 两臂伸直摆动，动作僵硬。

2. 身体紧张，直立不稳，呼吸不畅。

【纠正方法】

1. 两臂上举时，力从肩发，先沉肩，再松肘，最后提腕，形成手臂举起的蠕动过程；下落时，先松肩，再沉肘，最后按掌合于腹前。

2. 两臂上举吸气，头部百会穴上领，提胸收腹；下落呼气，松腰松腹，气沉丹田。

【功理与作用】

1. 两臂的上下运动可改变胸腔容积，若配合呼吸运动可起到按摩心肺作用，增强血氧交换能力。

2. 拇指、食指的上翘紧绷，意在刺激手太阴肺经，加强肺经经气的流通，提高心肺功能。

3. 提膝独立，可提高人体平衡能力。

七、收势　引气归元

动作一：两掌经体侧上举至头顶上方，掌心向下。

动作二：两掌指尖相对，沿体前缓慢下按至腹前；目视前方。

重复动作一、动作二两遍。

动作三：两手缓慢在体前划平弧，掌心相对，高与脐平；目视前方。

动作四：两手在腹前合拢，虎口交叉，叠掌；眼微闭静养，调匀呼吸，意守丹田。

动作五：数分钟后，两眼慢慢睁开，两手合掌，在胸前搓擦至热。

动作六：掌贴面部，上、下擦摩，浴面3~5遍。

动作七：两掌向后沿头顶、耳后、胸前下落，自然垂于体侧；目视前方。

动作八：左脚提起向右脚并拢，前脚掌先着地，随之全脚踏实，恢复成预备式；目视前方。

【动作要点】

1. 两掌由上向下按时，身体各部位要随之放松，直达脚底涌泉穴。

2. 两掌腹前划平弧动作，衔接要自然、圆活，有向前收拢物体之势，意将气息合抱引入丹田。

【易犯错误】

1. 两掌上举带动两肩上抬，胸廓上提。

2. 两掌运行路线不清。

【纠正方法】

1. 身体重心相对固定，两掌上举时，注意肩部下沉放松。

2. 两掌在体侧向上做立圆和在腹前向前划平弧时，意念要放在掌心。

【功理与作用】

1. 引气归元就是使气息逐渐平和，意将练功时所得体内、外之气，导引归入丹田，起到和气血、通经脉、理脏腑的功效。

2. 通过搓手、浴面，恢复常态，收功。

第六章 八段锦

学习目标

知识目标

1. 了解八段锦的基本理论。
2. 掌握八段锦的功法特点、习练要领。

技能目标

1. 能随音乐节奏自练单个动作和组合动作，并尝试动作创新，培养学生的创造性思维和自主学习的能力。
2. 能够运用所学知识指导初学者进行八段锦练习。
3. 能够运用所学的八段锦进行自身的体育锻炼，成为终身体育的一项技能。

素质目标

1. 培养学生认真学习的态度、不怕吃苦的精神和探索新知识的兴趣。
2. 提升对本民族优秀文化的认同感，培养"自强不息、厚德载物"的民族精神。

课堂导入

八段锦不仅仅是一套拳法，它更承载了中华民族的精神追求和家国情怀。在教学过程中，引导理解八段锦的历史背景和文化内涵，知晓作为中华儿女的责任和使命。结合国家的发展变化，讲述八段锦如何与时俱进。

在传授八段锦的招式、技巧时，我们可以讲述每一式背后的文化内涵，在学习中感受中华文化的博大精深。在练习八段锦的过程中，引导体会身心的和谐统一，领悟"天人合一"的哲学思想。

第一节 八段锦概述

八段锦是一种站段武术导引功法，其动作简单易学，经常锻炼，对增强体质，调节人体内各脏腑经络气血的运行，均有显著效果。

一、功法特点

"健身气功·八段锦"的运动强度和动作的编排次序符合运动学和生理学规律，属于有氧运动，安全可靠。整套功法增加了预备势和收势，使套路更加完整规范。功法动作特点主要体现在以下几个方面。

（一）柔和缓慢，圆活连贯

柔和，是指习练动作不僵不拘，轻松自如，舒展大方。缓慢，指习练时身体重心平稳，虚实分明，轻飘徐缓。圆活，指动作路线带有弧形，不起棱角，不直来直往，符合人体各关节自然弯曲的状态。它是以腰脊为轴带动四肢运动，上下相随，节节贯穿。连贯，是要求动作的虚实变化和姿势的转换衔接，无停顿断续之处。既像行云流水连绵不断，又如春蚕吐丝相连无间，使人神清气爽，体态安详，从而达到疏通经络、畅通气血和强身健体的效果。

（二）松紧结合，动静相兼

松，指习练时肌肉、关节以及中枢神经系统、内脏器官的放松。在意识的主动支配下，逐步达到呼吸柔和、心静体松，同时松而不懈，保持正确的姿态，并将这种放松程度不断加深。紧，是指习练中适当用力，且缓慢进行，主要体现在前一动作的结束与下一动作开始之前。"八段锦"中的"两手托天理三焦"的上托、"左右开弓似射雕"的马步拉弓、"调理脾胃须单举"的上举、"五劳七伤往后瞧"的转头旋臂、"攒拳怒目增气力"的冲拳与抓握、"背后七颠百病消"的脚趾抓地与提肛等，都体现了这一点。紧，在动作中只在一瞬间，而放松须贯穿动作的始终。松紧配合的适度，有助于平衡阴阳、疏通经络、分解黏滞、滑利关节、活血化瘀、强筋壮骨，增强体质。

本功法的动与静主要是指身体动作的外在表现。动，就是在意念的引导下，动作轻灵活泼、节节贯穿、舒适自然。静，指在动作的节分处做到沉稳，特别是在前面所讲八个动作的缓慢用力之处，在外观上看略有停顿之感，但内劲没有停，肌肉继续用力，保持牵引抻拉。适当地用力和延长作用时间，能够使相应的部位受到一定的强度刺激，有助于提高锻炼效果。

（三）神与形合，气寓其中

神，指人体的精神状态和正常的意识活动，以及在意识支配下的形体表现。"神为形之主，形乃神之宅"。神与形是相互联系、相互促进的整体。本功法每势动作以及动作之间充满了对称与和谐，体现出内示精神，外示安逸，虚实相生、刚柔相济，做到了意动形随、神形兼备。

气寓其中，是指通过精神的修养和形体的锻炼，促进真气在体内的运行，以达到强身健体的功效。习练本功法时，呼吸应顺畅，不可强吸硬呼。

二、习练要领

（一）松静自然

松静自然，是练功的基本要领，也是最根本的法则。松，是指精神与形体两方面放松。精神的放松，主要是解除心理和生理上的紧张状态；形体上的放松，是指关节、肌肉及脏腑的放松。放松是由内到外、由浅入深的过程，使形体、呼吸、意念轻松舒适无紧张感。静，是指思想和情绪要平稳安宁，排除一切杂念。放松与入静是相辅相成的，入静可以促进放松，而放松又有助于入静，二者缺一不可。

自然，是指形体、呼吸、意念都要顺其自然。具体来说，形体自然，要合于法，一动一势要准确规范；呼吸自然，要莫忘莫助，不能强吸硬呼；意念自然，要"似守非守，绵绵若存"，过于用意会造成气滞血瘀，导致精神紧张。需要指出的是，这里的"自然"决不能理解为"听其自然""任其自然"，而是指"道法自然"，需要习练者在练功过程中仔细体会，逐步把握。

（二）准确灵活

准确，主要是指练功时的姿势与方法要正确，合乎规格。在学习初始阶段，基本身形的锻炼最为重要。本功法的基本身形，通过功法的预备势进行站桩锻炼即可，站桩的时间和强度可根据不同人群的不同健康状况灵活掌握。在锻炼身形时，要认真体会身体各部位的要求和要领，克服关节肌肉的酸痛等不良反应，为放松入静创造良好条件，为学习掌握动作打好基础。在学习各段动作时，要对动作的路线、方位、角度、虚实、松紧分辨清楚，做到姿势工整，方法准确。

灵活，是指习练时动作幅度的大小、姿势的高低、用力的大小、习练的数量、意念的运用、呼吸的调整等，都要根据自身情况灵活掌握，特别是对老年人群和体弱者，更要注意。

（三）练养相兼

练，是指形体运动、呼吸调整与心理调节有机结合的锻炼过程。养，是通过上述练习，身体出现的轻松舒适、呼吸柔和、意守绵绵的静养状态。习练本功法，在求姿势工整，方法准确的同时，要根据自己的身体情况，调整好姿势的高低和用力的大小，对有难度的动作，一时做不好的，可逐步完成。对于呼吸的调节，可在学习动作期间采取自然呼吸，待动作练熟后再结合动作的升降、开合与自己的呼吸频率有意识地进行锻炼，最后达到"不调而自调"的效果。对于意念的把握，在初学阶段重点应放在注意动作的规格和要点上，动作熟练后要遵循似守非守、绵绵若存的原则进行练习。

养与练，是相互并存的，不可截然分开，应做到"练中有养，养中有练"。特别要合理安排练习的时间、数量，把握好强度，处理好"意""气""形"三者的关系。从广义上讲，练养相兼与日常生活也有着密切关系。能做到"饮食有节、起居有常"，保持积极向上的乐观情绪，将有助于练功效果，增进身心健康。

（四）循序渐进

"八段锦"对于初学者来说有一定的学习难度和运动强度。因此，在初学阶段，习练者首先要克服由于练功而给身体带来的不适，如肌肉关节酸痛、动作僵硬、紧张、手脚配合不协调、顾此失彼等。只有经过一段时间和数量的习练，才会做到姿势逐渐工整，方法逐步准确，动作的连贯性与控制能力得到提高，对动作要领的体会不断加深，对动作细节更加注意，等等。

在初学阶段，本功法要求习练者采取自然呼吸方法。待动作熟练后，逐步对呼吸提出要求,习练者可采用练功时的常用方法——腹段呼吸。在掌握呼吸方法后,开始注意同动作进行配合。这其中也存在着适应和锻炼的过程,不可急于求成。最后,逐渐达到动作、呼吸、意念的有机结合。

由于练功者体质状况及对功法的掌握与习练上存在差异,其练功效果不尽相同。良好的练功效果是在科学练功方法的指导下,随着时间和习练数量的积累而逐步达到的。因此,习练者不要"三天打鱼,两天晒网",应持之以恒,循序渐进,合理安排好运动量。

第二节 八段锦的技术分析及练习

一、八段锦基本动作

(一) 基本手型

八段锦的基本手型如图 6-1 所示。

图 6-1 八段锦的基本手型

1. 拳
大拇指抵掐无名指根节内侧,其余四指屈拢收于掌心 [图 6-1 (1)]。

2. 掌
掌一:五指微屈,稍分开,掌心微含 [图 6-1 (2)]。掌二:拇指与食指竖直分开成八字状,其余三指第一、二指节屈收,掌心微含 [图 6-1 (3)]

3. 爪
五指并拢,大拇指第一指节,其余四指第一、二指节屈收扣紧,手腕伸直 [图 6-1 (4)]。

(二) 基本步型

马步:开步站立,两脚间距约本人脚长的 2~3 倍,屈膝半蹲,大腿略高于水平(图 6-2)。

图 6-2 马步

二、八段锦动作图解

(一) 预备势

预备势动作步骤如图 6-3 所示。

(1)　　　　　　　(2)　　　　　　　(3)　　　　　　　(4)

图 6-3　预备势动作步骤

动作一：两脚并步站立；两臂自然垂于体侧；身体中正，目视前方 [图 6-3 (1)]。

动作二：随着松腰沉髋，身体重心移至右腿；左脚向左侧开步，脚尖朝前，约与肩同宽；目视前方 [图 6-3 (2)]。

动作三：两臂内旋，两掌分别向两侧摆起，约与髋同高，掌心向后；目视前方 [图 6-3 (3)]。

动作四：上动不停。两腿膝关节稍屈；同时，两臂外旋，向前合抱于腹前呈圆弧形，与脐同高，掌心向内，两掌指间距约 10 cm；目视前方 [图 6-3 (4)]。

【动作要点】

1. 头向上顶，下颏微收，舌抵上腭，双唇轻闭；沉肩坠肘，腋下虚掩；胸部宽舒，腹部松沉；收髋敛臀，上体中正。

2. 呼吸徐缓，气沉丹田，调息 6~9 次。

【易犯错误】

1. 抱球时，大拇指上翘，其余四指斜向地面。

2. 塌腰，跪腿，八字脚。

【纠正方法】

1. 沉肩，垂肘，指尖相对，大拇指放平。

2. 收髋敛臀，命门穴放松；膝关节不超越脚尖，两脚平行站立。

【功理与作用】

宁静心神，调整呼吸，内安五脏，端正身形，从精神与肢体上做好练功前准备。

(二) 第一段　两手托天理三焦

两手托天理三焦动作步骤如图 6-4 所示。

动作一：接上预备势。两臂外旋微下落，两掌五指分开在腹前交叉，掌心向上；目视前方 [图 6-4 (1)]；

动作二：上动不停。两腿徐缓挺膝伸直；同时，两掌上托至胸前，随之两臂内旋向上托起，掌心向上；抬头，目视两掌［图 6-4（2）］；

动作三：上动不停。两臂继续上托，肘关节伸直；同时，下颏内收，动作略停；目视前方［图 6-4（3）］；

动作四：身体重心缓缓下降；两腿膝关节微屈；同时，十指慢慢分开，两臂分别向身体两侧下落，两掌捧于腹前，掌心向上；目视前方［图 6-4（4）］。

本段托举、下落为一遍，共做六遍。

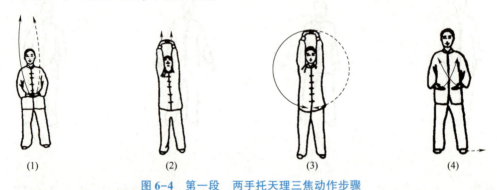

图 6-4　第一段　两手托天理三焦动作步骤

【动作要点】

1. 两掌上托要舒胸展体，略有停顿，保持抻拉。
2. 两掌下落，松腰沉髋，沉肩坠肘，松腕舒指，上体中正。

【易犯错误】

两掌上托时，抬头不够，继续上举时松懈断劲。

【纠正方法】

两掌上托，舒胸展体缓慢用力，下颏先向上助力，再内收配合两掌上撑，力在掌根。

【功理与作用】

1. 通过两手交叉上托，缓慢用力，保持抻拉，可使"三焦"通畅、气血调和。
2. 通过拉长躯干与上肢各关节周围的肌肉、韧带及关节软组织，对防治肩部疾患、预防颈椎病等具有良好的作用。

（三）第二段　左右开弓似射雕

左右开弓似射雕动作步骤如图 6-5 所示。

动作一：接上段。身体重心右移；左脚向左侧开步站立，两腿膝关节自然伸直；同时，两掌向上交叉于胸前，左掌在外，两掌心向内；目视前方［图 6-5（1）］

动作二：上动不停。两腿徐缓屈膝半蹲成马步；同时，右掌屈指成"爪"，向右拉至肩前；左掌成八字掌，左臂内旋，向左侧推出，与肩同高，坐腕，掌心向左，犹如拉弓射箭之势；动作略停；目视左掌方向［图 6-5（2）］

动作三：身体重心右移；同时，右手五指伸开成掌，向上、向右划弧，与肩同高，指尖朝上，掌心斜向前；左手指伸开成掌，掌心斜向后；目视右掌［图 6-5（3）］

动作四：上动不停。重心继续右移；左脚回收成并步站立；同时，两掌分别由两侧下落，捧于腹前，指尖相对，掌心向上；目视前方［图 6-5（4）］。

动作五至动作八：同动作一至动作四，唯左右相反［图 6-5（5）］。

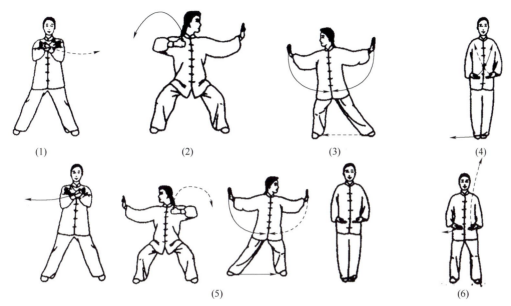

图 6-5 第二段 左右开弓似射雕动作步骤

本段一左一右为一遍，共做三遍。

第三遍最后一动时，身体重心继续左移；右脚回收成开步站立，与肩同宽，膝关节微屈；同时，两掌分别由两侧下落，捧于腹前，指尖相对，掌心向上；目视前方［图6-5（6）］。

【动作要点】

1. 侧拉之手五指并拢屈紧，肩臂放平。
2. 八字掌侧撑需沉肩坠肘，屈腕，竖指，掌心涵空。
3. 年老或体弱者可自行调整马步高度。

【易犯错误】

端肩，弓腰，八字脚。

【纠正方法】

沉肩坠肘，上体直立，两脚跟外撑。

【功理与作用】

1. 展肩扩胸，可刺激督脉和背部俞穴；同时刺激手三阴三阳经等，可调节手太阴肺经等经脉之气。
2. 可有效发展下肢肌肉力量，提高平衡和协调能力；同时，增加前臂和手部肌肉力量，提高手腕关节及指关节的灵活性。
3. 有利于矫正不良姿势，如驼背及肩内收，很好地预防肩、颈疾病等。

（四）第三段 调理脾胃须单举

调理脾胃须单举动作步骤如图6-6所示。

动作一：接上段。两腿徐缓挺膝伸直；同时，左掌上托，左臂外旋上穿经面前，随之臂内旋上举至头左上方，肘关节微屈，力达掌根，掌心向上，掌指向右；同时，右掌微上托，随之臂内旋下按至右髋旁，肘关节微屈，力达掌根，掌心向下，掌指向前，动作略停；目视前方［图6-6（1）］。

(1)　　　　　　(2)　　　　　　(3)　　　　　　(4)

图 6-6　第三段　调理脾胃须单举动作步骤

动作二：松腰沉髋，身体重心缓缓下降；两腿膝关节微屈；同时，左臂屈肘外旋，左掌经面前下落于腹前，掌心向上；右臂外旋，右掌向上捧于腹前，两掌指尖相对，相距约10 cm，掌心向上；目视前方［图6-6（2）］。

动作三、四：同动作一、二，唯左右相反［图6-6（3）］。

本段一左一右为一遍，共做三遍。

第三遍最后一动时，两腿膝关节微屈；同时，两臂屈肘，两掌下按于髋旁，掌心向下，掌指向前；目视前方［图6-6（4）］。

【动作要点】

力在掌根，上撑下按，舒胸展体，拔长腰脊。

【易犯错误】

掌指方向不正，肘关节没有弯曲度，上体不够舒展。

【纠正方法】

两掌放平，力在掌根，肘关节稍屈，对拉拔长。

【功理与作用】

1. 通过左右上肢一松一紧的上下对拉（静力牵张），可以牵拉腹腔，对脾胃中焦肝胆起到按摩作用；同时可以刺激位于腹、胸胁部的相关经络以及背部俞穴等，达到调理脾胃（肝胆）和脏腑经络的作用。

2. 可使脊柱内各椎骨间的小关节及小肌肉得到锻炼，从而增强脊柱的灵活性与稳定性，有利于预防和治疗肩、颈疾病。

（五）第四段　五劳七伤往后瞧

五劳七伤往后瞧动作步骤如图6-7所示。

动作一：接上段。两腿徐缓挺膝伸直；同时，两臂伸直，掌心向后，指尖向下，目视前方［图6-7（1）］。然后上动不停。两臂充分外旋，掌心向外；头向左后转，动作略停；目视左斜后方［图6-7（2）］。

动作二：松腰沉髋，身体重心缓缓下降；两腿膝关节微屈；同时，两臂内旋按于髋旁，掌心向下，指尖向前；目视前方［图6-7（3）］。

动作三：同动作一，唯左右相反［图6-7（4）］。

动作四：同动作二［图6-7（5）］。

本段一左一右为一遍，共做三遍。第三遍最后一动时，两腿膝关节微屈；同时，两掌捧于腹前，指尖相对，掌心向上；目视前方［图6-7（6）］。

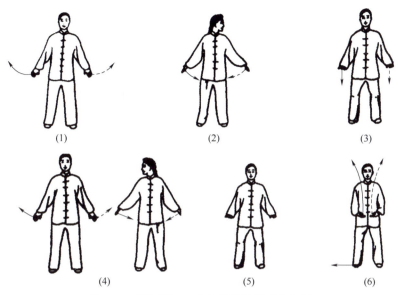

图 6-7　第四段　五劳七伤往后瞧动作步骤

【动作要点】

1. 头向上顶，肩向下沉。
2. 转头不转体，旋臂，两肩后张。

【易犯错误】

上体后仰，转头与旋臂不充分或转头速度过快。

【纠正方法】

下颏内收，转头与旋臂幅度宜大，速度均匀。

【功理与作用】

1. "五劳"指心、肝、脾、肺、肾五脏劳损；"七伤"指喜、怒、悲、忧、恐、惊、思七情伤害。本段动作通过上肢伸直外旋扭转的静力牵张作用，可以扩张牵拉胸腔、腹腔内的脏腑。

2. 本段动作中往后瞧的转头动作，可刺激颈部大椎穴，达到防治"五劳七伤"的目的。

3. 可增加颈部及肩关节周围参与运动肌群的收缩力，增加颈部运动幅度，活动眼肌，预防眼肌疲劳以及肩、颈与背部等疾患。同时，改善颈部及脑部血液循环，有助于解除中枢神经系统疲劳。

（六）第五段　摇头摆尾去心火

摇头摆尾去心火动作步骤如图 6-8 所示。

动作一：接上段。身体重心左移；右脚向右开步站立，两腿膝关节自然伸直；同时，两掌上托与胸同高时，两臂内旋，两掌继续上托至头上方，肘关节微屈，掌心向上，指尖相对；目视前方［图 6-8（1）］。

动作二：上动不停。两腿徐缓屈膝半蹲成马步；同时，两臂向两侧下落，两掌扶于膝关节上方，肘关节微屈，小指侧向前；目视前方［图 6-8（2）］。

动作三：身体重心向上稍升起，而后右移；上体先向右倾，随之俯身；目视右脚［图 6-8（3）］。

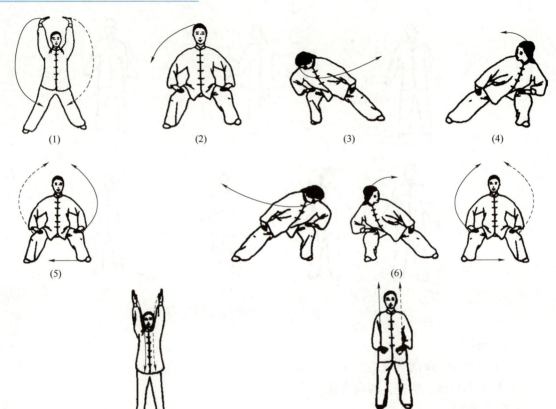

图6-8 第五段 摇头摆尾去心火动作步骤

动作四：上动不停。身体重心左移；同时，上体由右向前、向左旋转；目视右脚［图6-8（4）］。

动作五：身体重心右移，成马步；同时，头向后摇，上体立起，随之下颌微收；目视前方［图6-8（5）］。

动作六至动作八：同动作三至动作五，唯左右相反［图6-8（6）］。

本段一左一右为一遍，共做三遍。

做完三遍后，身体重心左移，右脚回收成开步站立，与肩同宽；同时，两掌向外经两侧上举，掌心相对；目视前方［图6-8（7）］。随后松腰沉髋，身体重心缓缓下降。两腿膝关节微屈；同时屈肘，两掌经面前下按至腹前，掌心向下，指尖相对；目视前方［图6-8（8）］。

【动作要点】

1. 马步下蹲要收髋敛臀，上体中正。

2. 摇转时，颈部与尾闾对拉伸长，好似两个轴在相对运转，速度应柔和缓慢，动作圆活连贯。

3. 年老或体弱者要注意动作幅度，不可强求。

【易犯错误】

1. 摇转时颈部僵直，尾闾摇动不圆活，幅度太小。

2. 前倾过大，使整个上身随之摆动。

【纠正方法】

1. 上体侧倾与向下俯身时，下颌不要有意内收或上仰，颈椎部肌肉尽量放松伸长。

2. 加大尾闾摆动幅度，应上体左倾尾闾右摆，上体前俯尾闾向后划圆，头不低于水平，使尾闾与颈部对拉拔长，加大旋转幅度。

【功理与作用】

1. 心火，即心热火旺的病症，属阳热内盛的病机。通过两腿下蹲，摆动尾闾，可刺激脊柱、督脉等；通过摇头，可刺激大椎穴，从而达到疏经泄热的作用，有助于去除心火。

2. 在摇头摆尾过程中，脊柱腰段、颈段大幅侧屈、环转及回旋，可使整个脊柱的头颈段、腰腹及臀、股部肌群参与收缩，既增加了颈、腰、髋的关节灵活性，也增强了这些部位的肌力。

（七）第六段　两手攀足固肾腰

两手攀足固肾腰动作步骤如图 6-9 所示。

图 6-9　第六段　两手攀足固肾腰动作步骤

动作一：接上段。两腿挺膝伸直站立；同时，两掌指尖向前，两臂向前、向上举起，肘关节伸直，掌心向前，目视前方 [图 6-9（1）]。

动作二：两臂外旋至掌心相对，屈肘，两掌下按于胸前，掌心向下，指尖相对；目视前方 [图 6-9（2）]。

动作三：上动不停。两臂外旋，两掌心向上，随之两掌掌指顺腋下向后插；目视前方 [图 6-9（3）]。

动作四：两掌心向内沿脊柱两侧向下摩运至臀部；随之上体前俯，两掌继续沿腿后向下摩运，经脚两侧置于脚面；抬头，动作略停；目视前下方 [图 6-9（4）]。

本段一上一下为一遍，共做六遍。

做完六遍后，上体立起，同时，两臂向前、向上举起，肘关节伸直，掌心向前；目视前方 [图 6-9（5）]。随后松腰沉髋，身体重心缓缓下降；两腿膝关节微屈；同时，两掌向前下按至腹前，掌心向下，指尖向前；目视前方 [图 6-9（6）]。

【动作要点】

1. 反穿摩运要适当用力,至足背时松腰沉肩,两膝挺直,向上起身时手臂主动上举,带动上体立起。

2. 年老或体弱者可根据身体状况自行调整动作幅度,不可强求。

【易犯错误】

1. 两手向下摩运时低头,膝关节弯曲。

2. 向上起身时,起身在前,举臂在后。

【纠正方法】

1. 两手向下摩运要抬头,膝关节伸直。

2. 向上起身时要以臂带身。

【功理与作用】

1. 通过前屈后伸可刺激脊柱、督脉以及命门、阳关、委中等穴,有助于防治生殖泌尿系统方面的慢性病,达到固肾壮腰的作用。

2. 通过脊柱大幅度前屈后伸,可有效发展躯干前、后伸屈脊柱肌群的力量与伸展性,同时对腰部的肾、肾上腺、输尿管等器官有良好的牵拉、按摩作用,可以改善其功能,刺激其活动。

(八) 第七段 攒拳怒目增气力

攒拳怒目增气力动作步骤如图 6-10 所示。

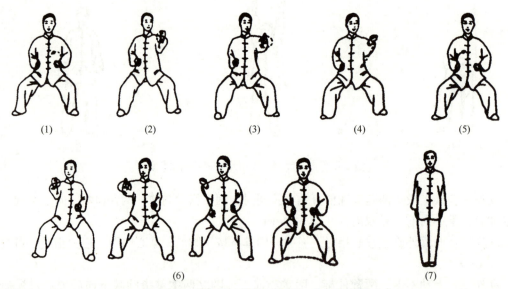

图 6-10 第七段 攒拳怒目增气力动作步骤

接上段。身体重心右移,左脚向左开步;两腿徐缓屈膝半蹲成马步;同时,两掌握固,抱于腰侧,拳眼朝上;目视前方 [图 6-10 (1)]。

动作一:左拳缓慢用力向前冲出,与肩同高,拳眼朝上;瞪目,视左拳冲出方向 [图 6-10 (2)]。

动作二:左臂内旋,左拳变掌,虎口朝下;目视左掌 [图 6-10 (3)]。左臂外旋,肘关节微屈;同时,左掌向左缠绕,变掌心向上后握固;目视左拳 [图 6-10 (4)]。

动作三：屈肘，回收左拳至腰侧，拳眼朝上；目视前方［图6-10（5）］。
动作四至六：同动作一至三，唯左右相反［图6-10（6）］。
本段一左一右为一遍，共做三遍。
做完三遍后，身体重心右移，左脚回收成并步站立；同时，两拳变掌，自然垂于体侧；目视前方［图6-10（7）］。

【动作要点】
1. 马步的高低可根据自己的腿部力量灵活掌握。
2. 冲拳时要怒目瞪眼，注视冲出之拳，同时脚趾抓地，拧腰顺肩，力达拳面；拳回收时要旋腕，五指用力抓握。

【易犯错误】
1. 冲拳时上体前俯，端肩，掀肘。
2. 拳回收时旋腕不明显，抓握无力。

【纠正方法】
1. 冲拳时头向上顶，上体立直，肩部松沉，肘关节微屈，前臂贴肋前送，力达拳面。
2. 拳回收时，先五指伸直充分旋腕，再屈指用力抓握。

【功理与作用】
1. 中医认为，"肝主筋，开窍于目"。本段中的"怒目瞪眼"可刺激肝经，使肝血充盈，肝气疏泄，有强健筋骨的作用。
2. 两腿下蹲十趾抓地、双手攒拳、旋腕、手指逐节强力抓握等动作，可刺激手、足三阴三阳十二经脉的俞穴和督脉等；同时，使全身肌肉、筋脉受到静力牵张刺激，长期锻炼可使全身筋肉结实，气力增加。

（九）第八段　背后七颠百病消

背后七颠百病消动作步骤如图6-11所示。

图6-11　第八段　背后七颠百病消动作步骤

动作一：接上段。两脚跟提起；头上顶，动作略停；目视前方［图6-11（1）］。
动作二：两脚跟下落，轻震地面；目视前方［图6-11（2）］。
本段一起一落为一遍，共做七遍。

【动作要点】
1. 上提时脚趾要抓地，脚跟尽力抬起，两腿并拢，百会穴上顶，略有停顿，要掌握好平衡。

2. 脚跟下落时，咬牙，轻震地面，动作不要过急。

3. 沉肩舒臂，周身放松。

【易犯错误】

上提时，端肩，身体重心不稳。

【纠正方法】

五趾抓住地面，两腿并拢，提肛收腹，肩向下沉，百会穴上顶。

【功理与作用】

1. 脚趾为三阴、足三阳经交会之处，脚十趾抓地，可刺激足部有关经脉，调节相应脏腑的功能；同时，颠足可刺激脊柱与督脉，使全身脏腑经络气血通畅，阴阳平衡。

2. 颠足而立可发展小腿后部肌群力量，拉长足底肌肉、韧带，提高人体的平衡能力。

3. 落地震动可轻度刺激下肢及脊柱各关节内外结构，并使全身肌肉得到放松复位，有助于解除肌肉紧张。

（十）收势

收势的动作步骤如图 6-12 所示。

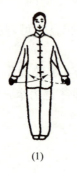  

(1)　　　　　　　　(2)　　　　　　　　(3)

图 6-12　收势的动作步骤

动作一：接上段。两臂内旋，向两侧摆起，与髋同高，掌心向后；目视前方 ［图 6-12（1）］。

动作二：两臂屈肘，两掌相叠置于丹田处（男性左手在内，女性右手在内）；目视前方 ［图 6-12（2）］。

动作三：两臂自然下落，两掌轻贴于腿外侧；目视前方 ［图 6-12（3）］。

【动作要领】

体态安详，周身放松，呼吸自然，气沉丹田。

【易犯错误】

收功随意，动作结束后或心浮气躁，或急于走动。

【纠正方法】

收功时要心平气和，举止稳重。收功后可适当做一些整理活动，如搓手浴面和肢体放松等。

【功理与作用】

气息归元，放松肢体肌肉，愉悦心情，进一步巩固练功效果，逐渐恢复到练功前安静时的状态。

第七章　毽球运动

学习目标

知识目标

1. 通过了解毽球运动的起源与发展,能够掌握毽球运动的特点和比赛规则;
2. 通过学习毽球运动,能够了解毽球动作名称、技术要点和要求。

技能目标

1. 掌握毽球运动的技术动作,能够模仿并练习该项运动;
2. 通过学习毽球知识,能够欣赏毽球运动。

素质目标

1. 提升大学生对毽球的认知,领会毽球运动的团队合作精神;
2. 培养大学生面对困难不退缩,勇于挑战的精神。

课堂导入

毽球运动作为一项传统体育活动,是中国文化的一部分,具有深厚的民间基础,从我国古代的民间踢毽子游戏衍生而来,历史可追溯到汉代,是我国传统民族体育熠熠闪光的一颗璀璨明珠。它不仅体现了中华文化的魅力和智慧,也承载了中国人传统的美好品德,如勇敢、坚持、团结、友爱等。

通过长时间的毽球运动,可以增强身体素质,提高自我控制和耐力水平,同时也可以促进心理健康,缓解压力,增强自信心和自我意识。毽球运动以团队协作和公平竞争为基础,可以帮助学生培养良好的行为习惯和价值观念,提高协作能力和团队精神。

第一节　毽球运动概述

一、毽球运动概况

毽球运动是由我国古老的民间踢毽子游戏演变而来的。踢毽子是我国特有的一项具有浓郁民族色彩的体育活动，被人们誉为"生命的蝴蝶"。在古代，它是所谓"杂技""杂戏""博戏""百戏"的一种。踢毽子是中华民族传统体育宝库中一颗璀璨的明珠，由古代蹴鞠运动演变而成，起源于汉代，盛行于南北朝、隋、唐时期，至今已有2000多年的历史，是一项流传很广、有着悠久历史的民族传统体育活动。

毽球运动是一项新兴的体育项目，它集羽毛球的场地、排球的规则、足球的脚法、踢毽子的技巧于一身，以其熟练、准确、细腻的技巧性，快速多变、激烈反复的对抗性，吸引了众多的观众和参与者，更深受广大学生和工厂、企业职工的喜爱。当今，国家推行全民健身运动和教育实施"应试教育"向"素质教育"转轨的热潮中，毽球运动以它特有的功能，展现出强大的生命力。

（一）毽球运动的特点

我国民间提供珍贵的毽球运动历史文献资料，辩证地从科学可行、普及健身、竞技娱乐、经济实效四个方面，验证了开展现代毽球运动对全民健身计划和素质教育都具有重大的历史意义和现实价值。

1. 科学可行是毽球运动的基本特点

毽球运动的产生、发展与变化，符合人们的生理、心理和动作技能形成的客观规律。它的自然动作形成，正是包涵了人体日常生活、工作学习及生产实践中的基本活动能力，是人体适应自然环境所需要的一种能力的反映。以14~19岁的青少年为例，在毽球教学内容以及动作的系统性方面，均反映由易到难、由简单到复杂，运动量由小到大、由弱到强的"循序渐进"的原则，使之更符合学生的认识、生理、心理与动作技能形成的客观规律，同时又可以根据学生不同年级、不同水平、不同程度的身心发展规律逐步提高技术水平。其次，毽球运动本身也显示出简单易行的特点，是四季可行的健身运动项目，毽球体积小、重量轻、携带方便，不受场地、器材和气候的影响。

2. 普及健身是毽球运动的基本功能

踢毽球不仅可促进身体的背、腿、躯干及骨骼肌肉的正常发育，还可以增强心脏、扩大肺活量、锻炼神经系统、提高机体功能、改善代谢能力，培养人们对时间、空间的立体感、提高定向能力与判断能力；而且更有助于提高踝、膝、髋和关节的灵活性，使身体的协调性、柔韧性进一步得到全面锻炼，以达到增强体质的目的。踢毽球的健身功能对参与者都是行之有效的。

3. 竞技娱乐是毽球运动的特有功能

毽球运动可呈现娇态多姿的毽飞人舞，显示出我国民间体育的独有特色和魅力，而且又对民间体育进行充实与发展，调动了人们的积极性。毽球运动将个人技艺变为集体对抗，既不反对个人的献技，又把古老项目发展为隔网对抗的竞技项目，使之更有朝气、生机和青春的活力，给人们一种强烈的时代感，极大地刺激和调动了人们的参与意识。人们在活动中将群众喜闻乐见的踢、打、蹦、掰、压、拐、飞、雀、串等多姿的脚法以各种组合形式出现，可以增添运动的情趣，还可以根据自己不同体质、不同技术水平选择自己喜爱的踢毽球动作，从而寓娱乐于活动之中，调其情感、增其意志、强其筋骨、陶冶其情操，提高该运动的观赏价值，最终达到增强体质之目的，使人们终身受益。

4. 经济实效是毽球运动的明显特色

毽球运动的开展较切合我国目前实际情况，符合国情、校情和乡情，其设备简单、不受场地限制，投资少，可因人、因时、因地而宜，立竿为柱、以绳代网即可开展，四季皆宜，老少可行。毽球可以自制自做，培养人们勤俭精神，自制的毽球既经济实惠，又成效明显，有较高的经济价值和实用价值。

综上所述，更好地发挥民族体育在全民健身和学校体育的作用，毽球运动当属最佳选择之一。虽然现代毽球运动尚处初级阶段，但随着全民健身计划的实施和群体活动的日益发展，毽球运动将以其独特的优势在我国全面开展起来。相信毽球运动会成为人们更加喜爱的体育活动项目。因此，充分认识该项运动的特点，积极宣传该项运动的意义，广泛地组织开展该项运动，是每一个体育工作者应尽的责任和义务。

（二）毽子的种类

1. 花毽

花毽即我们常见的传统毽子（图7-1），高度一般在12 cm左右，多用火鸡毛或雕翎作毽身，塑料片作底座，因此看起来更美观一些，踢起来弹性也较好。花毽起落的速度也没有太多限制，踢起来上下翻飞，花样动作全凭自己掌控，没有特别高难度的动作，适合各个年龄段的人参与。

2. 大毽子

大毽子的毽身多用鹅毛制成，橡胶作底座，高17~18 cm（图7-2）。与花毽不同的是，大毽子比较重，技巧性要求相对较高。如果是单人踢，大毽子的动作有一百多种。在大众健身运动中，大毽子更适合多人一起运动，大家你踢一脚，我踢一脚，力度较大，动作简单，既能锻炼腿部力量，又能提高身体的灵活性。

图7-1 花毽

3. 毽球

毽球与大毽子很像。毽球是用4根羽毛和橡胶底座制成的，羽毛多为鹅毛，毽球的质量为13克左右（图7-3）。踢毽球时有隔网，像打羽毛球一样，一边的人踢过网后，另一边的人接住再踢过来。毽球的竞技性较强，可以是一对一比赛，也可以是二对二、三对三的比赛。

随着毽球运动的发展，还有一些毽子踢起来会有音乐，有些还会发光，大大增加了毽球运动的乐趣。

图7-2 大毽子

图7-3 毽球

二、毽球运动的起源与发展

在距今 3000 多年的殷商时期，有一种祭神时边跳边踢的舞蹈，这被认为是古代蹴鞠的雏形。"蹴"就是用脚踢的意思，"鞠"就是用皮革缝制而成内充毛发和茅草等物的球体。到了战国时期，蹴鞠已很盛行。今天的踢毽子起源于汉代的蹴毛丸活动，而毽球运动是从我国古代踢毽子游戏逐渐演变而来的。

（一）渊源深远，民间基础好

渊源深远，民间基础好，各级领导重视关怀，使毽球运动得以广泛推广和发展。

毽球运动是从我国古代的民间踢毽子游戏衍生而来，具有深厚的民间基础，历史可追溯到汉代，是我国传统民族体育熠熠闪光的一颗璀璨明珠。"网毽"起源于广州，是后来发展成为现代毽球运动的雏形。1983 年国家体育运动委员会（现为国家体育总局）对我国民间流传较广的踢毽子活动进行了挖掘、整理和研究，并在总结各地开展踢毽子活动的基础上编写出《毽球竞赛规则》，1984 年 3 月国家体委发布《关于把毽球列为全国正式比赛项目的决定》之后，毽球运动在全国范围内蓬勃发展。1987 年 9 月，中国毽球协会的成立使中国毽球运动进入一个新的里程碑。目前全国性的毽球比赛有一年一度的全国毽球锦标赛，全国青少年毽球赛，全国少儿毽球赛，中国大学生毽球锦标赛；中国毽球公开赛以及四年一届的全国少数民族运动会毽球比赛项目。在广东省教育厅、省体委的领导重视关怀下，毽球运动在广东得以全面的开展。1998 年，毽球成为广东省中学生运动会的正式比赛项目，也于当年第一次成为全国中学生运动会的比赛项目。

（二）毽球的竞赛规则

毽球的竞赛规则简明、基本技术易于掌握，是毽球运动充满生机、蓬勃发展的有力保证。

毽球运动比赛场地长 11.88 米、宽 6.1 米，并以中线等分两个半场，中间用 1.5 米（女子）或 1.6 米（男子）高的球网相隔。比赛双方各一队，每队上场队员三人，候补队员三人在场外休息。比赛中发球一方队员，在本方发球区内，用脚将球踢至对方场区（球过网），比赛开始。在比赛中，每方队员累计击球不得超过四次，每人只能连续击触球两次，如超出，即判违例，由对方发球并得分，毽球不得明显停留在身体的任何部位，否则判为持球（违例）。比赛时双方队员可以用任何部位击触球（除手臂外）。掌握发球权的一方，将球击入对方场区内，而对方失误，则发球方得分，直到发球方失误则换对方发球，凡是一方赢得发球权，该队队员应先按顺时针方向，依次轮转一个位置，由一号位队员发球继续比赛。比赛中（成死球）双方均可以换人，每局只能换人三人次及暂停两次，毽球比赛不受时间限制，某一方先得 21 分为胜一局，如遇到双方各得 20 分，比赛继续，直至某方多得两分时，才算比赛结束，比赛最高分为 29 分，即 28∶28 时，先得 1 分者为胜队。双方交换场区后再战。正式比赛采用三局两胜制，如双方各胜一局成 1∶1 时，第三局为决胜局，有一方得 10 分时双方交换场地再战。

当一支毽球队在掌握了一定基本技术后，就应该进行相关的基本战术训练，并随着队员技术水平的提高而不断加强其战术训练，以增强攻防抗衡能力，迅速提高整体实战水平。在通常情况下，毽球的基本战术有：进攻战术和防守战术两方面。进攻战术包括：一个主攻手两个二传手的"一、二"阵容；两个主攻手一个二传手的"二、一"阵容和三个都是主攻手的"三、三"阵容。防守战术包括："小弧型防"；"一拦二防"和"二拦一防"等。毽球的基本战术实际上就是攻防双方在技术上、心理上利用各自的基本技术，根据临场的具体情况，不断组成制约和反制约的攻防对抗。可以这样说：强有力的进攻就是防守，而有效的防守就是进攻。两者既可互为依存条件，又可互为转化条件，可算是瞬间即变，关键在于能否及时、准确地分析出对方的强、弱之处，组织起各种多变的攻防战术，发挥自己的长处，攻击对方的短处。所谓"知己知彼，百战不殆"，其道理就在其中。

（三）毽球运动的发展趋势

1. 毽球战术的发展趋势

（1）技术全面，凸显特点。

毽球比赛发球方面，各队竞相采用侧抛发球和扫发球的发球方法和策略，以破坏对方的接球，进而破坏其快速进攻战术。接球方必须适应各种形式的发球，从而为快攻创造条件。

毽球比赛在扣球方面体现了以下特点：采用各种变步、变向的起跳，以适应各种临场情况；打破了专位分工的限制，要求运动员全面发展，兼备扣快球和打强攻的能力。

在拦网技术方面，突出了前排的活点进攻和后排的纵深进攻。个人防守技术更注重判断选位及脚型的变化。

（2）高打、快变，互相促进。

从毽球技术的发展趋势看，单纯依靠高度和力量，或单纯依赖速度和技术，都难以战胜强大的对手。世界强队都从自身条件出发，吸取各国之长，坚持把高度与速度、强攻与快变结合起来，发展自己的独特打法。

（3）身高弹跳不断增加，扣球和拦网对抗更加突出。

随着规则的不断修改和技战术的发展，高度因素对一支队伍能否成为世界强队有重要影响。高度因素主要表现在两个方面：身高腿长和弹跳高度。

当今毽球比赛的胜负，在很大程度上取决于在全面技术基础上的网上争夺能力，扣球和拦网是比赛得分最重要的手段。没有强大的攻势和严密的拦网与防守，单靠后排防守是顶不住进攻、赢不了球的。

（4）进攻战术快又多变。

当前，世界毽球进攻战术发展很快，正在向着高度加速度、强攻加快攻、力量加技巧的方向发展，主要表现为：

①在积极跑动、交叉掩护和突然变化中实现战术配合，使得对方防守出现判断错误，造成以多打少的有利局面。

②在网的前沿组织高点和远网的进攻，以避开对方的严密拦网。

③结合前排掩护，从后排纵深地发动进攻，组成多种配套的立体战术，以突破对方的严密拦网。

④重视在集体战术配合下的个人战术应用，如采用两线分化（直线或斜线扣球），平扣后区，转动脚踝，击身体出界和高点吊球等技巧，以加强突破能力。

（5）防守战术灵活多样。

随着进攻的发展，在防守战术上都注重运用比较灵活多样的形式，如采用"一拦二防"

"二拦一防"的防守格局。其原则是：根据本队的实际情况和对手的进攻特点，合理地组织防守力量，并从有利于本方组织反攻的角度部署防守。

毽球比赛对集体的协同合作，对每个队员全面掌握攻防技术、发展个人独特技巧以及培养顽强的作风等方面的要求都非常高。

2. 毽球规则的变化趋势

其一，规则规定比赛采取三局两胜、每球得分制，取消争夺发球权，不论哪一方发球，只要死球，拦死则得分，由得分队发球。这一改变可以节省时间。

其二，攻球一方攻球，攻击防守一方队员的头部后，球反弹回攻方场区，只要防守者头未过垂直线，此球应判好球。

其三，防守一方拦网，双臂紧贴身体，堵截对方攻球，球触手臂反弹回对方场区，此球应判好球。此规则的变动有利于防守，但执法时应从严。

其四，今后有可能改为三人次三次过网，防守一方拦网时，触球一次不计其数，可以再三次过网。这种变化可使比赛节奏加快，但是这种减少次数的变化，只能在不影响战术变化的前提下考虑，如影响战术的变化，只是为了追求快节奏那就没有什么实际意义。

3. 毽球训练工作的发展趋势

毽球运动由于起步晚，全国大多数都是业余训练，要想取得优异成绩，必须科学训练，刻苦训练，这主要表现在训练方法正确、运动量合理、训练时间足够长等方面。今后毽球训练工作的趋势是加强科学性，讲究实效，同时在选材上用量化标准全面衡量，即队员要有一定的身高（男 1.75~1.85 米，女 1.60~1.75 米）、反应敏捷、心理素质稳定、具有良好的身体素质。

三、国内外主要毽球赛事介绍

1987 年 9 月，中国毽球协会的成立，标志着毽球运动在我国进入了新的发展阶段。此后，每年一次的全国毽球锦标赛、职工毽球比赛和中小学毽球比赛逐渐形成制度，毽球也开始被列为许多综合性赛事的正式比赛项目。1999 年，国际毽球联合会（以下简称国际毽联）成立。2000 年 7 月，第一届世界毽球锦标赛在匈牙利举行。此后，国际毽球联合会每年举行一次世界毽球锦标赛（后改为每两年一次），毽球运动逐步走向世界，成为一些世界综合性赛事的正式比赛项目。2009 年 10 月，第三届亚洲室内运动会在越南河内举行，毽球被列为正式比赛项目。在所有毽球赛事中，影响力最大、参与人数最多的是全国毽球锦标赛和世界毽球锦标赛。

（一）全国毽球锦标赛

全国毽球锦标赛由国家体育总局社会体育指导中心和中国毽球协会主办，是我国毽球竞赛级别最高的赛事，每年举办一届。

1. 比赛项目设置

（1）毽球。毽球分为男子三人赛、女子三人赛、男子双人赛、女子双人赛、男子单人赛、女子单人赛和混合双人赛 7 个小项。

（2）花式毽球。花式毽球分为男子个人规定套路、女子个人规定套路、男子个人自选套路和女子个人自选套路 4 个小项。

（3）平踢毽球。平踢毽球分为男子三人赛和女子三人赛两个小项。

2. 参赛办法

（1）接受社会公开报名。

（2）毽球比赛每队限报男、女运动员各 6 人，其中，三人赛限报男、女各 1 队，双人赛限报男、女各 1 队，混合双人赛限报 1 队，单人赛限报男、女各 1 人。

花式毽球比赛每队限报男、女运动员各 2 人。

平踢毽球比赛每队限报男、女运动员各 4 人。

毽球项目和平踢毽球项目不得兼报。

3. 比赛办法

（1）比赛执行中国毽球协会最新审定的《毽球竞赛规则》《花式毽球竞赛规则》和《平踢毽球竞赛规则（试行）》。

（2）三人比赛分两个阶段。第一阶段根据参赛队数分组循环，计分方法为胜一场得 2 分，负一场得 1 分，弃权为 0 分，按积分多少排列名次；两队或两队以上积分相等，净胜局多者，名次列前；仍相等，净胜总分多者，名次列前；再相等时，抽签决定名次。小组出线后，进行第二阶段交叉淘汰赛。

（3）双人比赛、单人比赛、混合双人比赛采取单淘汰赛制。

（4）比赛的分组和单淘汰赛及花式毽球规定套路、自选套路的出场顺序均在赛前技术会上抽签决定。

（5）毽球、平踢毽球比赛使用"新健牌"306A 毽球；花式毽球比赛规定套路使用 XJ-206 鸡毛毽球，自选套路器材可按规则规定自备，但在比赛前须交于裁判组审验。

（二）世界毽球锦标赛

世界毽球锦标赛由国际毽球联合会主办，是世界毽球竞赛级别最高的赛事。

1. 比赛项目

比赛共设男子单人赛、女子单人赛、男子双人赛、女子双人赛、男女混双赛、男子团体赛和女子团体赛 7 个项目。

2. 参赛办法

（1）每个国际毽球联合会会员均可报 1 队参赛，并欢迎非国际毽球联合会会员国家和地区参赛。东道主可增派 1 支参赛队。每个参赛队由领队、教练员和运动员组成，总人数不超过 10 人。

（2）各队应自带一名裁判员，该裁判员应具备上场执裁的能力。

3. 比赛办法

（1）比赛场地。团体赛、双人赛和单人赛的场地均长 11.88 米、宽 6.10 米。

（2）比赛均采用三局两胜、每球得分制，每局 21 分。

（3）若一局出现 20 平，实行轮换发球法，即首先由有发球权的一方发球，无论得分、失分，均由对方发球，以此类推，直至一队领先对方 2 分为获胜。

（4）比赛分两个阶段进行，第一阶段采取分组循环法，第二阶段采取交叉淘汰法。

（5）有效击球次数。男女团体赛为 4 次击球过网；双人赛为 4 次击球过网；单人赛为 2 次击球过网；以上比赛每名队员最多可连续触球 2 次。

（6）发球。团体赛中，取得发球权的一方应先按顺时针方向轮转一个位置，然后由轮转到1号位的队员发球；双人赛的发球顺序为轮换制。

（7）参加双人赛的运动员检录时予以最后确认，确认后的参赛人员在比赛中不得变更和替换。

（8）在决胜局中，某队先得10分时双方交换场地。

第二节 毽球运动基本技术

一、基本站立姿势

毽球运动中的站立姿势也就是准备姿势，它是运动员在场上未接球时身体的一种等待状态，保持良好的姿势是为了迅速起动，快速移动接近球，使身体能随时在瞬间由静变动，由被动状态变为主动状态的关键，基本站立姿势包括：平行站立法和前后站立法

1. 平行站立法

动作要领：两脚左右开立，比肩略宽，两脚几乎站在同一条直线上，两脚尖内收成"内八字"，脚跟稍提起，脚掌内侧着地，两膝稍弯曲，重心置于两腿之间，上体放松稍前倾，两臂自然屈于体侧，保持待动状态，目视来球（图7-4）。

图7-4 平行站立侧面、正面

重点：两脚掌内侧用力着地，重心下降，两膝内扣。

难点：身体保持待动状态。

2. 前后站立法

动作要领：两脚前后分开站立，支撑脚在前，两脚稍内扣，用脚内侧用力，后脚跟稍提起，两膝稍弯曲，重心稍前移下降，两臂自然屈于体侧，保持待动状态，目视来球（图7-5）。

重点：两脚掌着地，重心落在前脚。

难点：身体保持待动状态。

准备姿势的教学方法：

（1）按正确动作要领反复做准备姿势练习。

（2）看教师手势或听教师口令快速做出正确准备姿势。

图 7-5 前后站立侧面、正面

（3）两人或多人一组互帮互助反复做准备姿势练习。

二、移动技术

移动的目的就是调整好人与球的最佳位置，有利于更好地发挥传、接、攻、防等各种技术，步法是移动的灵魂。因此，移动必须快速准确。步法移动一般有以下八种：

（一）前上步

动作要领：前上步或斜前上步时，踢球脚蹬地，支撑脚向前或者斜前上方迈出一步，踢球脚做好踢球时准备姿势。

（二）后撤步

动作要领：后撤时支撑脚向后蹬地，重心后移，同时踢球脚向后迈出一步，支撑脚跟上成踢球准备姿势。

（三）左右滑步

动作要领：平行站立时，左（右）脚用力侧蹬，重心侧移，同时右（左）脚向侧迈出，左（右）脚迅速地跟上，可连续滑步。

（四）并步

动作要领：前并步时，右（左）脚向前蹬，重心前移，左（右）脚向前迈出一步。同时右（左）脚跟上并步，准备接球或起跳；左（右）并步时，右（左）脚向左（右）侧蹬地，重心向左（右）移，左（右）脚向左（右）侧迈出一步，右（左）脚并步跟上成准备姿势。

（五）交叉步

动作要领：向右（左）交叉步移动时，左（右）脚向右侧蹬地，把身体重心移到右（左）脚，左（右）脚从右（左）脚前往右（左）侧交叉迈出，同时右（左）脚向外侧蹬地，从左（右）脚后侧迈出，成踢球准备姿势。

（六）跨步

动作要领：支撑脚用力向前或者斜前方蹬地，重心前移，踢球脚随即跨出成救球姿势。

（七）转体上步

动作要领：左（右）转体时，以右（左）脚为中枢，左（右）脚向前蹬地，重心下降稍后移，以髋带动身体向左（右）转体 90~180°，成踢球准备姿势。

（八）跑动步

动作要领：跑动步是在来球离身体较远，运用以上移动步法都不能很快接近来球时所采用的一种移动形式：跑动时两臂应用力摆动，以加快速度，争取用最快的速度接近球的落点，然后重心稍下降成踢球准备姿势。

移动的教学方法：

（1）按正确动作要领反复做各种移动步法练习。
（2）两人或多人一组，互帮互练做各种移动步法练习。
（3）两人一组相距3米左右，面对面站立，各种移动步法综习。
（4）沿毽球场地上的线，做出教师规定步法的移动练习。

三、踢球技术

踢球是毽球技术中最基本的技术动作，也是毽球技术最重要的技术，一般踢毽球的方法有：脚内侧踢球，脚外侧踢球、正脚背踢球三种。以下均以右脚踢球为例。

（一）脚内侧踢球

脚内侧踢球也称内脚踢球。此种踢法脚接触球的面积大，传球准确率高，适用于中、短距离传球和调整传球。

动作要领：踢球时，左腿膝关节微屈支撑身体，右大腿带动小腿屈膝上摆，同时以髋关节为轴，膝关节屈膝外张，当脚触球的刹那间，小腿加速上摆，踝关节内屈端平，用脚弓内侧把球踢出。踢出的球要垂直或控制出球方向（图7-6）。

图 7-6　脚内侧踢球侧面、正面

重点：毽球与脚内侧接触的部位。
难点：击球时屈膝外张，踢球脚端平。

（二）脚外侧踢球

动作要领：踢球时，左腿膝关节微屈支撑身体，右腿以髋关节为轴屈膝，膝内扣，小腿迅速抬起向体外侧上摆；当脚触球的刹那间勾足尖，踝关节外屈端平，用脚背外侧把球向上踢起（图7-7）。

图 7-7 脚外侧踢球侧面、正面

重点：毽球与脚背外侧接触的部位。

难点：击球时屈膝内扣，踢球脚端平。

（三）正脚背踢球

动作要领：踢球时，左腿膝关节微屈支撑身体，右大腿带动小腿屈膝向前摆。脚背绷直，击球时小腿加速向前上方摆动，用脚背正面将球踢起（图7-8）。

图 7-8 正脚背踢球侧面、正面

重点：毽球与正脚背接触的部位。

难点：击球时屈踝绷脚面。

踢球的教学方法：

（1）徒手模仿练习，体会动作技术。

（2）单脚踢球练习，体会脚触球的部位。

（3）左右脚交替练习，踢球高度超过本人头部，强调弱侧脚的练习。

（4）可定时计数或定数计时练习。

（5）一抛一踢练习。

（6）两人对踢练习。

（7）多人踢球练习。

四、触球技术

触球一般是指用膝关节以上部位接触球的动作。触球的方法有：腿部触球、腹部触球、胸部触球和头部触球四种。

（一）腿部触球

动作要领：左脚支撑身体，右腿屈膝，大腿带动小腿上提，当球下落到髋部左右时，用膝关节以上大腿前部接触球，将球弹起（图7-9）。

图 7-9　腿部触球

重点：毽球与大腿接触的部位。
难点：大腿触球的时机与用力。

（二）腹部触球

动作要领：身体对准来球，两腿屈膝，上体稍后仰，稍含胸收腹，当腹部接触球的刹那间稍挺腹将球轻轻弹出（图7-10）。
重点：触球前的收腹与屈髋动作。
难点：挺髋与收腹的时机。

（三）胸部触球

动作要领：两脚前后或左右站立，身体正对来球，两膝微屈，上体稍后仰，当球距胸前约10厘米时，两臂自然微屈，两肩稍用力向后拉，接触球的刹那间挺胸、蹬地，用胸部将球弹起（图7-11）。

图 7-10　腹部触球

图 7-11　胸部触球

重点：毽球与胸部接触的部位。
难点：毽球与身体接触的时机。

（四）头部触球

动作要领：两脚前后或左右站立，身体正对来球，两膝微屈，上体稍后仰，当球距头部前方约 10 cm 时，两脚蹬地，收腹屈体，同时颈部稍紧张向前摆头，用前额正面将球弹起（图 7-12）。

重点：毽球与前额接触的部位。
难点：毽球与前额接触的时机。
触球的教学方法：
（1）徒手模仿练习，体会基本动作。
（2）自抛自触练习。
（3）双人互抛触球练习。
（4）双人对踢触球练习。
（5）结合踢球进行以上练习。

图 7-12 头部触球

五、发球技术

发球既是比赛的开始又是一项进攻技术，既可以直接得分又能破坏对方一传，也能为防守和反击创造有利条件。发球的时候可以采用盯人、找空、压后、吊前等手段，发出各种战术球，以便达到破坏对方组织进攻或直接得分的目的。

发球的方法一般有三种：脚内侧发球、脚正面发球和凌空发球。

（一）脚内侧发球

动作要领：身体和球网约呈 45°角站立，左脚在前与端线成 45°角，右脚在后与端线平行站立，膝关节微屈；左手将球垂直抛起于体前，距离身体约一臂远，身体重心前移至左脚上，右腿以髋关节为轴，屈膝外转，脚掌与地面平行，小腿迅速前摆，用脚内侧将球击出（图 7-13）。

重点：毽球与脚内侧接触的部位。
难点：全身协调用力。

（二）脚正面发球

动作要领：身体面对网站立，左脚在前右脚在后，两膝微屈，上体稍前倾，重心落在两脚间，左手持球于腹前；左手将球垂直抛起于体前，距离身体约一臂远，抛球的同时，重心前移到左脚上，右脚迅速蹬地、屈膝，小腿后屈，尽量靠近大腿，击球刹那间，小腿迅速前摆，脚面绷直，用脚背正面将球击出（图 7-14）。

图 7-13 脚内侧发球

重点：毽球与脚背正面接触的部位。
难点：全身协调用力。

（三）凌空发球

动作要领：身体侧对出球方向，左脚尖指向出球方向，左手持球于体前，距离身体约一臂远，将球向上抛起，球要高过头顶，当球下落到大约肩部高度时，右腿迅速抬起，大腿带动小腿快速摆动，脚面绷直，用脚正面将球击出；击球后身体随即转向出球方向，保持身体平衡（图7-15）。

图7-14　脚正面发球

图7-15　凌空发球

重点：毽球与脚面接触的部位。

难点：击球时机与全身协调用力。

发球的教学方法：

（1）徒手模仿练习，体会基本动作，掌握身体协调发力。

（2）持球发球练习，体会球与脚接触的部位。

（3）对墙发球练习。

（4）隔网发球练习。

（5）指定发球区域的各种发球练习。

六、传球技术

传球技术在接发球、一传和二传组织进攻以及防守组织反击中起着衔联和纽带作用，是组织各种进攻战术、变换战术和创造进攻得分的有效手段。传球一般有脚内侧传球和正脚背传球。

（一）脚内侧传球

动作要领：身体稍向前微屈，注视来球，大腿带动小腿，脚内侧端平，用脚弓将球向上或前上方传出。

重点：脚内侧端平与地面平行。

难点：全身协调用力。

（二）正脚背传球

动作要领：身体稍向前微屈，注视来球，大腿带动小腿，踝关节前屈，脚面绷直，用脚背正面将球传出。

重点：踝关节前屈，脚面绷直。

难点：全身协调用力。

传球在练习中应贯彻"稳、准、快、变"的原则。

稳：首先是情绪稳定，思想稳定，沉着冷静，对任何的来球都要充满信心，并协调柔和用力稳定控制传球。准：主要体现在判断准、移位准、传球目标准，特别注意二传的准确性。快：要判断快，起动移动快，选位出球快和与战术配合衔接快，能体现快攻的节奏。变：主要应体现在传球的瞬间，动作有变化，在方向、速度、力量、弧度上的改变，都能体现出组织战术进攻球的特色。

传球的教学方法：

（1）传不同高度球练习。

（2）传不同方向球练习。

（3）两人对传球练习。

（4）网前传球练习。

七、进攻技术

进攻是完成战术配合的最后一击，也是得分的重要手段。强有力和富有战术的进攻能使对方防不胜防。

进攻技术分为头部攻球、倒勾攻球、脚踏攻球和肩压攻球4种。

（一）头部攻球

根据击球部位的不同，头部攻球可分为正面头攻球和侧面头攻球两种。

1. 正面头攻球

动作要领：面向来球，单脚或双脚在限制线外起跳，在空中身体反弓，当球离头前10厘米左右时，突然用力收腹甩头，用头正面把球击出（图7-16）。

正面头攻球简单易学，攻球时面对对方场区，便于观察，准确性高，能攻出各种线路的球。

重点：掌握原地正面头攻球的动作。

难点：全身的协调配合，球与头部接触的位置及腰部发力等。

图7-16 正面头攻球

练习方法：练习应遵循先原地后跳起，先正面后侧面攻球的原则，逐步提高难度。

（1）网前原地头攻自抛球练习。队员站在限制线附近面对球网，然后自己向上抛球，头攻球把球打过网。认真体会击球动作。

（2）无球助跑起跳攻球动作练习。队员侧身站在限制线后1.5米左右的地方，从左至右与网成45°，向前两步或三步助跑起跳，完成无球情况下的头攻动作。认真体会助跑、起跳、空中击球和落地几个互相衔接的动作，注意动作的连贯性和协调性。

（3）头攻手抛球练习。教练员站在3号位限制线内向2号位手抛球，并控制好抛球的弧度和落点，落点离网约1.2米，头攻队员及时起动，助跑追球把球攻入对方场区。选择好起跳的时机和起跳点，认真体会跳到最高点时用头击球的动作。

2. 侧面头攻球

动作要领：侧对来球，单脚或双脚在限制线外起跳，在空中身体反弓，当球离头侧10

厘米左右时，突然用力收腹甩头，用头侧面把球击出。侧面头攻球可增加攻球点，扩大进攻面，利用摆头的幅度处理各种来球（图7-17）。

图7-17　侧面头攻球

重点：掌握侧面头击球的动作。
难点：全身的协调配合，侧面摆头击球时机及腰部发力等。
练习方法：同正面头攻球练习方法。

（二）倒勾攻球

倒勾攻球是指主攻队员在进攻中采用脚的正面、内侧、外侧和凌空攻球动作将球击向对方场区，从而得分。

倒勾攻球分为正倒勾球、内倒勾球、外侧勾球和凌空倒勾球4种。

1. 正倒勾球

动作要领：背向球网，两脚平行站立，右腿蹬地起跳，左腿屈膝上摆，上摆到空中最高点时，左腿迅速下摆，同时右腿屈膝屈髋，大腿带动小腿用力上摆，当球下落到头的右侧斜前上方时，小腿用力摆出，击球的一刹那，脚腕抖屈，以脚趾或脚趾根部击球，随后左右脚顺势依次缓冲着地，保持身体平衡。

正倒勾球的特点是线路多，能变线，是进攻的主要手段；其缺点是背对防守者，易被对方拦网堵防。

重点：判断球的位置，起跳倒勾动作的协调配合，身体角度与踝关节发力等。
难点：身体的协调配合。
练习方法有如下三个阶段。

【初学阶段】

（1）倒勾球模仿练习。

①原地徒手倒勾球模仿练习。重点体会起跳、摆腿、空中击球和落地的动作要领。

②上一步跳起踢标志物练习。标志物位于踢球者的前方，根据不同队员的起跳高度和摆腿的速度、幅度等个人能力，及时调整标志物的高度和距离，标志物可用吊球代替。

③树下自由起跳踢腿打树叶等。

（2）自抛自踢倒勾。自己用手将毽球抛起，然后快速起跳用正脚背倒勾攻球，重点是掌握起跳和空中击球的时机和方法。抛球的高度和距离可根据个人的能力调整，如判断球的能力、起跳高度和距离、摆腿速度、空中击球能力等。

（3）接队友抛球倒勾。踢球者面对队友，接队友用手抛来的球，练习倒勾球。球尽量要抛垂直，高度要符合踢球者的个人能力。重点是让队员初步掌握倒勾球的技术要领，在不同高度和距离的情况下踢倒勾球。

【巩固阶段】

（1）自抛自踢过网练习。攻球者背对球网，自己用手将毽球抛起，同时快速起跳用正脚背将毽球倒勾过网。重点是熟练掌握倒勾球过网技术，巩固与提高倒勾球踢球动作的技术要领。

（2）自传自踢倒勾球过网练习。自己用脚内侧或正脚背将毽球踢起，并起跳用正脚背将毽球倒勾过网。重点是提高倒勾球过网技术，这个练习是教学中个人的主要练习方法之一。

（3）两人配合练习，一人传球一人踢倒勾球过网。踢球者背对球网，传球者正对踢球者，距离1米，用脚内侧或正脚背将球传给踢球者，倒勾过网。

【动作自动化阶段】

（1）接1号位或3号位传球调整倒勾球练习。踢倒勾球者背对球网，接1号位或3号位传球，用自己脚内侧或正脚背踢一次球以调整球的高度和位置，然后倒勾过网。

（2）接球后倒勾球练习。教练员站在对方场地隔网用手抛球给踢倒勾计者，踢倒勾球者将球传给二传后，迅速移到网前将二传手传来的球倒勾攻过网。练习的重点是快速判断移动并踢出倒勾球。

（3）结合比赛实战练习。教学时组织比赛并要求进攻方必须采用倒勾球进攻得分，否则得分无效，从而巩固和提高学生运用倒勾球的能力。

2. 内倒勾球

动作要领：基本同正倒勾球，不同之处在于踢球腿向内侧斜前上方，踢球脚击球一刹那稍向内翻。内倒勾球能击出转体或不转体的大小斜线球、直绘球、变化大、角度好、技术动作难度大。

重点：判断球的位置，起跳倒勾动作的协调配合，身体角度与踝关节发力等。

难点：身体的协调配合。

练习方法：同正倒勾球练习方法。

3. 凌空倒勾球

动作要领：背向球网，两脚左右站立，右腿用力蹬地，左腿屈膝稍向外侧上摆起跳，起跳到空中最高点，当球下落到体内侧斜上方时，左腿迅速下摆，同时右腿向里上摆，在空中往里转体。击球的瞬间，小腿加速上摆，脚背绷直，用脚趾或脚趾根部击球，然后左右脚依次缓冲着地。这种攻球技术难度大、攻击力强、力度好，但失误率高。

重点：判断球的位置，起跳倒勾动作的协调配合，身体角度与踝关节发力等。

难点：身体的协调配合。

练习方法：同正倒勾球练习方法。

（三）脚踏攻球

动作要领：面向球网站立，左脚向前迈出一步支撑身体或跳起腾空，右侧大腿带动小腿迅速上摆，当摆到距球10厘米左右，展髋、展腹、伸腿、压扣脚，用脚掌的前半部分击球过网（图7-18）。

图 7-18 脚踏攻球

1. 左右变向球

抬腿举头上，触球能变向，动作幅度小，吊在空当处。

2. 吊球

加力助跑高举腿，迷惑对方向后退，将球轻托送网前，力量大小都适宜。

3. 推球

助跑腾空跳，防守向前靠，触球向后推，球落空当处。

4. 压球

助跑腾空跳，防守往后跑，小腿快回收，压球落近网。

5. 抹球

抬腿举头上，触球抹侧方，速度虽然慢，轻抹吊空当。

重点：判断球的方向，脚掌击球的位置，小腿踝关节下压的时机。

难点：整个动作的协调配合。

练习方法：

（1）无球模仿练习，体会脚踏基本动作。

（2）脚踏悬挂球练习。

（3）脚踏手靶练习。

（4）自抛自攻脚踏攻球练习。

（5）一抛一攻脚踏攻球练习。

（6）自传自攻脚踏攻球练习。

（7）一传一攻脚踏攻球练习。

（四）肩压攻球

肩压攻球是一项辅助性进攻手段，如使用得当，往往也能取得意想不到的攻球效果。

动作要领：当来球在近网上空，而攻球队员的站位又无法采用其他进攻方法时，可看准来球迅速起跳，在空中用肩部前侧压击球（图 7-19）。

重点：用肩部前侧压击球。

难点：起跳的时机。

练习方法：

（1）单人自传自攻或一传多攻，定时计数。

（2）对同一攻球技术，攻不同线路和落点并计数。

（3）教练近网抛球，队员轮流攻特定性能的球。

（4）隔网抛球（或发球），两人以上组织配合进攻的战术球练习。

（5）不同防守阵形的攻防对抗攻球练习，可有计数要求。

图 7-19 肩压攻球

八、防守技术

防守是毽球比赛得分的关键技术，也是缓解对方进攻的最好方法，能为反击得分创造有利条件。防守技术分为拦网、踢防、触防和跑防 4 种。

（一）拦网

拦网是在防守反击系统中最重要的技术。有效的拦网可以直接得分，削弱对方的攻击威力，还能组织强有力的反攻。

1. 单人拦网

动作要领：面向球网，距球网 20～25 cm，双脚平行开立，与肩同宽，双膝微屈，重心下降，自然收腹，上体稍前倾，两臂自然弯曲，置于体侧，目视攻球，准备起跳拦网。当对方攻球（倒勾攻球、脚踏攻球）时，两脚用力蹬地起跳，两臂收拢自然下垂于体侧，提腰、收腹、挺胸堵击球。击球后，身体自然下落，双脚前脚掌先着地，屈膝缓冲（图 7-20）。

重点：提腰、收腹、挺胸。

难点：起跳时机。

练习方法：

（1）两人一组，互打攻防球，定时或定数交换进行。

（2）三人一组，一打二防练习，定时或定数交换进行。

（3）双人隔网互打攻防练习，定时或定数交换进行。

（4）双人互打多球练习，用单一防守技术防不同的来球，反复进行。

（5）个人对墙或对网做踢球和防守的练习。

（6）隔网做攻与防对抗练习，也可结合防反进行练习。

2. 双人拦网

动作要领：盯住对手击球点，双人网前滑步选准位，将球拦落对方处（图 7-21）。

重点：起跳时机。

难点：拦正挡侧。

练习方法：同单人拦网练习方法。

图 7-20　单人拦网

图 7-21　双人拦网

（二）踢防

踢防是当对方将球攻击过网后，防守队员利用脚的各部位将球击起以便调整进攻的动作方式。

1. 内踢

动作要领：球的落点在身体前边，快速移动到位，在向内侧横向摆动小腿的同时，脚踝内侧端平，完成踢球动作（图7-22）。

重点：快速移动到位。

难点：摆动小腿的同时，脚踝内侧端平。

练习方法：同单人拦网练习方法。

2. 外踢

动作要领：在腰和髋关节的带动下，向横外侧或后外侧摆动小腿踢球，踢球时脚外侧面摆平，完成踢球动作（图7-23）。

图7-22　内踢

图7-23　外踢

重点：向横外侧或后外侧摆动小腿踢球。

难点：踢球时脚外侧面摆平。

练习方法：同单人拦网练习方法。

3. 挑踢

动作要领：看准来球，将脚插入球底下，在踢球的瞬间，依靠髋、关节带动，抖动上挑脚尖，脚面的角度适当，完成踢球动作（图7-24）。

图7-24　挑踢

重点：依靠髋、膝、踝关节带动，抖动上挑脚尖。

难点：击球时机。

练习方法：同单人拦网练习方法。

（三）触防

触防是三名队员根据对方攻球情况，在前边单人拦网的同时，侧边两名防守队员判断对方击球路线，用膝关节以上的身体部位堵触防，防守对方的攻球。

动作要领：根据对方攻球的情况，在单人拦网的同时，另外两名防守队员判断对方击球路线，用膝关节以上的身体部位挡球。

重点：用膝关节以上的身体部位挡球。

难点：判断对方击球路线。

练习方法：同单人拦网练习方法。

（四）跑防

跑防就是在对方攻球落在守方较大的空当区域，而球速又不是太快的情况下使用的跑动防守。这就要求防守者首先要有必胜的信心，敢于去追任何一个有难度的球，其次要根据来球的具体情况，采用准确的防守技术"起球"。要提高跑防效果，必须做到：判断准确，起动迅速，跑动积极，起球稳重。

动作要领：当对方的攻球将落于较大的空当区域，而球速又不是太快的情况下，快速跑动接近球，使用恰当的防守技术"起球"。

重点：起动迅速，跑动积极。

难点：判断准确，起球稳重。

练习方法：同单人拦网练习方法。

毽球竞赛规则

第八章　太极柔力球运动

> **学习目标**

知识目标
1. 通过了解太极柔力球运动的起源，能够了解太极柔力球运动的特点；
2. 通过学习太极柔力球运动，能够了解其发展现状。

技能目标
1. 能够掌握太极柔力球基础技术动作；
2. 能够学会欣赏太极柔力球运动。

素质目标
1. 提升大学生对太极柔力球运动的认知，领会太极柔力球运动的体育精神；
2. 通过太极柔力球的每一个动作练习中，体会和感受太极柔力球和谐共生的精神；
3. 积极宣传太极柔力球运动，帮助更多的人认识、了解太极柔力球运动。

> **课堂导入**

太极，讲究阴阳相济、刚柔并济，正如我们社会中人与人之间的相互依存、和谐相处。在太极柔力球的每一个动作中，我们都能感受到这种和谐共生的精神。通过练习，我们可以学会在竞争中寻求合作，在冲突中寻求平衡，这正是现代社会所需要的核心价值观。

太极柔力球的动作设计灵感来源于自然，如水波荡漾、云雾缭绕。在练习过程中，我们仿佛置身于大自然之中，感受大自然的神秘力量和无限魅力。

第一节　太极柔力球运动概述

太极柔力球运动具有显著的健身性、竞技性、观赏性、娱乐性和东方民族特色。

根据1994年全国高等学校体育指导委员会评定，认为该项运动符合学生身心发展特点，"建议在大、中、小学校课外体育活动中大力开展此项运动，也可作为民族传统体育选用项目；也可逐渐列为一项学校体育比赛项目"。

太极柔力球运动是借鉴了武术、乒乓球、羽毛球、网球等技术的精髓和规则而形成的一种独特的运动方式。这一运动符合人体解剖学、生理学、运动生物力学的基本原理。可结合个人的技术特点形成各自的风格。在竞技中能否运用合理的技术，也受到人的心理因素和意志的影响。

一、太极柔力球运动的特点

（一）具有民族传统体育和现代竞技体育的特征

太极柔力球运动是一项不同于传统打击球方式的、以缓冲接球为特点的、具有一定民族特色的新型体育健身项目。它改变了硬性击球的方式，以球纳入球拍后的弧形引化过程为主要技术特征，区别于乒乓球、羽毛球、网球等其他网架相隔、持拍对打的球类项目。它体现了民族传统体育运动方式和现代竞技体育的运动特征，是一项集民族性、健身性、娱乐性、趣味性、优美性、适应性、活动方式多样性于一体的健身体育运动。

（二）易学、易练，便于普及和推广

太极柔力球运动易学、易练，使用的器材设备比较简单，又不像乒乓球、羽毛球受风的影响，还不受年龄、性别、场地、器材的限制，便于普及和推广。

（三）实验效果好，符合现代需要

太极柔力球运动，经过了在成人和青少年中进行的实验，实验的效果是好的。为此，太极柔力球运动是应时代而产生的一项太极化球类运动。

太极柔力球运动是将中国和谐、自然的养生之道与西方的优雅、竞争的体育观相结合，取长补短，有机结合，精心设计的全新运动形式。

二、太极柔力球运动的健身功效

（一）多方位锻炼，全面发展

太极柔力球运动是一种全身性，多方位的运动，不受场地、年龄的限制，可以使颈、肩、腰、腿、眼、脑、内脏器官功能得到较全面的改善和发展。

（二）强意识增协调

太极柔力球运动的很多动作都是在转体、划弧、旋转中完成的，完成每个动作都要集中精力，脑、眼、四肢协调配合，柔和用力地控制好球的路线，减少外界因素的影响，做到心球合一。因此，经过一定时间的锻炼，练习者的协调、反应能力和神经系统灵活性都会得到提高和改善。

（三）适宜中、老年人健身

人到中、老年以后，骨骼、肌肉都会发生不同程度的衰老，如骨质疏松，肌肉萎缩、失去弹性，骨质增生等。太极柔力球运动是一项有氧运动，刚柔相济，没有高强度的对抗练习，运动量适中。因此，太极柔力球运动也是一项非常适宜中、老年人健身锻炼的体育运动。

(四) 陶冶情操、塑身形态美

太极柔力球运动是一种有氧运动，动作轻松自然，柔和缓慢，趣味性与时代感较强，不易疲劳。经过实践，太极柔力球运动的爱好者，每天活动1个小时以上，经过3个月的练习后，超重者体重普遍下降3~5 kg。为此，经常从事这项运动不仅可以增强体质，而且能够陶冶情操及塑身减肥，可达到形体健美的目的。

(五) 强筋骨，防治关节病

由于太极柔力球运动绝大多数动作是顺关节自然放松的圆弧运动，所以在完成动作时几乎全身都在动，不仅大肌肉群参加活动，小肌肉群和关节也协同参加，在划弧、旋转、翻身、转体等动作中，始终保持周身的良好生理状态，锻炼了肌肉，保护了关节。长期锻炼，可减缓肌肉的萎缩和骨关节的退化。

三、太极柔力球运动基本技术的特点和要素

(一) 太极柔力球运动基本技术的四大特点

1. 柔

柔是太极柔力球的灵魂。有了柔才能化力克刚，御敌制胜。柔也是这项运动最大的特色和魅力所在。柔是刚经过了千锤百炼之后升华发展的结果。俗话说："狂风吹不断柳丝"，"齿落而舌存"。老子曰"克刚易、克柔难"，以及老子所说的"天下莫柔弱于水，而攻坚强者莫之能胜"，这些都生动地说明了柔的价值和意义。太极柔力球运动正是柔的体现，具备柔的精髓。

2. 圆

圆是化解力量和聚集力量的最佳选择。圆是太极柔力球运动特有的形态标志。太极柔力球所有的技术动作都是以圆为核心，在训练和比赛中要尽可能地使球拍控球的弧线过程保持在"一个圆心""一个半径""一个平面"的圆弧上，这样才能使动作有力度，也有美感。

3. 退

退是太极柔力球运动完成动作的前提。太极柔力球运动完成动作，只有退的时机、方向、力量恰到好处，才有可能顺利地完成每个技术动作。有了合理的后退，才可能蓄积更大的力量，才能获得更全面的观察视角，更加理性、巧妙、准确地向前进。它是对以退为进战略思想的运用。因此，退是太极柔力球运动技术的重要环节。

4. 整

整是"一个整力"，是完成动作的关键。太极柔力球运动能够体现完整运力的特点。太极柔力球运动的动作，从入球到出球是由迎、引、抛三个引化阶段组成的。它们始终是在一条连贯完整、自然流畅的弧形曲线上，是不可分割的"一条弧线"。球入球拍后，以两脚为支撑双脚同时发力，使力量集中于腰部。由腰来带动躯干、手臂及手握的球拍和拍内的球进行匀加速或匀减速的圆形运动，出球的快慢和力量大小都来自腿和腰带动的全身合力。在此过程中，手臂的肌肉和关节并不单独发力，主要起到出球方向的控制作用。在训练中要特别强调"一个整力"，这是我们正确完成动作的关键。在完成每一个动作时都要周身协调、上下相随、浑圆一体、一气呵成，贯彻太极柔力球运动一动全身皆动的主导思想，体现出太极

柔力球运动特有的风格和韵味。

（二）太极柔力球运动基本技术的三要素

1. 迎

迎是前提。球来时提前做好观察和判断，用拍子的侧面对着来球的方向，与球成切线的角度伸拍前迎。

2. 引

引是核心。以肩为轴挥拍，球拍顺球运动的方向和轨迹相向运动，以拍框边缘为先导携球进行弧形引化，此间有速度、力量、方向的变化，也是由防御转为进攻的变化。

3. 抛

抛是结果。抛是弧形引化过程的出球阶段。球拍运行沿引化圆弧的切线方向，顺势而抛。引与抛是紧密连接，一气呵成的。球抛出时拍子的边框应对着出球方向。

以上三要素在接抛球过程中，既要反映各环节的不同特点，又要连为一体，如行云流水，自然流畅。

第二节 太极柔力球基本技术

一、太极柔力球运动的握拍方法

（一）正握拍

拇指与食指第一指节指腹，相对捏住拍柄与拍面平行的两个宽面处，其余手指顺势扣握，拍柄的尾部靠在手掌的小鱼际处，空出掌心（图8-1）。

（二）反握拍

拇指与食指第一指节指腹，相对捏住拍柄与拍面垂直的两个窄面处，其余手指顺势扣握，空出掌心（图8-2）。

图 8-1　正握拍

图 8-2　反握拍

二、太极柔力球运动的基本站位

（一）正手基本站位

正手基本站位：接球者正手握拍，接抛从身体右侧来球的站位方法。要求面向对方，左脚在前，右脚在后，两脚前后自然开立，略宽于肩，两膝弯曲内扣，重心在两脚之间。右手持拍位于身体右前上方（图8-3）。

（二）反手基本站位

反手基本站位：接球者反手握拍，接抛从身体左侧来球的站位方法。要求面向对方，右脚在前，左脚在后或者两脚开立，其他与正手基本站位相同（图8-4）。

图8-3　正手基本站位

图8-4　反手基本站位

三、太极柔力球运动的基本技术动作

（一）接球

1. 正手接抛高球

正手接抛高球：接球者以正手握拍，接抛从身体右侧前上方来球的方法。接抛球时，根据来球的方向、速度，及时调整站位，将接球点置于身体右侧前上方，持拍臂向右前上方伸出迎球。球纳入拍后，迅速顺势向右后下方做弧形引化，经前下方将球抛出（图8-5）。

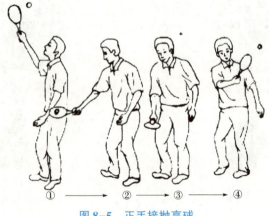
图8-5　正手接抛高球

2. 正手接抛低球

正手接抛低球：接球者以正手握拍，接抛从身体右侧前下方来球的方法。接抛球时根据来球的方向、速度，及时调整站位，将接球点置于身体右侧前下方，持拍臂向右前下方伸出迎球。球纳入拍后，迅速顺势向右后上方做弧形引化，经前上方将球抛出（图8-6）。

图 8-6　正手接抛低球

3. 反手正握接抛高球

反手正握接抛高球：接球者正手握拍，接抛从身体左侧前上方来球，以拍正面接球，按逆时针方向完成弧形引化动作，为反手正握接抛高球。接球时根据来球的速度和落点，及时调整站位，将接球点置于身体左侧前上方，持拍臂向左前上方伸拍迎球。球入拍后，迅速顺势向左侧后下方做弧形引化后，将球抛出（图8-7）。

图 8-7　反手正握接抛高球

4. 反手正握接抛低球

接球者正手握拍，接抛从身体左侧前下方来球用拍正面接球，按顺时针方向完成弧形引化后将球抛出，即为反手正握接抛低球。根据来球的方向、速度，及时调整站位，将接球点置于身体左侧前下方，持拍臂向左前下方伸出迎球。球入拍后，迅速顺势做弧形引化，将球抛出（图8-8）。

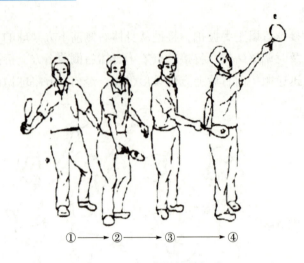

图 8-8 反手正握接抛低球

5. 反手反握接抛高球

反手反握接抛高球：接球者反手握拍，接抛从身体左侧前上方的来球，以拍子的反面迎球，并按逆时针方向完成弧形引化后将球抛出，接球方法与反手正握接抛高球相同（图 8-9）。

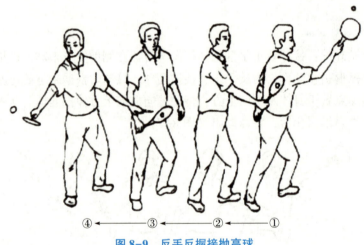

图 8-9 反手反握接抛高球

6. 反手反握接抛低球

反手反握接抛低球：接球者反手反握拍，接抛从身体左侧前下方来球的方法，与反手正握接抛低球相同（图 8-10）。

7. 体前平弧球

体前平弧球：接球者在体前，用水平弧形引化的方法接抛球。可分正拍和反拍两种。

（1）正拍右拉球：接球者正手握拍，将接球点置于体前偏左侧，肘关节自然弯曲，向左前下方伸拍迎球，球入拍后，肘关节外展，拍尖朝下，迅速向右侧做弧形引化，同时身体重心向右腿移动，并将球在身体右侧沿球的切线方向抛出（图 8-11）。

（2）正拍左拉球：接球者正手握拍，将接球点置于体前偏右侧，肘关节自然弯曲，向右前下方伸拍迎球。球入拍后，肘关节内收，拍尖向下带球，迅速向左做弧形引化，同时重心向左腿移动，将球在身体右侧沿球的切线方向抛出（图 8-12）。

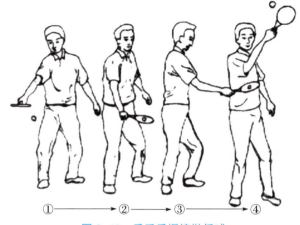

图 8-10　反手反握接抛低球

图 8-11　正拍右拉球

图 8-12　正拍左拉球

（3）反拍右拉球：接球者反手握拍，将接球点置于体前偏左侧，小臂内旋用拍子的反面，拍尖朝下向左前下方伸拍迎球。球入拍后，肩、肘关节外展，迅速向右做弧形引化，将球在身体右侧沿球的切线方向抛出（图 8-13）。

图 8-13 反拍右拉球

（4）反拍左拉球：接球者反手握拍，接球点置于体前偏右侧，小臂内旋，用拍子的反面，拍尖朝下，向右前下方伸拍迎球。球入拍后迅速向左做弧形引化，小臂外旋，将球在身体左侧沿球的切线方向抛出（图 8-14）。

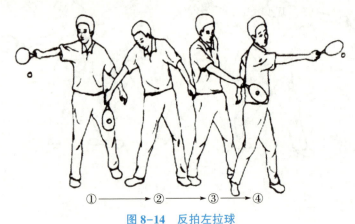

图 8-14 反拍左拉球

8. 隐蔽接抛球

隐蔽接抛球：是指接抛球时，用身体做掩护的接抛球方法。

右（左）腿下接抛球：接球者正手握拍，将接球点置于身体的右前方，持拍臂在出拍迎球时，左（右）脚支撑，提起右（左）腿，将入拍的球经右腿外侧，做弧形引化，至腿下抛出（图 8-15）。

9. 背后接抛球

背后接抛球：可采用原地或上步做动作，将接球点置于身体右前方。持拍臂迎球，球入拍后，前移左腿半步，重心移至右腿上，身体向右后方转动，以左肩对准前方，做弧形引化，经身后至身体左侧背后抛出（图 8-16）。

10. 腋下接抛球

腋下接抛球：接球者正手握拍，接抛球时将接球点置于身体左侧，持拍臂在引球入拍的同时，右脚向左前跨半步，身体向左转约 90°，侧对进攻方向，左臂屈肘上抬；引球入拍后，顺势向左后方引化，使球由身体左腋下抛出。出球时，头部要向前，眼视出球方向（图 8-17）。

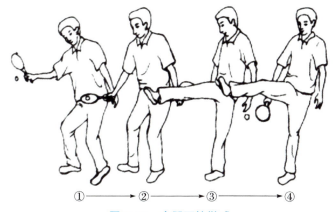

图 8-15　右腿下接抛球

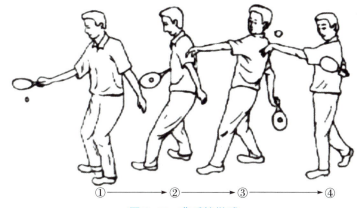

图 8-16　背后接抛球

图 8-17　腋下接抛球

11. 肩后接球

肩后接球：接球者正手握拍，当来球位于头的右前侧时，球拍头向上，持球面对身体纵轴，在引球入拍后，手臂外展，以左脚、右脚同时蹬转，以身体纵轴为中心，身体带动球拍向右后转体 90~180°。做弧形引化，将球从身体左侧向前抛出，或以右脚为轴，左脚蹬地向右脚靠拢，使身体原地向右后拧转，将球从身体左侧肩后抛出（图 8-18）。

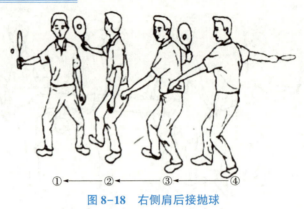

图 8-18　右侧肩后接抛球

（二）发球

发球是指比赛开始或 2 人对 2 人抛球时，把球抛向对手的动作。发球时左脚在前，右脚在后，双膝略弯曲，双脚前后自然开立，稍宽于肩，重心平稳地放在两脚之间。右手握拍于体前上方，大臂外展约 45°；左手持球在身体右前方将球向后上方抛出。球（最少要）抛起 20 cm 后，右手持拍向前迎球，球入球拍做完整的弧形引化后，将球顺势抛出。发出的球以其在空中的飞行路线，分为高远球、平快球和网前球（图 8-19）。

图 8-19　发球

（1）高远球：发出的球，运行轨迹高而远，落点在对方底线附近的球，叫高远球。发球时，将球入拍做弧形引化后，运用手臂继续挥摆的力量将球向前上方抛起。

（2）平快球：发弧形线较低，速度较快，具有一定攻击力的球，叫平快球。抛球时的挥拍摆动，以向前用力为主，抛球后球拍顺势向前送出。发平快球一般在双打时运用，由接近网口的高度，直奔对方的四角或近身。

（3）网前球：发球时用力适度，最好贴近网而过，使球在过网之后，立即坠落在对方限制线内的近网处（双打才能发这种球）。

四、太极柔力球基本战术

（一）二打一战术

二打一战术：双打中选择对方的弱者，二人轮流连续地攻击。这种战法也叫作避强打弱。

（二）拉开掩护战术

拉开掩护战术：双打中一人接抛球，另一人积极拉开跑位，掩护同伴的出球方向，使对方难于防守。

（三）攻间隙战术

攻间隙战术：当对方分两边站位时，将球尽量攻到两人空间区域、造成对方争夺回击或者犹豫不决漏接失误。这是对付配合较差对手的有效战术。

五、太极柔力球基本套路

第一节：左右绕翻

在身体的右侧和左侧完成的 360°的绕翻，它有侧前三步移动接一个横跨步、向后三步移动接一个横跨步，一定要注意它的移动要轻起轻落，点起点落，重心要平稳，脚下要扎实，稳步。移动要跟进脚，随时向前迈出。

第二节：头上平线

是在头上完成一个水平方向的环绕，要注意利用腰动身体画出一个圆，动作要完整。

第三节：正反绕翻

在体前完成一个顺时和逆时针的环绕和我们熟悉太极拳的云手非常相似，但要注意两个云手要连贯完整，协调自然，画出的圆要饱满圆润。

第四节：平侧旋转

利用身体的中轴和实中轴完成水平方向和侧向旋转运动，这个运动要注意控制旋转轴，身体要下沉，动作要平稳。

第五节：正反抛翻

在体前完成顺时针方向的抛接和逆时针方向的抛接，抛接后有一个体前的绕环，抛接连贯完整，在环中绕、绕中翻，动作要自然流畅。

第六节：身后抛接

在身后完成抛接动作，整个动作要完整连贯，上下相随，一气呵成，一定不要有手腕和肘腕的发力动作。前两个人抛转体 90°来完成身后抛接动作，后两个人抛转体 180°，来完成抛接动作。

第七节：弓步绕翻

在体前体侧完成的正绕翻和反绕翻，做这个动作要注意用力向下，上下相随，连绵不断，用力要完整有力。

第八节：八字绕环

在体侧前完成一个八字形的环状运动，这个动作要上下相随，连贯自然、用力，要由腿到腰动。

休闲篇

第九章 桥　　牌

学习目标

知识目标

1. 了解桥牌的概念，桥牌的基本知识和术语；
2. 了解桥牌发牌、叫牌、打牌规则及程序。

技能目标

能够看懂欣赏桥牌比赛，并能够在桥牌比赛中具备一定的出牌技巧。

素质目标

1. 能够提升自己对桥牌的认知，领会桥牌的团队合作精神；
2. 陶冶情操，培养大局观，培养相互配合、团结一致的精神。

课堂导入

在桥牌的世界里，我们不仅要学习技巧与策略，更要学会团队合作、沟通协作等软技能的培养。它让我们在追求技艺精湛的同时，更注重个人品德的修养，实现内外兼修。

桥牌国际赛场上的中国选手不畏强敌、敢于拼搏，充分展现了中国人的精神风貌。他们凭借扎实的技艺、出色的团队协作和坚定的信念，一次次为国家争光，赢得了世界的尊重。

第一节　桥牌概述

一、桥牌的概念

定约桥牌（contract bridge）简称桥牌，是竞赛双方按一定规则，通过竞叫方式约定目标，并努力完成约定目标的一项体育项目。它是一门较量智力的科学技艺，是一项融数学概率、逻辑思维、信息处理、运筹技巧及心理战术于一体的体育项目。它需要你时时、事事运用自己的智慧，既要纵观全局、高瞻远瞩，又要精细入微、巧思妙算，同时还要想象丰富、临场应变。它不仅能陶冶性情、健全人格，还能培养相互配合、团结一致的精神。

二、桥牌简史

桥牌的起源因历史悠久、源远流长，且说法各异，已无从考究，但它成为一种比较正规的游戏则是在17世纪中叶流行于英国民间的惠斯特扑克牌游戏的基础上发展起来的。桥牌发展至今主要经历了惠斯特牌戏、惠斯特桥牌、竞叫桥牌以及定约桥牌四个演变阶段。

三、桥牌的基本知识和术语

（一）基本知识

桥牌是以两人为一方，同另两人为一方进行的比赛。同一方的两人互称同伴，双方之间互称对手或对方。竞赛时双方按照一定规则，通过发牌（正规比赛不需要自己发牌）、叫牌、打牌和计分等过程来完成比赛。叫牌的过程就是双方按各自的叫牌体系，依据一定的程序，用规定的叫牌符号进行信息交换，寻求最佳定约的过程。经过双方的竞叫，以最高定约为最终定约。获得最终定约的一方称定约方，对方则称为防守方。定约确定后就进入打牌程序。打牌的过程是定约方力求完成定约以取得奖分，防守方则企图击败定约方取得胜利的过程。双方通过各种坐庄或防守技巧进行角逐以达到各自的目的。不管定约是否完成都必须记录每副牌的结果。一般比赛要打16副牌或32副牌，全部完成后进行统分计算评判胜负。

在非正规比赛中，打桥牌所需的器具很少，一张桌子、四个凳子、一副普通扑克牌和几张纸、笔即可。扑克牌分有黑桃（Spade 简称为 S）、红心（Heart 简称为 H）、方块（Diamond 简称为 D）和梅花（Club 简称为 C）四门花色，每门花色有13张牌，共52张。

（二）基本术语

1. 高级花色和低级花色

52张扑克牌分为四门花色，其级别由高到低的顺序为：黑桃（S）、红心（H）、方块（D）和梅花（C）。级别的高低在叫牌过程中具有重要意义。级别高的黑桃和红心称为高级花色，而方块和梅花称为低级花色。高级花色与低级花色在奖励方面是不同的。

2. 有将定约和无有将定约

桥牌定约可分为两类：

（1）有将定约，是指在四门花色中确定一门花色作为将牌的定约。在有将定约中，任何一张将牌都比非将牌花色中的任何一张牌要大。

（2）无将定约，是指没有将牌的定约。

3. 局况

局况是对每一副牌中双方处境的规定。它分为有局和无局两类，如果考虑双方因素，局况可有四种不同的组合：双方无局、双方有局、南北方有局、东西方有局。设立局况的意义在于，当定约方处于有局状态时，根据其是否完成定约而将得到重奖或重罚。如果处于无局状态则奖分和罚分都比较少。这样将促使双方在不同的局况下，采取不同的叫牌、打牌策略，使桥牌更具变化和魅力。为保证四个人都能在四种不同局况下成为首叫家，打牌的副数一般为4的倍数，如8、16、24、32等副牌来决定胜负。局况的分布情况如表9-1所示。

表 9-1　局况表

牌序	局况	首叫家
1	双方无局	北
2	南北有局	东
3	东西有局	南
4	双方有局	西
5	南北有局	北
6	东西有局	东
7	双方有局	南
8	双方无局	西
9	东西有局	北
10	双方有局	东
11	双方无局	南
12	南北有局	西
13	双方有局	北
14	双方无局	东
15	南北有局	南
16	东西有局	西

4. 墩

墩是指四个人所出的牌张。四个人各出一张牌，出齐的这四张牌称为 1 墩。各出二张牌则为 2 墩，依次类推。52 张牌四个人分，每人 13 张牌，因此墩数最多为 13 墩。如果四人各出的一张牌中定约方为大，这墩牌对定约方来说就是赢墩，对防守方则是输墩。如果防守方为大，这墩牌对防守方来说就是赢墩，对定约方则是输墩。

5. 宕和超

宕是指定约方未完成定约。假设定约方的定约是赢 10 墩牌，如果没有赢到 10 墩牌就称定约宕了。只赢 9 墩就宕 1 墩，只赢 8 墩就宕 2 墩，依次类推。如果赢了 10 墩以上就称定约超了。赢 11 墩就超 1 墩，赢 12 墩就超 2 墩。

第二节　发牌规则及程序

发牌是桥牌活动的开始阶段。首先，双方共四人以同伴相对为原则围桌而坐。择座后，双方交流各自的叫牌体系和某些特殊的约定（正规比赛则交出填好的"约定卡"），并商定打牌的副数。然后由一人开始发牌。第一个发牌者定为北家（N），其同伴定为南家（S），发牌者的右首者定为西家（W），而左首者定为东家（E），确定后整个比赛过程不再变动（图 9-1）。发牌者在发牌前先洗牌，然后由发牌者拿着牌让右首家切牌（既把整副牌的上半部分移至一旁，发牌者将下半部分移至上半部分的上面）。发牌是按顺时针方向分发

(图 9-2)，第一张牌发给左首家，并顺序进行直至 52 张牌全部发完。每家分得 13 张牌，暗自整理好，不能让任何一家看到牌面。发牌结束后就依次进入叫牌、打牌和记录过程。第一副牌结束后，即可开始第二副牌的发牌程序。第二副牌的发牌权将由发第一副牌的北家转移到东家，既按顺时针方向轮转，第三副牌就由南家发牌，依此类推。其发牌形式、要求均与第一副牌相同。

图 9-1　座位示意图

图 9-2　发牌顺序示意图

第三节　叫牌规则及程序

叫牌（bidding）是确定定约的必需过程，是双方按商定的叫牌体系，依据一定的程序，用规定的叫牌符号进行信息交换，寻求各自最佳定约，并确定最终定约的过程。

一、叫牌规则

（一）术语

1. 阶层

阶层是指定约的高低层次。定约可分为 7 个阶层，即从 1 阶到 7 阶。1 阶定约要求定约方能在 13 墩牌中赢得 7 墩牌，2 阶定约则要求赢得 8 墩牌，依此类推，7 阶定约将要求赢得全部的 13 墩牌。

2. 叫品

叫品是带有规定信息的叫牌品词。叫品有：各阶的梅花、方块、红心、黑桃、无将和加倍、再加倍、不叫（表 9-2）。

表 9-2　叫牌名称和符号

阶数	名称	笔写符号	书刊符号	所需赢墩数
—	不叫	—	—	—
1 阶	1 个梅花、方块、红心、黑桃、无将	1C、D、H、S、NT	1♣、♦、♥、♠、无将	7 墩
2 阶	2 个梅花、方块、红心、黑桃、无将	2C、D、H、S、NT	2♣、♦、♥、♠、无将	8 墩
3 阶	3 个梅花、方块、红心、黑桃、无将	3C、D、H、S、NT	3♣、♦、♥、♠、无将	9 墩

续表

阶数	名称	笔写符号	书刊符号	所需赢墩数
4阶	4个梅花、方块、红心、黑桃、无将	4C、D、H、S、NT	4♣、♦、♥、♠、无将	10墩
5阶	5个梅花、方块、红心、黑桃、无将	5C、D、H、S、NT	5♣、♦、♥、♠、无将	11墩
6阶	6个梅花、方块、红心、黑桃、无将	6C、D、H、S、NT	6♣、♦、♥、♠、无将	12墩
7阶	7个梅花、方块、红心、黑桃、无将	7C、D、H、S、NT	7♣、♦、♥、♠、无将	13墩
	加倍	×	加倍	
	再加倍	××	再加倍	

在叫牌过程中，四家都可以依据不同情况进行叫牌或"不叫"。当叫出梅花、方块、红心、黑桃叫品，表示分别以该门花色作为将牌的有将定约。叫出无将叫品则表示无将定约，即没有将牌的定约。"加倍"表示定约方完不成定约将受到加重的罚分。如完成则将获得额外奖分。"再加倍"表示定约方完成或未完成定约时的奖分或罚分将再翻一番。

有将和无将叫品大小顺序为：在同阶层中无将>黑桃>红心>方块>梅花。不同阶层则7阶>6阶>5阶>4阶>3阶>2阶>1阶。如1♠比1♥大；2♣比1NT大，而7NT则为所有叫品中最高叫品。

3. 牌力

牌力是指一手牌的实力。牌力由大牌点和牌型点决定。大牌点为A=4点、K=3点、Q=2点、J=1点，共10个大牌点。整副牌有四门花色所以共有40个大牌点。打有将定约时，如果一手牌中非将牌花色只有双张或单张或缺门，就有可能通过将吃取得赢墩，增加牌的实力。因此，牌型点为缺门=3点、单张=2点、双张=1点。

（二）规则

（1）由发牌人首先叫牌，并按顺时针方向依次叫牌，周而复始。

（2）在第一轮叫牌过程中，四个人均"不叫"，则叫牌停止。该副牌只记录不打。

（3）当第一个叫出任何阶层的有将或无将叫品后，一旦出现连续三个不叫，则叫牌停止。

（4）只有叫出有将或无将叫品以后才能使用"加倍"叫品。并只能针对对方的叫品进行加倍。

（5）"再加倍"叫品只能针对"加倍"一方而使用。

（6）最后一个有将或无将叫品为该副牌的定约。

（7）在叫牌过程中，每叫出一个有将或无将叫品都必须比前一个有将或无将叫品大。

二、叫牌程序

发牌结束后进入叫牌程序。首先由发牌人开始叫牌。正规比赛使用叫牌卡，非正规比赛可以用笔在纸上进行叫牌（表9-3）。由于发牌人是第一个叫牌人，故又称为首叫家。首叫家可以叫出任何阶层的有将和无将叫品，也可以叫出"不叫"叫品。首叫家叫完后，叫牌权按顺时针方向转移至其左首家，并依次轮转叫牌。在第一轮叫牌过程中，如果四人均未叫出有将或无将叫品则叫牌停止，记录有关数据并进行下一副牌的发牌。如果其中一人叫出有将或无将叫品则叫牌继续进行，并称此人为开叫家，开叫家一方称为开叫方，而对方则称为争叫方。此后，直到连续出现三个"不叫"时，叫牌过程就结束。并以本副牌所叫的最高叫品为该副牌的最终定约。

举例：南北为一方，东西为一方，北家发牌，其叫牌过程如表9-3所示。由叫牌过程可知：①北是首叫家，并叫出"不叫"。②东叫出了1♦，由于东家第一个叫出方块有将叫品所以是开叫家，东西方成为开叫方。而南北方则成为争叫方。③南家争叫1♥，南北方参与了定约的争夺。④最终定约为加倍的6♦定约。⑤由于最高叫品是南家叫出，因此南北方是定约方，东西方是防守方。

表9-3　叫牌过程

北	东	南	西
—	1♦	1♥	—
2♠	3♣	3♦	4♣
4♦	—	4♠	—
4NT	—	6♦	—
—	×	—	—
=			

三、自然叫牌体系

叫牌的目的是在双方竞争的条件下，达到对己方最有利的最终定约。要达到这个目的只能在叫牌过程中通过信息的交流和同伴间的紧密配合。各种叫牌体系就是为保证信息的充分交流，寻求最佳定约而形成和发展的。目前的叫牌体系很多，如自然叫牌法、精确叫牌法、蓝梅花叫牌法等，即便是同一体系的叫牌法也有许多分支。以下对自然叫牌法进行简单介绍。

（一）开叫

开叫是指在叫牌过程中，有将或无将叫品的首次叫出。整副牌有40个大牌点，平均每人10点，因此当手中牌点超过平均点达到13点或以上时就可开叫（第三或第四家可降低到12点）。至于叫什么定约，叫几阶定约，就要根据手中牌的大牌点和牌型情况决定。

一般来说，与同伴联手的大牌点达20~22点可在1阶水平；23~24点可在2阶水平；25~26点可在3阶水平；27~29点可在4阶水平；30~32点可在5阶水平；33~36点可在6阶水平；37点以上可在7阶水平寻求定约。不过有时大牌点不够，但牌型较好如有单张或缺门也可完成较高阶层的有将定约。具体开叫如下。

1. 开叫无将定约

一手牌为平均牌型，即没有缺门或单张的花色，也没有5张或5张以上的长套花色。如4-4-3-2；4-3-3-3等牌型。

（1）1NT：16~19点。

（2）2NT：22~24点。

（3）3NT：25~27点。

2. 开叫有将定约

一手牌为非平均牌型，即至少有一门花色为5张或5张以上的长套。如5-4-2-2；5-3-3-2；5-4-3-1；6-5-2-0等牌型。

(1) 1♣：13~19点，不符合下列情况，属于逼叫性质的叫牌，同伴有义务应叫。

(2) 1♦、1♥、1♠：13~15点，所叫花色不低于5张。

(3) 2♣：20点以上，任何牌型（属于逼叫）。

(4) 2♦：自己有一手特强套，能赢9墩牌（属于逼叫）。

(5) 2♥、2♠：8~11点，所叫花色不低于6张，且集中主要大牌点。

(6) 3♣、3♦、3♥、3♠：8~11点，所叫花色不低于7张，且集中主要大牌点。

(7) 4♣、4♦、4♥、4♠：6~8点，所叫花色不低于7张，且集中主要大牌点。

（二）应叫

应叫是指开叫家的同伴所进行的叫牌。其叫出的定约叫品是对开叫家叫品的回应，故称应叫。

1. 对1♣开叫后的应叫

(1) 在对方未争叫时应叫1♦，0点以上，任何牌型，属于过渡性应叫。当开叫家再叫：1NT为13~15点平均牌型；2♣为13~15点，5张梅花长套；2♦、2♥、2♠为16~19点所叫花色5张或以上。这时开叫一方就根据联手牌力进行综合分析后再叫。

(2) 在对方争叫后应叫："不叫"为6点以下；"×"为8~10点，对方所叫花色无大牌（A、K、Q）挡张；1NT为8~10点，对方所叫花色有大牌挡张；1♥、1♠为7~10点所叫花色不低于5张；2阶应叫如2♣、2♦、2♥、2♠、2NT均应有11点以上的牌力。

2. 对1♦、1♥、1♠开叫后的应叫

(1) "不叫"为6点以下。

(2) 1阶新花（还未叫过的花色）为7~10点，所叫花色不低于5张长套。

(3) 1NT为7~10点，平均牌型，对同伴所开叫的花色支持不好（低于3张支持）。

(4) 加叫同伴所开叫的花色为6~10点，有不低于3张支持。

(5) 跳加叫同伴所开叫的花色为11~12点，有不低于3张支持。

(6) 2阶新花为11~12点，所叫花色不低于5张长套。

(7) 3阶新花为13点以上，所叫花色不低于5张长套。

(8) 2NT为11~12点，平均牌型并对同伴所开叫的花色支持不好。

(9) 3NT为13~14点，平均牌型并对同伴所开叫的花色支持不好。

3. 对2♣开叫后的应叫

以加级方法应叫。即每2点牌加1级。例：0~2点应叫2♦；3~4点应叫2♥；5点以上应叫2♠。

4. 对2♦开叫后的应叫

高级花色中如果有A则应叫出该花色（如红心有A叫2♥）。如果无A则应叫出2NT过渡一下。

5. 对2♥、2♠、3♣、3♦、3♥、3♠、4♣、4♦、4♥、4♠开叫后的应叫

对2♥、2♠、3♣、3♦、3♥、3♠、4♣、4♦、4♥、4♠的开叫，其牌力不高，但抬高阶层阻止对方的信息交流，故称为阻击叫。对阻击叫应综合考虑，全面分析后再去应叫。

6. 对1NT开叫后的应叫

(1) 2♣为4张高花问叫，10点以上。开叫家按规定回答：2♦表示无4张高花套，

16~17 点牌；2♥表示有 4 张红心套；2♠表示有 4 张黑桃套；2NT 表示无 4 张高花套，18~19 点牌。

(2) 2♦、2♥为转移叫，6~7 点有不低于 5 张的红心或黑桃套，要求开叫家再叫出 2♥或 2♠进行转换。

(3) 2NT 为邀叫，8~9 点平均牌型，希望开叫家有 18~19 点叫出 3NT。

(4) 3NT 为 10~12 点，平均牌型。

(5) 5NT 为 13~15 点，平均牌型。

7. 对 2NT 开叫后的应叫

(1) 3♣为 4 张高花问叫，6 点以上，有 1~2 套的 4 张高花。开叫家回答同上。

(2) 3♦、3♥为转移叫，4~5 点有不低于 5 张的红心或黑桃套，要求开叫家再叫出 3♥或 3♠进行转换。

(3) 3NT 为 5~6 点，平均牌型。

(4) 5NT 为 8~9 点，平均牌型

8. 对 3NT 开叫后的应叫

(1) "不叫"为 4 点以下。

(2) 4♣为 4 张高花问叫，6 点以上（试探满贯定约）。

(3) 4♦、4♥为转移叫，2~4 点有不低于 5 张的红心或黑桃套，要求开叫家再叫出 4♥或 4♠进行转换。

(4) 5NT 为满贯邀叫，6 点。

(三) 争叫

争叫是指开叫家的对方所进行的叫牌。

1. "×"：13 点以上。属于技术性加倍，其同伴有维持叫牌不会停止的义务。

2. 开叫花色：8~12 点，有不低于 5 张所叫花色的长套。

3. 1NT：16~19 点，平均牌型。

4. 跳叫花色：6~10 点，有不低于 6 张所叫花色的长套。

5. 2NT：10~12 点，有两套不低于 5 张的低花长套，供同伴选择。

不管是开叫方还是争叫方，如果联手牌力达到 30 点以上对满贯有兴趣时，可采用勃莱克伍德 4NT 问 A 法了解同伴的首轮控制张。这种问 A 约定叫是按级答叫，具体答叫为：1 级 5♣表示有 0 或 3 个 A；2 级 5♦表示有 1 或 4 个 A；3 级 5♥表示有相同颜色的 2 个 A；4 级 5♠表示有不同颜色的 2 个 A。4NT 问 A 后，可用 5NT 问 K。答叫与问 A 类似。

以上是自然叫牌法首轮叫牌的约定，随后的叫牌可参考已有信息进行综合分析，根据联手牌力和牌型去寻求最佳定约。

(四) 叫牌举例

张三和李四为一方同王五和程六为另一方进行桥牌友谊赛。经商议共打 16 副牌，王五坐北、程六坐南、张三坐东、李四坐西。双方均采用自然叫牌法。第一副牌由北家王五发牌。他们各自拿到的牌如图 9-3 所示。

北家发的牌，由北家首先叫牌。一手牌共有 13 个大牌点和 5 张方块长套，于是开叫 "1

"◆",争取打方块为将牌的有将定约。

北家开叫后,按顺时针方向轮到东家叫牌。他一手牌有11个大牌点和红心5张长套,具有争叫实力,于是叫"1♥"("1♥"叫品大于"1◆")。

南家大牌点虽然只有8点牌,但已具有应叫实力,与同伴联手的牌力至少在21个牌点或以上(同伴属开叫家不低于13个牌点),且又有5张黑桃长套,于是叫出"1♠"。

西家有7个大牌点,三张带一大牌的红心支持,于是叫"2♥"表示对同伴东家的支持。

以后北家因有三张带一大牌的黑桃支持,于是在同伴"1♠"的基础上加叫1副,叫出"2♠"表示支持打黑桃将牌的有将定约。在东家叫出"3♥"后,南又叫出"3♠"。随后西、北和东家均因牌力有限而"不叫",出现连续三家"不叫"则叫牌结束。本副牌定约为"3♠",即以黑桃为将牌,并需要赢9墩牌才能完成定约。叫牌结束后将结果记入桥牌记录表中。全部叫牌过程用笔写表达如图9-4所示,书刊表达如表9-4所示。

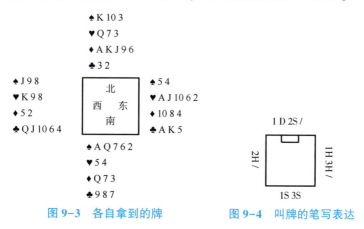

图9-3 各自拿到的牌　　图9-4 叫牌的笔写表达

表9-4 叫牌的书刊表达

北	东	南	西
1◆	1♥	1♠	2♥
2♠	3♥	3♠	—
—	=		

第四节 打牌规则及程序

一、打牌规则

(一) 术语

1. 庄家

庄家是指定约方中最先叫出该定约叫品的人。定约将由庄家来完成。

2. 明手

明手是指庄家的同伴。因为在打牌过程中他的牌将全部亮明在桌上，故称明手。

(二) 规则

（1）首轮出牌权为庄家的左首家，以后每轮的出牌权由上一轮牌张最大者获得。

（2）按顺时针方向依次出牌。

第一张牌出后，明手将手中的牌全部亮明在桌上，并按庄家的指示出牌，不能表示任何出牌意见。

（3）不同花色的牌张不能比较大小，同花色牌张大小为 A>K>Q>J>10>9>8>7>6>5>4>3>2。

（4）每轮的出牌花色应与领出张花色相同。当没有该花色时可跟垫其他花色或将牌花色，其他花色均为小，将牌花色均为大。

（5）各自出过的牌都背面朝上按出牌顺序叠放在各自桌面上。赢墩竖向放置，输墩则横向放置。

二、打牌程序

叫牌结束后进入打牌程序。首先由庄家的左首家出第一张牌，随后明手将手中的牌按花色级别高低由左至右（有将定约则将牌花色放置最左边）和牌张大小由上至下的顺序全部亮明在桌面上，并按庄家的旨意出牌。然后由庄家右首家出牌，最后是庄家出牌。所出的四张牌比较大小后，按赢墩竖放，输墩横放，背面朝上置于各自桌面上。首轮牌张最大者，领出第二轮牌，其出牌要求与首轮相同。依此类推，直至 13 张牌全部出完。打完本副牌后，将打牌结果记入桥牌记录表中。接着可开始发第二副牌，待事先商定的牌数全部完成后进入计分程序。

举例如下：

根据叫牌情况（见叫牌举例）可知由南北方作为定约方来完成 3♠ 有将定约。南家是定约方中第一个叫出黑桃叫品，所以南家成为庄家主打 3♠ 定约。

由西家首攻第一张牌 K♥。明手将手中的牌全部摊明在桌上，并按庄家指示出 3♥，东出 10♥，南家出 5♥。在这四张牌中西家的 K♥ 最大，东西方赢得这墩牌，并由西家继续出牌。西家出 8♥，北家出 Q♥，东家出 A♥，南家出 4♥。东家的 A♥ 最大，不仅取得赢墩，而且获得出牌权。具体打牌过程如表 9-5 所示。

划有横线的为取得赢墩者，并获得下一轮出牌权。统计双方的赢墩，东西方得 4 墩，南北方得 9 墩，正好完成定约。

表 9-5 打牌过程

出牌轮次	西	北	东	南	出牌轮次	西	北	东	南
第 1 轮	♥<u>K</u>	♥3	♥10	♥5	第 8 轮	♠J	♠<u>K</u>	♥2	♠6
第 2 轮	♥8	♥Q	♥<u>A</u>	♥4	第 9 轮	♦5	♦<u>K</u>	♦4	♦3
第 3 轮	♣10	♣3	♣<u>K</u>	♣7	第 10 轮	♦2	♦6	♦8	♦<u>Q</u>
第 4 轮	♣6	♣2	♣<u>A</u>	♣8	第 11 轮	♣4	♠<u>A</u>	♦10	♦7
第 5 轮	♥9	♥7	♥J	♠<u>2</u>	第 12 轮	♣J	♦<u>J</u>	♣5	♣9
第 6 轮	♠9	♠3	♠5	♠<u>Q</u>	第 13 轮	♣Q	♦9	♥6	♠<u>7</u>
第 7 轮	♠8	♠10	♠4	♠<u>A</u>					

第五节 记录及计分

一、记录

每副牌在打牌结束后都要记录，以下是 16 副牌的示例记录表（见表 9-6）。

表 9-6 桥牌记录表

牌号	局况	定约人	定约	首攻张	结果	大牌点	南北得分/IMP	东西得分/IMP
1	双方无局	S	4H	C-5	+0	26	420/9（3）	
2	南北有局	E	3NT	C-K	-1	24	50/2（6）	
3	东西有局	S	2C×	H-9	+1	20	280/7（7）	
4	双方有局	S	4H	D-A	+2	27	680/12（5）	
5	南北有局	E	6C	S-10	+0	32		920/14（2）
6	东西有局	W	3NT×	D-5	-2	22	500/11（13）	
7	双方有局	E	5D	H-9	+1	30		620/12（2）
8	双方无局	S	2H×	D-K	+0	23	470/10（7）	
9	东西有局	N	4S×	S-J	-3	24		500/11（15）
10	双方有局	N	1NT	C-7	+2	25	150/4（-1）	
11	双方无局	W	3S	S-10	+2	27		200/5（-2）
12	南北有局	E	1NT××	H-3	+1	22		760/13（11）
13	双方有局	N	7D	H-K	+0	36	2140/19（3）	
14	双方无局	N	5H	S-9	+1	30	480/10（0）	
15	南北有局	S	3NT×	C-Q	-3	24		800/13（17）
16	东西有局	W	5D	D-3	+1	29		620/12（3）

二、计分

当全部比赛结束后，根据每副牌定约的完成情况进行计分并评判输赢。桥牌的分数是由基本分、奖分和罚分组成。

（一）基本分

定约方完成定约可得的基本分如表 9-7 和表 9-8 所示。

表 9-7

有将定约	未加倍	加倍	再加倍
方块和梅花每墩	20	40	80
红心和黑桃每墩	30	60	120

表 9-8

无将定约	未加倍	加倍	再加倍
第一墩	40	80	160
第二墩开始每墩	30	60	120

基本分达到100分为成局，可得成局奖分。

（二）奖分

根据定约完成情况给予以下奖分：

(1) 定约方完成了未成局定约，奖50分。

(2) 定约方完成了成局定约，无局方奖300分，有局方奖500分。

(3) 定约方完成了小满贯定约，无局方奖800分，有局方奖1 250分。

(4) 定约方完成了大满贯定约，无局方奖1 300分，有局方奖2 000分。

(5) 定约方完成了任何加倍定约，奖50分。

(6) 定约方完成了任何再加倍定约，奖100分。

(7) 定约方超额完成定约，每超1墩奖分如表9-9和表9-10所示。

表9-9 定约方超额完成定约，每超1墩的奖分（无局方）

无局方		
未加倍	加倍	再加倍
基本分	100	200

表9-10 定约方超额完成定约，每超1墩的奖分（有局方）

有局方		
未加倍	加倍	再加倍
基本分	200	400

（三）罚分

定约方完不成定约，则罚分如表9-11所示。

表9-11 定约方完不成定约的罚分

无局方				有局方			
宕墩数	未加倍	加倍	再加倍	宕墩数	未加倍	加倍	再加倍
1墩	50	100	200	1墩	100	200	400
2墩	100	300	600	2墩	200	500	1 000
3墩	150	500	1 000	3墩	300	800	1 600
4墩	200	800	1 600	4墩	400	1 100	2 200
5墩	250	1 100	2 200	5墩	500	1 400	2 800
6墩	300	1 400	2 800	6墩	600	1 700	3 400
7墩	350	1 700	3 400	7墩	700	2 000	4 000

（四）计分举例

得分的计算以表9-5中的结果为例进行计算。

1. 第1副牌双方无局，南家主打4♥定约，赢得10墩，正好完成定约，南北方得分为：

基本分：红心每墩30分，4×30＝120分。

奖分：基本分达到100分可得成局奖。因第一副牌是双方无局，故成局奖分为300分。

合计：120+300＝420分。南北方共得420分。

2. 第2副牌南北有局，东家主打3NT定约，宕1墩，东西方被罚分。因第二副牌是南北方有局，东西方处于无局状态，宕1墩的罚分为50分，南北方得50分。

3. 第3副牌东西有局，南家主打2♣加倍定约，赢得9墩，超1墩完成定约，南北方得分为：

基本分：梅花每墩 20 分，加倍后为 40 分，2×40＝80 分。

奖分：完成未成局定约奖 50 分；完成加倍定约奖 50 分；无局状态加倍后超额 1 墩奖 100 分。

合计：80+50+50+100＝280 分。南北方共得 280 分。

4. 第 4 副牌双方有局，南家主打 4♥ 定约，赢得 12 墩，超 2 墩完成定约，南北方得分为：

基本分：黑桃每墩 30 分，4×30＝120 分。

奖分：完成成局定约在有局状态奖 500 分；超额 2 墩，在有局状态每墩奖 30 分，2×30＝60 分。

合计：120+500+60＝680 分。南北方共得 680 分。

5. 第 5 副牌南北有局，东家主打 6♣ 定约，赢得 12 墩，完成小满贯定约，东西方得分为：

基本分：梅花每墩 20 分，6×20＝120 分。

奖分：完成小满贯定约在无局状态奖 800 分。

合计：120+800＝920 分，东西方共得 920 分。

6. 第 6 副牌东西有局，西家主打 3NT 加倍定约，宕 2 墩，东西方被罚分。在东西方处于有局状态下被加倍，宕 2 墩的罚分为 500 分。南北方得 500 分。

7. 第 7 副牌双方有局，东家主打 5◆ 定约，赢得 12 墩，超 1 墩完成定约，东西方得分为：

基本分：方块每墩 20 分，5×20＝100 分。

奖分：完成成局定约在有局状态奖 500 分；超额 1 墩在有局状态奖 20 分。

合计：100+500+20＝620 分，东西方共得 620 分。

8. 第 8 副牌双方无局，南家主打 2♥ 加倍定约，正好完成定约，南北方得分为：

基本分：红心每墩 30 分，加倍后为 60 分，2×60＝120 分。

奖分：完成成局定约在无局状态奖 300 分；完成加倍定约奖 50 分。

合计：120+300+50＝470 分，南北共得 470 分。

9. 第 9 副牌东西有局，北家主打 4♠ 加倍定约，宕 3 墩，南北方被罚分。在南北方处于无局状态下被加倍，宕 3 墩的罚分为 500 分。东西方得 500 分。

10. 第 10 副双方有局，北家主打 1NT 定约，赢得 9 墩，超 2 墩完成定约，南北方得分为：

基本分：1 无将第 1 墩为 40 分。1×40＝40 分。

奖分：完成未成局定约奖 50 分；超额 2 墩，在有局状态每墩奖 30 分，2×30＝60 分。

合计：40+50+60＝150 分，南北方共得 150 分。

11. 第 11 副双方无局，西家主打 3♠ 定约，赢得 11 墩，超 2 墩完成定约，东西方得分为：

基本分：黑桃每墩 30 分，3×30＝90 分。

奖分：完成未成局定约奖 50 分；超额 2 墩，在无局状态每墩奖 30 分，2×30＝60 分。

合计：90+50+60＝200 分，东西方共得 200 分。

12. 第 12 副南北有局，东家主打 1NT 再加倍定约，赢 8 墩，超 1 墩完成定约，东西方得分为：

基本分：无将第 1 墩为 40 分。加倍后为 80 分，再加倍后为 160 分，40×2×2＝160 分。

奖分：完成成局定约在无局状态奖 300 分；完成再加倍定约奖 100 分；再加倍后超额 1 墩在无局状态奖 200 分。

合计：160+300+100+200=760 分，东西方共得 760 分。

13. 第 13 副双方有局，北家主打 7♦ 定约，完成大满贯定约，南北方得分为：

基本分：方块每墩为 20 分，7×20=140 分。

奖分：完成大满贯定约在有局状态奖 2000 分。

合计：140+2 000=2 140 分，南北方共得 2140 分。

14. 第 14 副双方无局，北家主打 5♥ 定约，赢得 12 墩，超 1 墩完成定约，南北方得分为：

基本分：红心每墩为 30 分，5×30=150 分。

奖分：完成成局定约在无局状态奖 300 分；超额 1 墩奖 30 分。

合计：150+300+30=480 分，南北方共得 480 分。

15. 第 15 副牌南北有局，南家主打 3NT 加倍定约，宕 3 墩，南北方被罚分。在南北方处于有局状态下被加倍，宕 3 墩的罚分为 800 分。东西方得 800 分。

16. 第 16 副牌东西有局，西家主打 5♦ 定约，赢得 12 墩，超 1 墩完成定约，东西方得分为：

基本分：方块每墩为 20 分，5×20=100 分。

奖分：完成成局定约在有局状态奖 500 分；超额 1 墩奖 20 分。

合计：100+500+20=620 分，东西方共得 620 分。

（五）国际比赛分的折算

国际比赛分（International Match Point，IMP）的使用是为：①缩小比赛得分的数值便于计算；②避免在牌数打得较少时因个别输赢很大的牌，过分影响整个比赛成绩。具体折算见表 9-12。

例如：以表 9-6 为例，第 1 副牌南北方得分 420 分，查国际比赛分折算表知 370~420 分为 9 个 IMP。第 13 副牌南北方得分 2 140 分，查国际比赛分折算表知 2 000~2 240 分为 19 个 IMP。

表 9-12 国际比赛分折算表（IMP）

得分	IMP	得分	IMP	得分	IMP	得分	IMP	得分	IMP
0~10	0	170~210	5	430~490	10	1 100~1 290	15	2 250~2 490	20
20~40	1	220~260	6	500~590	11	1 300~1 490	16	2 500~2 990	21
50~80	2	270~310	7	600~740	12	1 500~1 740	17	3 000~3 490	22
90~120	3	320~360	8	750~890	13	1 750~1 990	18	3 500~3 990	23
130~160	4	370~420	9	900~1 090	14	2 000~2 240	19	4 000 以上	24

从总的得分数或总的 IMP 来看，均表明南北方获得胜利。但是，考虑到南北方拿的大牌点要多于东西方时，南北方的胜利似乎就与他们的牌好有关，特别是牌数打得较少时更明显。为消除牌的好坏对比赛的影响，可采取贴点的办法来弥补。具体办法是每副牌打完后统计庄家一方联手的大牌点数，凡超过平均 20 点的大牌点数要从国际比赛分中扣除。虽然大

牌点与 IMP 是两个不同计数单位，但在贴点法中把它们作等值对待。例如（以表 9-5 为例）第 1 副牌，南北方赢得 9 个 IMP，其联手有 26 个大牌点，比平均 20 点多 6 个点，因此从 9 个 IMP 中扣除 6 个点后南北方只得 3 个 IMP。再如第 11 副牌，东西方赢得 200 分，折算为 5 个 IMP，但东西方联手有 27 个大牌点，经扣除后反而负 2 个 IMP。第 11 副牌充分说明手中有多大牌力就应该约定多高的定约，否则完成定约也意味着输。

（六）计分法的特点

（1）完成成局定约可以得到成局奖。成局奖分较多，这必然会引起双方的激烈争夺。在成局定约中以 3 无将的阶层最底，只要取得 9 赢墩即可获得成局奖。所以在条件具备的情况下，打 3 无将定约有它显著的优越性。其次打成 4♥、4♠ 定约可得基本分 120 分，均可成局，虽然需要 10 个赢墩，但可发挥将牌作用，在这方面有它的优越性。5♣、5♦ 的基本分为 100 分也可成局，但需要 11 个赢墩，难度较大。

（2）完成满贯定约可得重奖。打成小满贯定约，无局时 800 分，有局时 1 250 分。虽然满贯定约的奖分很高，但要求得到的墩数也更多。大满贯定约要求一墩不失，要取得全部 13 个赢墩，难度更大。因此，如果实力不够，冒险叫成满贯，结果没有完成定约，不但得不到任何奖分，而且还要罚分。

（3）不成局的定约，虽然奖分很少，但由于客观上不能打成局的牌数量很大，如果处理不当，也必然会影响成绩。

（4）桥牌记分法中的另一特点是对完不成定约的予以罚分，特别是被加倍的定约罚分很多。无局时被加倍的定约宕 1 墩罚分 100，多宕 1 墩则按罚分 200 处理，到第四墩以后每多宕 1 墩则要多罚 300 分。有局时宕 1 墩罚分 200，以后每多宕 1 墩罚分增为 300，即按 200、500、800、1 100 的级数递增。

但不是所有受到罚分的定约都是失败的，或者不可取的。恰恰相反，在某些情况下受到一定的罚分是有利的。如对方在有局情况下叫到 4♥，明知对方可以打成。这时如你方无局争叫 4♠ 被加倍，结果定约宕 2，被罚 300 分，同对方打成 4♥ 定约可得 620 分比起来，其结果使对方少得了 320 分。对方少得的分数，实质上也是你方取得的赢分。这在复式赛中是常用的策略。

桥牌计分法的这些特点，在叫牌领域中，促进了叫牌体系和多种定约叫的发展；在打牌领域中，促进了坐庄和防守战术与技巧的发展。研究这些特点对提高自己的桥牌技术是很有帮助的。

第十章　围　棋

> **学习目标**

知识目标
1. 了解围棋的概念，围棋的棋具；
2. 了解围棋的基本规则。

技能目标
能够进行围棋对弈，并会欣赏围棋比赛。

素质目标
1. 能够提升大学生对围棋的认知；
2. 提高大学生的想象、思维能力，陶冶性情，培养顽强、坚毅和沉着冷静的性格。

> **课堂导入**

围棋教会我们深思熟虑。在围棋的世界里，每一步棋都需要我们深思熟虑，权衡利弊。正如我们在学习和生活中，面对每一个选择，都需要我们冷静思考，理性分析。围棋的智慧，让我们学会了在复杂多变的环境中，保持清醒的头脑，做出明智的决策。

围棋锤炼我们的意志品质。围棋的对弈往往需要较强的耐心与毅力。面对困难与挑战，我们需要坚定信念，勇往直前。这种不屈不挠的精神，正是我们在面对人生困境时所需要的。我们要学会在挫折中汲取力量，在失败中总结经验，不断提升自己的意志品质。

第一节　围棋概述

一、围棋的概念

围棋是我国优秀的文化遗产之一，距今已有两三千年的历史，不但不衰退，反而越来越流行，说明它本身具有无穷的魅力和旺盛的生命力。围棋的对弈，千变万化，紧张激烈，富于挑战。在严阵交锋，运智逐鹿之际，大与小、虚与实、取与弃均寓于其中。围棋既有利于提高人们想象、思维能力，又能陶冶性情，培养顽强、坚毅和沉着冷静的性格。

古时的围棋与现代的围棋有很大差异。前者主要体现艺术性，两人对弈，不受时间限制，一盘棋可以连续下上十天半月，力争走出精妙的好棋来，供人们欣赏与学习。而后者更强调它的竞争性，要求短时间，快节奏地下出好棋来。正是后者使围棋成为一项竞技运动，一门体育项目。

二、围棋的棋具

围棋所需器材很少，主要有棋盘和棋子，如果进行正规比赛，还需要用赛钟。下面将分别介绍。

（一）棋盘

棋盘一般由木料制成，盘面是正方形的，里面画上横竖各 19 条等距离的直线，构成了 361 个交叉点，棋子，就要放在这些交叉点上（图 10-1）。为辨认和计算方便，人们又在盘上点了九个黑点，我们称之为"星"，中间的星又叫"天元"。以每个"星"为中心，大体上可以把棋盘分为 9 个区域。分别为：左上角、左边、左下角、上边、中腹、下边、右上角、右边和右下角（图 10-2）。

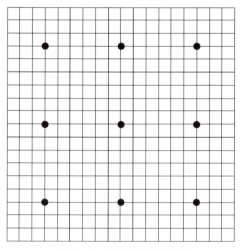

图 10-1　围棋棋盘示意图

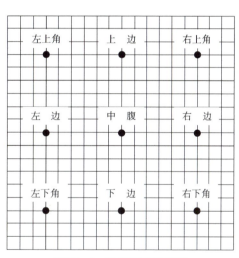

图 10-2　棋盘区域示意图

（二）棋子

棋子是扁圆形的，分成黑、白两色。黑棋 181 个，白棋 180 个，共 361 个，相当于棋盘的 361 个交叉点。它们分别收放在两个棋盒里。

（三）赛钟

赛钟是一种由按键控制走动的钟表（图 10-3）。比赛时，一方的键按下去，另一方的钟开始计时，只有在自己考虑成熟，并且把棋子放到棋盘上以后，才可以按下键去，否则就是犯规行为，以此类推交替进行。现代围棋，除了棋盘上所下的棋可以分出胜负外，还有因时间不够而超时判负的。

图 10-3 赛钟示意图

第二节 围棋的基本规则

掌握规则是学习围棋的第一步，只有懂得这些行棋的基本章法，才能按照它们去下棋。围棋的基本规则主要有 6 条。

一、行棋

二人对局，一方执黑，一方执白，双方各下一子轮番进行直至终局。棋子下在任意一个交叉点上，通常情况下，黑棋先走，白棋后走，棋子一旦放在盘上，便不能在盘上移动。

二、提子

一个棋子，当它放到盘上后，和它紧邻的四个交叉点就成了它的"气"。在角上的棋子有 2 口气，在边上的棋子有 3 口气，在中间的棋子有 4 口气（图 10-4 "☆"的位置）。当自己一方的子连在一起时，就连成了一个整体，它的气也随着增多。如图 10-5，2 个白子有 6 口气，3 个白子就有 7 口气。

一个棋子，当它的气都被对方的子所占据时，这个子就不能在盘上存在，就要被拿走。如图 10-6，白子分别被黑子所包围，黑再走1，落子的同时，白子也就被提掉了。

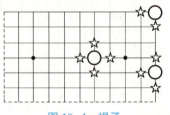

图 10-4 提子

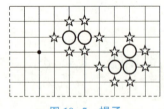

图 10-5 提子

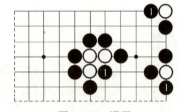

图 10-6 提子

三、禁入点

当一个棋子放到一个交叉点上，自己马上处于无气状态，同时又不能提掉对方的子，这个交叉点就叫做"禁入点"。图 10-7 中的"A"表示黑子方的禁入点。禁入点被规定为不准再下子，如果在此处下子，就立即被拿掉，并失去了一次下子机会。

四、打劫

打劫是围棋提子的一种特殊类型，如图 10-8（1），黑方下黑 1 位提掉白方 1 子，变成（2）的形状。白方能否立即在 A 位反提黑 1 子呢？如果许可，那必将来回互提，永无休止。为此，特作出如下的规定：当黑方提子后，白方不得立即反提；如果白方要反提，必须先找"劫材"，就是在别处下一着，造成对黑方一定的威胁，迫使黑方应付 1 子，即"应劫"，然后白方才能反提。这种一方提劫，另一方需要到别处走一手，中间停两步棋，然后才能回提，术语称为"打劫"。如果白方找的劫材黑方认为不重要，可以不应，而在 A 位填上 1 子，不再和白方"打劫"，这就叫"粘劫"。

图 10-7　禁入点

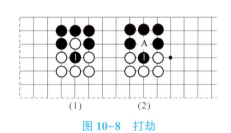

(1)　　　(2)

图 10-8　打劫

五、活棋和死棋

当有几个己方棋子围住一个交叉点，那个交叉点就叫"眼"。图 10-9 中"A"是黑棋三个类型的"眼"。一块棋，最少要有两个"眼"才能算活棋。图 10-10 中有三块被黑棋包围的白棋，它们因为都有"A""B"两个"眼"，所以都是活的。在活棋中有一种特殊类型，双方借助"公气"而存活，称"双活"也称"公活"。如图 10-11 所示：Ⅰ型，黑白双方虽然都没有"眼"，但是共同享有 A、B 两口"公气"，双方均不能在 A 位或 B 位下子，只能认为这两块棋是"活的"；Ⅱ型，各有一个"眼"的两块黑棋被两个白子隔断，A、B 两点都是双方的"公气"，故也是双活；Ⅲ型，为双方分别在 A、B 两点各有一个"眼"，同时又公用 C 位的一口"公气"，也是双活。

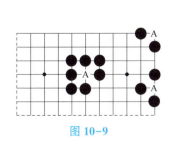

图 10-9

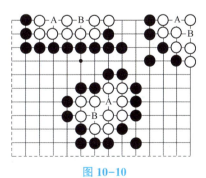

图 10-10

有一种棋，看起来好像是两个"眼"，其实，只有一个是"真眼"，另一个是"假眼"。"假眼"不能起到"真眼"的作用，所以，不管有多少个"假眼"，都是死棋。如图 10-12

中的三块白棋，看起来好像都有两个"眼"，其实不是：图（1）中的 A 位是假眼，B 位是真眼，黑方随时可在 A 位下子，提掉三个白子，然后再提其余部分；图（2）中的 C 位是真眼，D 位是假眼；图（3）中的 E 位和 F 位都是假眼，因而这块白棋也是死棋。

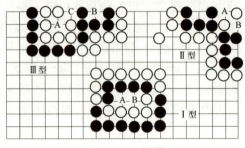

图 10-11　活棋

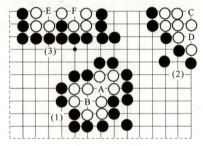

图 10-12　死棋

六、计算胜负

围棋的胜负不取决于吃子的多少，而是看谁围的地方大。当双方所占的地完全确定，彼此都无法再互相侵入，而且双方的边界也都填满（就是单官也走完）时，就可以用数子的方法来计算胜负了。具体地说，棋盘共有 361 个交叉点，双方平均为 $180\frac{1}{2}$ 子，由于先走一方（黑方）占有优势，因此在计算时黑方应贴补白方 $2\frac{3}{4}$ 子，即黑方要有 184 子（184-$2\frac{3}{4}=181\frac{1}{4}$）才能赢，而白方只要 178 子就胜了。具体计数方法是在把双方死棋拿掉后，任选一方进行计数，比如数黑方。先把黑棋围住的空白交叉点做成十的整数，再把余下的子十个十个地摆放整齐，两部分加起来，就是黑方的总数。大于或等于 184 子为赢，否则为输。图 10-13 是一盘下完了的棋，经整理后，黑棋形成图 10-14 所示形状。它的左上角"A"处方块等于 20 个黑子，其余还有 6 块等于 60 个黑子，棋盘上的黑子有 100 个。这样，黑棋的总数是：20+60+100＝180（个）。黑方贴补 $2\frac{3}{4}$ 子后，共输了 $3\frac{1}{4}$ 子。

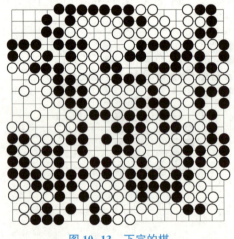

图 10-13　下完的棋

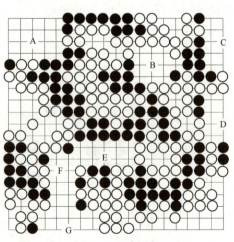

图 10-14　整理后计算胜负

第三节 围棋的基本技术

对初学者来说，仅仅了解围棋的规则是不够的，围棋的胜负取决于围地的多少，而想要多围地是需要讲究方法和技术的。本节就介绍一些最基本的着法和技术。

一、棋子基本着法

（一）长与立

在原有棋子的直线上，紧接着延长 1 子，称"长"，如图 10-15 中（1）的黑 1。当双方棋子在边、角相接触时，顺着自己棋子向下"长"1 子，称"立"，如图 10-15 中（2）的黑 1。

（二）尖与飞

在原有棋子的方格对角处下 1 子，叫"尖"，如图 10-16 中（1）的黑 1。从原有棋子出发，向"日"或"目"字形的对角处下 1 子，称"小飞"或"大飞"。如图 10-16 中（2）的黑 2 和（2）的黑 1。

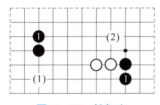

图 10-15　长与立

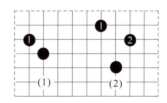

图 10-16　尖与飞

（三）跳与拆

在原有棋子的同一竖线上，隔开一路下 1 子，称"跳"或"关"，如图 10-17 中（1）的黑 1。在同一横线上，隔开一路、两路以至三、四路下 1 子，称"拆"。隔一路为"拆一"，隔两路为"拆二"，以次类推，如图 10-17 中（2）的黑 1 和（3）的黑 2。

（四）接与断

把 2 个不相连的棋子连接起来，称"接"，如图 10-18 中（1）的黑 1。把对方的棋子分割成两部分，称"断"，如图 10-18 中（2）的黑 1。

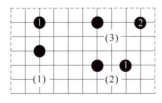

图 10-17　跳与拆

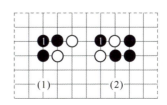

图 10-18　接与断

（五）夹与挖

用2个子把对方1个子夹在中间，称"夹"，如图10-19中（1）的黑1。在对方的"拆一"或"跳"中间下1子，称"挖"，如图10-19中（2）的黑1。

（六）虎与刺

在原有棋子"尖"后，再向另一边对称位置"尖"一下，称"虎"，如图10-20中（1）的黑1。对准对方的虎口下1子，准备切断，称"刺"，如图10-20中（2）的黑1。

图 10-19　夹与挖

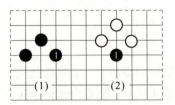

图 10-20　虎与刺

（七）打与双打

在对方只有两口"气"的情况下，再下子，紧它一口"气"，下一着就能提掉它，称"打"或"打吃"，如图10-21中（1）的黑1。当下1个子，同时"打吃"对方两边的子，称"双打"，如图10-21中（2）的黑1。

（八）碰、托与压

紧靠对方棋子的旁边下1子，称"碰"，如图10-22中（1）的黑1。在对方棋子的下边下1子，称"托"，如图10-22中（2）的黑1。紧靠对方棋子的上边下1子，称"压"，如图10-22中（3）的黑1。

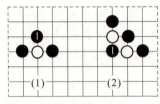

图 10-21　打与双打

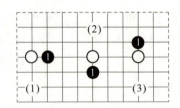

图 10-22　碰、托与压

（九）冲与挡

从自己原有的棋子出发，向对方棋子的空隙冲去，称"冲"，如图10-23中（1）的黑1。当对方向外冲时，迎头堵住它的去路，称"挡"，如图10-23中（2）的黑1。

（十）扳与曲

当双方贴近时，一方从斜角上方向对方顶头下 1 子，阻止其出路，称"扳"，如图 10-24 中（1）的黑 1。紧贴对方棋子并形成曲形的下法，称"曲"，如图 10-24 中（2）的黑 1。

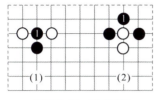

图 10-23　冲与挡

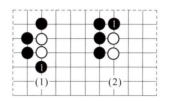

图 10-24　扳与曲

（十一）镇与肩冲

在对方的直线上方空一路下 1 个子，称"镇"，如图 10-25 中（1）的黑 1。在对方的斜上方成"尖"的位置下子，称"肩冲"，如图 10-25 中（2）的黑 1。

（十二）点与提

在对方棋形的要害处下 1 子，称"点"，如图 10-26 中（1）的黑 1。如果下 1 子就能将对方的子从盘中吃掉，称"提"，如图 10-26 中（2）的黑 1。

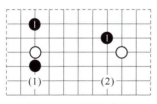

图 10-25　镇与肩冲

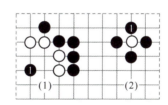

图 10-26　点与提

围棋的着法还有许多，每一着法所起作用是多方面，但不同的着法所起到的主要作用是有差别的。一般来说：长、立、尖、飞、跳、拆等，主要用于扩大地盘；断、夹、刺、扳、压、挡等，主要用于阻止对方的进攻；虎、接、托等，主要是保护己方的棋子和地盘；挖、打、冲等，主要用来进攻。

➤ 二、常见死活棋形

（一）直三和曲三

当一方围了一块地盘，其中剩有三个交叉点，并成直线排列，称"直三"，见图 10-27（1）。如成弯曲排列，称"曲三"，见图 10-27（2）。"直三"和"曲三"如己方在 A 位下子则是活棋，对方在 A 位下子则是死棋。

（二）直四和曲四

当一方围了一块地盘，其中剩有四个交叉点，并成直线排列，称"直四"，见图 10-28（1）。

如成弯曲排列，称"曲四"，见图10-28（2）。"直四"和"曲四"均是活棋。

（三）丁四和方四

当一方围了一块地盘，其中剩有四个交叉点，并成"丁"字形排列，称"丁四"，如图10-29（1）。如成正方形排列，称"方四"，如图10-29（2）。"方四"是死棋。"丁四"如果是己方在A位下子则活，对方下子则死。

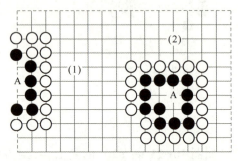

图10-27　直三和曲三

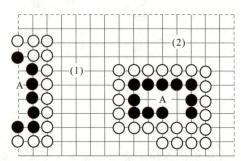

图10-28　直四和曲四

（四）刀五和梅花五

当一方围了一块地盘，其中剩有五个交点，并成"刀"形排列，称"刀五"，如图10-30（1）。如成"梅花"状排列，称"梅花五"，如图10-30（2）。"刀五"和"梅花五"，如果己方在A位下子则均能活，否则对方下子均死。

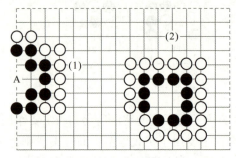

图10-29　丁四和方四

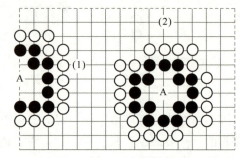

图10-30　刀五和梅花五

（五）板六和葡萄六

当一方围了一块地盘，其中剩有六个交叉点，并成"板"状排列，称"板六"，如图10-31（1）。如成"葡萄"状排列，称"葡萄六"，如图10-31（2）。"板六"和"葡萄六"，如果己方在A位下子则均能活，否则对方下子即死。

（六）七死八活

七死八活是指在二路直线上排列一方的7个棋子。如对方先下则是死棋。所谓"七子两头板，一点就全完"。如果有八个棋子则是活棋。（图10-32）

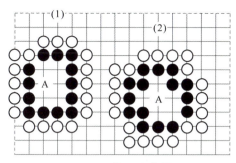 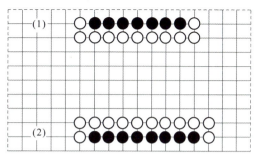

图 10-31　板六和葡萄六　　　　图 10-32　七死八活

第十一章　中国象棋

学习目标

知识目标
1. 了解中国象棋的起源以及中国象棋的棋具；
2. 了解中国象棋的基本规则。

技能目标
能够进行象棋对战，并学会欣赏中国象棋比赛。

素质目标
1. 能够提升大学生对中国象棋的认知；
2. 提高自己的想象、思维能力，陶冶性情，培养顽强、坚毅和沉着冷静的性格。

课堂导入

中国象棋，棋盘之上，犹如一个微缩的战场。每一步棋，都是对智慧的考验，对策略的较量。在这场无声的博弈中，我们能学习到协同作战、以大局为重的兵法智慧，也能感受到"一着不慎，满盘皆输"的全局观念。

帅（将）代表着领袖，需要深思熟虑、运筹帷幄；士（仕）象征着忠诚与奉献，始终坚守在将帅的身边；相（象）则代表着智慧与谋略，为大局着想，不拘小节。

同时，中国象棋也教会了我们如何面对挫折与失败。在棋局中，我们可能会遭遇困境，甚至面临绝境。但正如古人所言："山重水复疑无路，柳暗花明又一村。"只要我们保持冷静，沉着应对，往往就能在困境中找到一线生机。这种不屈不挠、永不放弃的精神，正是我们在人生道路上需要坚守的信念。

中国象棋还强调了团队合作的重要性。在棋局中，每个棋子都是团队的一员，只有相互配合、协同作战，才能取得最终的胜利。这种团结协作的精神，正是我们在现代社会中需要具备的品质。通过中国象棋的学习，我们可以更好地理解团队合作的重要性，并培养自己的团队协作能力。

第一节 中国象棋概述

一、中国象棋的起源

由象棋的形制推断，象棋应当在周代建朝（公元前 11 世纪）前后产生于中国南部的氏族地区。战国时期，已经有了关于象棋的正式记载，象棋于北宋末定型。元明清时期，出现了多部总结性的理论专著，其中最为重要的有《梦入神机》《橘中秘》《适情雅趣》《梅花谱》《竹香斋象棋谱》等。新中国成立之后，象棋进入了一个崭新的发展阶段。1956 年，象棋被列为国家体育项目。以后，几乎每年都举行全国性的比赛。1962 年，中华全国体育总会的下属组织——中国象棋协会成立，由于群众性棋类活动和比赛的推动，中国象棋棋艺水平提高得很快，优秀棋手不断涌现，其中以杨官璘、胡荣华、柳大华、赵国荣、李来群、吕钦、许银川等最为著名。

二、中国象棋的棋具

（一）棋盘

棋子活动的场所，叫做"棋盘"，在长方形的平面上，绘有九条平行的竖线和十条平行的横线相交组成，共组成九十个交叉点，棋子就摆在这些交叉点上。中间第五、第六两横线之间未画竖线的空白地带，称为"河界"，整个棋盘就以"河界"分为相等的两部分；两方将帅坐镇，画有"米"字方格的地方，叫作"九宫"。棋盘如图 11-1 所示。

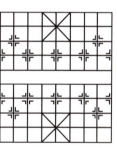

图 11-1　棋盘

（二）棋子

中国象棋的棋子共 32 个，分为红黑两组，各 16 个，由对弈双方各执一组，每组兵种是一样的，各分为七种。

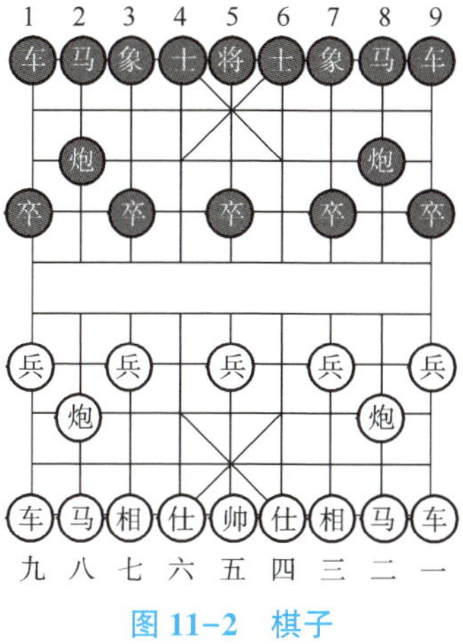

红方：帅（1）、仕（2）、相（2）、车 jū（2）、马（2）、炮（2）、兵（5）。

黑方：将（1）、士（2）、象（2）、车（2）、马（2）、炮（2）、卒（5）。

其中帅与将、仕与士、相与象、兵与卒的作用完全相同，仅仅是为了区分红棋和黑棋。

为记谱方便，红方从右到左用一、二、三、四、五、六、七、八、九表示，黑方从左到右用 1、2、3、4、5、6、7、8、9 表示，如图 11-2 所示。

例如：

图 11-2　棋子

1. 炮二平五　马8进7
2. 马二进三　车9平8

第一回合，红方架当头炮，黑方上马保卒；第二回合，红方上马，黑方亮车。

第二节　中国象棋的基本规则

一、走棋和吃子

对局时，由执红棋的一方先走，双方轮流各走一着（zhāo），直至分出胜、负、和。轮到走棋的一方，将某个棋子从一个交叉点走到另一个交叉点，或者吃掉对方的棋子而占领其交叉点，都算走一着。双方各走一着，称为一个回合。任何棋子走动时，如果目标位置上有对方的棋子，就可以把对方的棋子拿出棋盘，再换上自己的棋子，这个过程称为"吃子"。只有炮的吃子方式与其他子不同：炮与被吃子之间必须隔一个棋子，俗称"炮架"。

二、棋子的走法

（一）帅（将）

帅和将是棋中的首脑，是双方竭力争夺的目标。它只能在"九宫"之内活动，可上可下，可左可右，每次走动只能按竖线或横线走动一格。帅与将在没有棋子隔挡的情况下，不能走到与对方将与帅在同一直线上的位置，否则走方判负。

（二）仕（士）

仕（士）是帅（将）的贴身保镖，它也只能在九宫内走动。它的行棋路径只能是九宫内的斜线。

（三）相（象）

相（象）的主要作用是防守，保护自己的帅（将）。它的走法是直走二格横走二格，俗称"象走田"，如图11-3所示。相（象）的活动范围限于"河界"以内的本方阵地，不能过河，且如果它走的"田"字中央有一个棋子，就不能走，俗称"塞象眼"，如图11-4所示。

图11-3　象走田

图11-4　塞象眼

（四）车

车在象棋中威力最大，实力与双炮、双马或马炮相当，无论横线、竖线均可行走，只要无子阻拦，步数不受限制。因此，一车可以控制十七个点，故有"一车十子寒"之说。对方缺仕（士）时，最怕双车进攻。

（五）炮

实力与马相当，开局阶段，炮比马更灵活。炮在不吃子的时候，走动与车完全相同。

（六）马

马走动的方法是一直（横）一横（直），即先直（横）着走二格，然后再横（直）着走一格，俗称"马走日"，如图 11-5A、B 所示。马一次可走的选择点可以达到四周的八个点，故有"八面威风"之说。如果在二格方向的第一格有棋子挡住，马就无法走过去，俗称"别马腿"，如图 11-6A、B 所示。

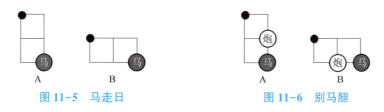

图 11-5　马走日　　　　　图 11-6　别马腿

（七）兵（卒）

兵（卒）在未过河前，只能向前一步步走，过河以后，除不能后退外，允许左右移动，但也只能一次一步。

三、将（jiāng）军、应将、将死、困毙

一方的棋子攻击对方的帅（将），并在下一着要把它吃掉，称为"将军"，或简称"将"。被"将军"的一方必须立即"应将"，如果被"将军"而无法"应将"，就算被"将死"。轮到走棋的一方，无子可走，就算被"困毙"。

四、胜、负、和

（一）胜负

对局时，一方出现下列情况之一，就算输棋，对方得胜：
（1）帅（将）被对方"将死"；
（2）帅（将）被"将军"，无法避免地同对方将（帅）直接对面；
（3）被"困毙"；
（4）在规定时限内未走满应走着数；
（5）超过了该次比赛规定的因迟到判负的时限（一般为 15 分钟）；

(6) 封棋着法有误；

(7) 走棋违犯禁例，应当变着而不变；

(8) 在同一局棋中，单方面出现第三次"违例"；

(9) 自己宣布认输；

(10) 因违犯纪律被判输棋。

（二）和

对局时，出现下列情况之一，就算和棋：

(1) 属于理论上公认的双方均无取胜可能的局势。

(2) 提议作和，应使双方机会均等，先提出者如被对方拒绝（口头不同意，或走出轮走的一着棋，均为拒绝），非经对方提和一次（也被拒绝），不得再度提出，但后面两款属于提和的特殊规定，不受此限。若双方提和次数对等，即可由任何一方再次提和，提和的一方，在对方作出明确表示之前，不能撤回自己的提议。只要是一方提和，另一方已宣告同意，双方都不许反悔。此外，只能在提和后，方可按动对方的计时钟。

(3) 双方走棋出现循环反复已达三次，符合"棋例"中"不变作和"的有关规定，可由任何一方提议作和，经审查局面属实，即使另一方不同意，裁判员也有权判为和棋。如双方都没有提和，而循环反复局面还在延续，裁判员有权不征得双方同意就决定判和；但如所走着法已同上述循环反复局面无关时，则不能按照本款处理。

(4) 符合"六十回合规则"（也称为自然限着）的规定时。

第三节 中国象棋的基本技术

一、开局

开局又称布局，开局的战略目的有三个，第一动员子力，第二部署阵形，第三抢占要点；先手红方常用开局有：

(1) 炮二平五（当头炮）；(2) 炮二平六（过宫炮）；(3) 炮二平四（仕角炮）；(4) 相三进五（飞相局）；(5) 兵三进一（仙人指路）。

以当头炮最常用，也最有攻击性。对于红方的当头炮，后手黑方常用开局有：

(1) 顺手炮：炮二平五　炮8平5。

(2) 列手炮：炮二平五　炮2平5。

(3) 鸳鸯炮：1. 炮二平五　马2进3；2. 马二进三　卒7进1；3. 车一平二　车9进2 4. 马八进九　炮2退1。

(4) 龟背炮：1. 炮二平五　马8进7；2. 马二进三　车9进1；3. 车一平二　炮8退1。

(5) 屏风马：1. 炮二平五　马8进7 2. 马二进三　马2进3。

（6）单提马：1. 炮二平五　马8进7　2. 马二进三　马2进1。

（7）反宫马：1. 炮二平五　马2进3　2. 马二进三　炮8平6；3. 车一平二　马8进7。

对付红方的当头炮，屏风马是一种攻守兼备的开局，也是黑方最常用的开局。

二、中局

中局是承上启下，继往开来的阶段，优势方要夺取胜利，劣势方要争取和平，中局的战略目标有四个：

第一，成杀，算度上要先算攻着，能成杀时，不要贪吃，更不能玩猫戏老鼠的游戏，以免贻误战机，造成和局甚至败局。

第二，夺先，当己方有足够的成杀子力时，要将局势聚焦于对方的九宫附近，为达到这个目的，有时甚至要放弃得子。

第三，得子，当己方没有足够的成杀子力或子力不继，成杀前景不明朗时，得子就成为当务之急，另外，对于对方举足轻重的棋子，能吃时，绝不能放虎归山，即使放弃先手也要将其吃掉，这样可以永绝后患。

第四，谋和，当己方处于劣势时，要早作谋和打算，不能存在侥幸心理，寄希望于对方犯错误；谋和首先要保全仕（士）相（象），为了保全仕（士）相（象），有时甚至要舍弃其他的子；然后要扫光对方兵（卒），最后通过兑子，形成和局定式。

三、残局

残局有许多情况属于定式，或"胜"或"和"早有定论，只要双方应对正确，结果很难改变，虽然如此，但比赛时，由于心理因素，时间因素，难免出错，所以平时要多加练习，使各种残局了然于胸，以免忙中出错。

四、学习方法

学习中国象棋，要掌握正确的学习方法，能收到事半功倍的效果。学下象棋可通过以下三个步骤，循序渐进，逐步提高：

第一步，多下。或找人对弈，或借助计算机软件，人机对战；通过大量对局，熟悉各子的作用，了解各种开局，了解各种杀法。

第二步，打谱。在熟悉各子的作用，了解各种开局，了解各种杀法后，就要开始打谱。打谱可采用如下顺序，先打杀局谱，因为杀局谱矛盾集中，关键就是一、二步棋，容易掌握，同时，杀局谱又可以学以致用，实用性强，熟悉各种杀法对初学者尤其重要。有一定的杀棋功底后，就可以打全局谱了，通过打全局谱使初学者对开局、中局、残局有一个整体的认识。下面介绍一些适合初学者的全局谱：《适情雅趣》中的《金鹏十八变》，不拘泥细节，开局简洁，杀法有力，开局、中局、杀法一气呵成，是初学者的全局宝典，学之可受益无穷；《金鹏十八变》的另一个书名是《橘中秘》，另外还有《梅花谱》和《反梅花谱》，前者认为屏风马可破当头炮，后者认为当头炮可破屏风马，《梅花谱》和《反梅花谱》对于现代开局的理论和实践，都有极其重要的意义。现代开局理论认为，当头炮和屏风马旗鼓相

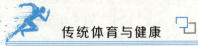

当，各有千秋。《梅花谱》又有王著（王再越）与吴著（吴梅圣）之分，二者各有特色。对全局有一定把握之后，再打开局谱、残局谱，最后可打排局谱。排局是象棋艺术的巅峰，是象棋艺术的高度抽象。

第三步，找高手挑战。与高手下棋，可以学到许多东西，与高手下完棋后，要注意复盘，这样才能真正学到东西。

第十二章　国际象棋

学习目标

知识目标
1. 了解国际象棋的起源，国际象棋的棋具；
2. 了解国际象棋的基本规则。

技能目标
能够进行国际象棋对战并学会欣赏国际象棋比赛。

素质目标
1. 能够提升大学生对国际象棋的认知；
2. 提高大学生的想象、思维能力，陶冶情操，培养顽强、坚毅和沉着冷静的性格。

课堂导入

大约两千年前，在印度曾发生过一场激烈的战争。战争过后，尸骨成山，血流成河，惨不忍睹。一个联盟人眼见这种景象，立即做了一块有六十四个格子的正方形棋盘，塑造了一些形态各异、戴盔披甲的将士作为棋子。他把战场上的战斗再现在棋盘上，终于把孔武善战、恃强好胜的国王、将军及婆罗门贵族们的兴趣吸引过来。从此以棋盘上智力较量，取代了战场上的血腥厮杀。

第一节　国际象棋概述

一、国际象棋的起源

国际象棋是如何产生的？这种古老而生气勃勃的智力竞技到底是哪一个国家、哪一个人的发明？西方的有些国际象棋爱好者，在对它的神奇魅力赞叹之余，无法知道它的发明者是谁，竟以为它是上帝赐给人类的礼物。这种说法，对于具有科学头脑的现代人来说，当然是无稽之谈。实际上，不能说国际象棋是哪一个国家、哪一个人的发明，而只能说，它是劳动人民的创造，人类智慧的结晶。它的产生、发展，和人类社会的发展是分不开的。据可靠的文字记载，国际象棋至少已有一千五百多年的历史。它是从古代印度一种称"恰图兰卡"的象棋，经长期流传演变成的。"恰图兰卡"在梵文里就是四样东西的意思。因此，"恰图兰卡"的棋子只有四种。这4种棋子是：步兵、骑兵、战车和大象。它们正好反映了古代印度军队的组成兵种。那时，大象可以在直线和横线上横冲直撞，走法同现在的车一样。随着时间的流逝，大象的这种走法才逐渐让给了车。贸易和战争，是"恰图兰卡"从印度流传开来的两条途径。传播路线大致是：印度—伊朗—中亚—阿拉伯国家—欧洲。到了文艺复兴时期，国际象棋在欧洲已经很风行了。经过大约一千年的漫长岁月，国际象棋开始具有我们现在见到的样子了，但是走法还不完全一样。那时兵的第一步只能走一格，到达底线时只能变后而不能变别的棋子；象只能在斜线一步走两格，后只能在斜线上一步走一格，很像中国象棋里的象和士，当时没有王车易位，也没有逼和。从20世纪开始，国际象棋开始有了正式的国际比赛。1924年，国际奥林匹克委员会将国际象棋列为奥运会正式项目，18个国家50多名棋手参加了在巴黎举行的第八届奥运会。比赛结束后三天，国际象棋联合会宣告成立，于是国际象棋运动的发展进入了一个新的阶段。

二、国际象棋的棋具

国际象棋棋盘是个正方形，由横纵各8格、颜色一深一浅交错排列的64个小方格组成。深色格称黑格，浅色格称白格，棋子就放在这些格子中移动。为了记谱，由下至上分为8行，分别记作1、2、3、4、5、6、7、8，从左到右分为8列，分别记作a、b、c、d、e、f、g、h；棋子共32个，分为黑白两组，各16个，由对弈双方各执一组，兵种是一样的，分为六种，白方第2行、黑方第7行8个相同的子为兵，黑方第1行从左到右分别为：车、马、黑格象、国王（简称王）、王后（简称后）、白格象、马、车；白方第8行从左到右分别为：车、马、白格象、王、后、黑格象、马、车。各子分值如下：兵＝1分；马＝3分；象＝3分；车＝5分；后＝10分。国际象棋棋盘如图12-1所示。

图12-1　国际象棋棋盘

三、记录符号及意义

（1）- 走到；（2）x 吃；（3）+ 将军；（4）++ 双将；（5）# 将死（杀）；（6）! 好棋；（7）!! 妙着；（8）? 坏棋；（9）?? 极坏的着法；（10）!? 激烈的着法；（11）0-0 王车短易位；（12）0-0-0 王车长易位；P=兵，N=马，B=象，R=车，Q=后，K=王。兵往往不需要用字母表示，一般省略。兵的升变，以"="后面紧接升变棋子的符号来表示。比如：fxg1=Q#，意思就是黑方 f2 上的兵吃掉 g1 格的某白子，升变为后，并且将死白方。

第二节 国际象棋的基本规则

一、走棋和吃子

（一）走子规则

（1）王：横、直、斜都可以走，但每着限走一步。

（2）后：横、直、斜都可以走，步数不受限制，但不能越子。它是国际象棋中威力最大的子。

（3）车：横、竖均可以走，不能斜走，一般情况下不能越子。

（4）象：只能斜走。格数不限，不能越子。每方有两象，一个占白格，一个占黑格。

（5）马：每步棋先横走或直走一格，然后再斜走一格，可以越子，也没有中国象棋中"别马腿"的限制。

（6）兵：只能向前直走，每着只能走一格。但走第一步时，可以最多直进两格。

（二）吃子规则

王、后、车、象、马的吃子规则与走子规则相同，所能走的格内有对方的棋子，轮到走时，可以将对方的棋子吃掉而占领该格；兵的吃子方法与行棋方向不一样，它是直进斜吃，即如果兵的斜进一格内有对方棋子，就可以吃掉它而占据该格。除了上面所有棋子的一般着法外，国际象棋中存在下面三种特殊着法：

1. 吃过路兵

如果对方的兵第一次行棋且直进两格，刚好形成本方有兵与其横向紧贴并列，则应着时，本方的兵可以横向吃掉对方的兵，同时前进一格，必须第一次应着立刻吃掉，否则这个权利就自行消失，如图 12-2 所示。例如：①a4 h5；②a5 h4；③ g4 b4；④axb6 cxb6。白方黑方都可以吃过路兵，白方（axb6）吃了过路兵，黑方放弃了吃过路兵的权利（cxb6）。

2. 兵的升变

任何一个兵达到对方底线时，即可升变为除"王"和"兵"以外的任何一种棋子。

图 12-2 吃过路兵

3. 王车易位

每局棋中，双方各有一次机会，让王朝车的方向移动两格，然后车越过王，放在与王紧邻的一格上。王车易位根据左右分为"长易位"和"短易位"（图 12-3～图 12-6）。

图 12-3 王车易位（长易位前）

图 12-4 王车易位（长易位后）

图 12-5 王车易位（短易位前）

图 12-6 王车易位（短易位后）

在下面四种情况下，王车易位不允许：①王或车已经移动过；②王和车之间有其他棋子阻隔；③王正被对方"将军"；④王经过或达到的位置受对方棋子的攻击。

✈ 二、胜负判定方法

一方的王受到对方棋子攻击时，攻击方称为"将军"，此时被攻击方必须立即"应将"，如果无法避开将军，王即被将死。除"将死"外，还有"超时判负"。

出现以下情况，算和局：①一方轮走时，提议作和，对方同意；②双方都无法将死对方王时，可判和；③一方连续不断将军，对方王却无法避开将军时，成为"长将和"；④轮到一方走棋，王没有被将军，但却无路可走，成为"逼和"；⑤对局中同一局面出现三次，而且每次都是同一方走的，判为和局。

第三节 国际象棋的基本技术

一、开局简介

开局分为开放性开局、半开放性开局和封闭性开局三种。细分起来开局有百种之多，下面将开放性开局、半开放性开局和封闭性开局各介绍一个。

（一）意大利开局

流行开局，开放性开局，白方有弃兵攻击的机会。

1. e4 e5 2. Bc4 Bc5 3. Nf3 Nc6 4. b4 Bxb4 5. c3 Ba5 6. Qb3 Qf6 7. 0-0 Bb6 8. d4 d6 9. dxe5 Nxe5 10. Nxe5 dxe5 11. a4 a6 12. Kh1 Ne7 13. f4 Be6 14. a5 Bc5 15. Qxb7 0-0 16. fxe5 Qg6 17. Nd2 Bxc4 18. Nxc4 Qe6 19. Qb3 Rab8 20. Qa4 Nc6 21. Bf4 Rb5 22. Rad1 Ba7 23. h3 h6 24. Rd5 Rxd5 25. exd5 Qxd5 26. Ne3 Bxe3 27. Bxe3 Nxe5 28. Bf4 Rd8 29. Bxe5 Qxe5 30. Qc4 Rd5 31. Qxa6 Rxa5 32. Qc4 Rd5 33. Qb3 g6 34. Qc4 Kg7 35. Qb3 Qe4 36. Qa2 Qd3 37. Rf3 Qe4 38. Rf1 h5 39. Qb3 Qd3 40. Kg1 Rd7 41. Qb4 Qe3+ 42. Kh1 Rd5 43. Qb3 Qd3 44. Kg1 c5 45. Qb7 Qe3+ 46. Kh1 Qe6 47. Qc7 Rg5 48. Qf4 Rf5 49. Qc1 Re5 50. Qd1 Re2 51. Qd3 Qe4 52. Qg3 Re3 53. Qf2 f5 54. c4 Rxh3+ 55. Kg1 Re3 56. Rd1 Re2 57. Qg3 Qe5 58. Qh4 Kh6（图12-7）。

（二）法兰西防御

流行开局，半开放性开局，中心可能封闭，但是黑方能在后翼形成反击。

1. e4 e6；2. d4 d5；3. Nc3 Nf6；4. Bg5 dxe4；5. Nxe4 Nbd7；6. Nf3 h6；7. Nxf6+ Nxf6；8. Bxf6 Qxf6；9. Bb5+ c6；10. Bd3 Bd7；11. Qe2 c5；12. Qe4 Rb8；13. Ne5 Bd6；14. f4 cxd4；15. 0-0 Bxe5；16. fxe5 Qg5；17. Qxd4 Bc6；18. Be4 0-0；19. Bxc6（图12-8）。

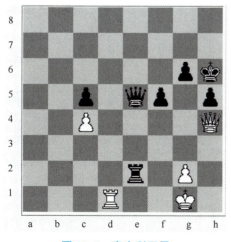

图12-7 意大利开局

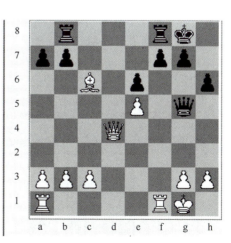

图12-8

（三）古印度防御

流行开局，封闭性开局，变化复杂，黑方反击力量大。

1. d4 Nf6；2. c4 g6；3. Nc3 Bg7；4. e4 d6；5. Nf3 0-0；6. Be2 e5；7. 0-0 Na6；8. d5 Nc5；9. Qc2 a5；10. Bg5 h6；11. Be3 b6；12. Nd2 Ng4；13. Bxg4 Bxg4；14. b3 f5；15. f3 Bh5；16. a3 f4；17. Bf2 Na6；18. Qb2 g5；19. b4 g4；20. fxg4 Bxg4；21. Nf3 Bf6；22. Kh1 Kh7；23. Rab1 Rg8；24. Bg1 Qd7；25. Qe2 Rg7；26. Qd3 Rag8；27. Rb2 Bh5；28. Ne1 Bh4；29. Nf3 Bf6；30. Ne1 axb4；31. axb4 Bh4；32. Bf2 Bxf2；33. Rfxf2 Qc8；34. Nf3 Qd8；35. Ne2 Nb8；36. g3 Nd7；37. Rg2 Qf6；38. Rb3 Qg6；39. Rb1 Nf6；40. Nc3 Qg4；41. Rf1 Qh3；42. Ne2 fxg3；43. Nfg1 Bxe2；44. Nxe2 Nh5；45. Qf3 Rg5；46. Qe3 R8g7；47. Rf5 Rxf5；48. exf5 Qxf5；49. hxg3 Nf6；50. Nc3 Qf1+；51. Qg1 Qxc4；52. Qb1+ Rg6；53. Qc2（图12-9）。

二、中局战术

（一）盘面形势评估

对盘面形势进行以下几个方面的评估：

（1）王安全吗？王周围的兵阵足够抵挡可能的进攻吗？如果出现弃子把王暴露出来，有足够子力保护它吗？底线有保护吗？如果任一问题的答案是"不"，就应该严重关切做好预防了。同样以这种方式去审视对手的王。如果你认为对手的王比你自己的不够安全，就应该进攻而不是防守。黑棋的王值得特别留意，尤其是没有车保护他的底线。另一要点是黑后缺乏保护。但如果不假思索地 1. Rxh1 Nh5，黑后就安全了，事实上黑后是无法逃脱的。1. gxf6！Rxd1；2. Nxd1！Qxd2 现在黑 a5 后受攻，g7 象也受攻，黑后只好吃白后。3. fxg7！！（白 g7 兵准备升变叫杀）黑棋认负了（图12-10）。

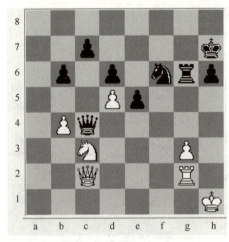

图12-9 古印度防御

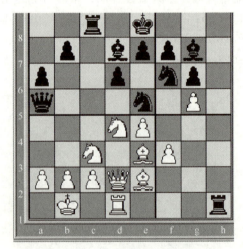

图12-10 王安全吗

（2）子力和兵的位置恰当吗？对你的子力和兵全部检查，一切需要保护的必须首先关注。同样检查对手的子力和兵，检查你是否能立刻消灭或攻击某个敌军。总是要寻找目标，一切无保护或保护薄弱的子力都是进攻的目标。

（3）子力机动性好吗？子力间密切配合很重要。除非有具体目标或正在转移过程中，不要把子力放在棋盘边角。努力指挥整个部队而不是单一子力。多数情况下应将子力置于中心以比在边角攻击更多格子。时刻留神把更多力量投入行动。机动性往往比物质力量更重要。

（二）制订计划

事前计划是对弈过程中非常重要一环。19世纪最伟大的棋手之一奇戈林曾经说过："哪怕是拙劣的计划也比完全没有计划好。"正确的计划能挽救糟糕局面，而错误的计划能毁坏良好局面。不管你选择了什么计划，注意棋步次序很重要。在更进一步之前总要检查战术状况。战术支配对局。要尽可能向前看更多步棋。总是问一问自己：如果我执行计划，会发生什么？我能得到物质或局面优势吗？如果答案是否定的，那就需要制订另一计划。

健康篇

머리말

第十三章 体育与健康

学习目标

知识目标

1. 了解体育保健的意义、目的与任务；
2. 能够了解体育保健的指导原则、内容和方法。
3. 能够了解运动中常见的生理反应、运动创伤及其处理方法。

技能目标

能够学会常见的生理反应、运动创伤的处置方法。

素质目标

能够科学合理运用体育与健康知识，指导自身进行体育锻炼，达到增强体质、增进健康的最佳效果。

课堂导入

党和政府已经把体育运动摆到了关乎健康中国建设全局的战略高度，体现了体育运动在提升国民健康水平和社会文明程度方面的重要作用。体育保健学作为体育科学的一个分支，研究体质与健康教育及体育运动中的保健规律和措施，运用医学保健的知识和方法，对体育运动参加者进行医务监督和指导，使体育锻炼能更好地达到增强体质、增进健康和提高运动技术水平的效果。体育保健工作对于促进全民健康、提高生活质量、对抗生活方式转变的负面影响具有重要意义，是构建健康中国的重要组成部分。

第一节 体育保健学概述

体育保健学是人体保健学的一个分支，它是研究体质与健康教育及体育运动中的保健规律和措施的一门应用科学。

一、体育保健学的意义

体育保健对我国保健事业的发展具有重要的现实意义。"发展体育运动，增强人民体质"，是我国的一项基本国策。学校体育是全面发展教育不可缺少的组成部分，是整个国民体育的基础之一，对培养合格的"四化"人才，增强全民族的身体素质，建设社会主义精神文明都具有重要作用。体育保健学是研究人体在体育运动过程中保健规律与措施的一门应用科学。体育保健有利于目前普通专科学校（或中专学校）体育教学质量和体育训练水平的提高，是体育教师制订教学计划和备课的科学依据之一，结合学校体育特点及学生身体发育特征，正确认识人体保健基本理论和基本知识，科学地处理影响体质与健康的各种因素之间的内在联系，合理地运用"运动"应激因子的作用，可以达到增强体质、增进健康的最佳效果。

二、体育保健学的目的

体育保健学的目的是根据人体生命活动的基本特征和影响人体生命活动的各种因素之间相互制约的内在联系，以及学校体育要使受教育者终身受益的要求，掌握人体保健的基本理论和基本知识，掌握人体在体育运动中的保健规律和措施，掌握不同性别、不同年龄阶段人群的体育保健特点和要求，为从事体质与健康教育工作、指导人们从事符合生理规律的运动，提供理论依据和有关知识与技能。

三、体育保健学的任务

体育保健学是运用解剖学、生理学、心理学、营养学、卫生学、养生学和有关临床医学的知识和技能，从事以下三方面的研究工作：①研究影响体质与健康的各种因素及其内在联系，研究评价体质状况和健康水平的指标体系；②研究体育运动参加者在运动过程中机体产生一系列适应性变化的基本规律，研究在运动过程中影响身心健康的各种因素和运动性伤、病发生规律，以及常见运动性伤、病的防治措施，并给予保健指导；③研究儿童、少年、女子以及中老年的保健特点和要求。

四、体育保健的内容

根据目前普通高职高专体育教学的特点和实际，我们对体育保健的内容有所选择，它包含以下几个方面：①阐述体质与健康的概念和评价指标，以及影响体质与健康的各种因素及其内在联系；②阐述运动对增强体质、增进健康的作用；③阐述在体育运动过程中进行保健指导的意义、作用和内容；④阐述各种运动损伤产生的原因、预防原则和措施，以及常见损伤的机理和检查、处理方法；⑤阐述按摩的基本理论、应用手法，以及按摩在体育运动、日常保健、伤病治疗实践中的应用；⑥阐述儿童、少年、女子、中老年体育锻炼的运动保健特点和要求。

学习体育保健，必须根据培养目标的要求以辩证唯物主义的观点，正确处理局部与整体、结构与功能、机体与环境、先天与后天、内治与外治、继承与发展的辩证关系；在重视理论知识学习的同时，注意加强实践能力的培养；在接受国内外新知识、新技术的同时，注意继承中国传统的养生理论和方法；贯彻预防为主的方针，发扬"救死扶伤实行革命人道主义"的精神，不断总结经验，提高学术水平和解决实际问题的能力，为增强学生体质和增进全民族的健康作出贡献。

第二节 体育与健康指导

一、体育保健的指导原则、内容和方法

（一）体育保健的指导原则

1. 科学性原则

体育是一门科学，体育保健要按照体育的具体内容进行。人们进行体育教学和各种体育锻炼，都必须有科学的方法和手段，才能达到体育教学和体育锻炼的目的，收到良好的保健效果。

2. 因人而异原则

人的身体状况差异是很大的。在锻炼时应根据自己的健康状况和原来锻炼的基础，选择适合自己的项目和方法。锻炼要量力而行，不要勉强，应在体育老师的指导下制定锻炼计划。身体有慢性病的同学，也不要轻易免修体育课或不参加体育锻炼。应根据病情和体力适当安排体育活动，如散步、打简化太极拳等。

3. 循序渐进原则

锻炼时应按照人体机体适应性规律以及超量恢复的原理，合理安排锻炼的步骤，运动量由小到大，运动项目由少到多，运动技巧由易到难，运动时间由短到长。突然承担很大负荷会导致过度疲劳，突然从事高强度动作会发生运动伤害，因此应该力戒。

4. 体育卫生原则

体育卫生是指运动要科学、安全，有利于身体健康，不要出现与锻炼目的相反的结果。体育卫生的要求很多，如运动前要做好准备活动；运动中要动静结合、做好保护；运动后要做整理活动，还有运动负荷要合理；运动环境要安全卫生、运动营养要科学等等。

5. 遵循人体变化规律原则

遵循人体变化规律原则人体在儿童、少年、中年、老年各个时期的生长发育有很大不同，因此，体育教学和体育锻炼必须综合人体生理特点变化的规律进行。这就要求体育工作者和进行体育锻炼的人们充分了解人体在各个时期生长发育的生理变化。

（二）体育保健的指导方法

随着群众性体育运动的广泛开展和运动技术水平的不断提高，以及体育保健和卫生科学的飞跃发展，保健指导的方法也更加广泛和深入。其基本内容和方法有以下几个方面：

1. 体质测试与健康检查

其目的是了解青少年学生和体育活动参加者的身体发育状况、健康状况和生理功能水平，以便合理地安排体育教学、训练和比赛，并为体育教学的健康分组提供科学依据。健康检查应在新生入学时进行，以确定参加体育活动的健康分组。在调整健康分组时，或运动员

参加重大比赛前以及伤病痊愈后重新参加训练前，都应进行健康复查或补充检查。

2. 体育教学和运动训练的医学观察

定期或有针对性地对体育教学课或训练课进行医学观察，通过观察以及测定的生理负担量和一些客观生理指标，了解学生的训练水平和对运动负荷的适应情况，以评定体育教学课或训练课的运动负荷和运动强度安排是否合理，以及运动负荷对学生机体的影响程度，为合理安排运动负荷，改进体育教学和训练工作提供依据。此外，还应检查运动场地设备，学生的服装、鞋子是否符合卫生学要求，预防运动损伤的安全措施是否落实，以及贯彻个别对待原则的执行情况等。

3. 训练和比赛期的保健指导

训练和比赛期的保健指导包括运动员的健康检查，生理功能和身体训练水平的检查和评定，运动训练和比赛的卫生监督和指导，训练和比赛安排的合理性检查，运动前、运动中和运动后的保健措施以及比赛期间一些特殊保健问题的处理。

4. 运动性伤病的防治

研究体育活动中运动损伤和运动性疾病的发生原因、机制、规律、治疗和康复措施以及伤病后的训练安排等，并制订相应的安全和预防措施。对体育教学、训练和比赛中发生的运动性伤病，建立登记制度，以便总结经验，吸取教训，以减少伤害事故的发生。

5. 对学生的营养状况进行监测

了解学生的健康状况、生理功能、运动能力、疾病与营养的关系，对膳食中存在的问题提出改进意见。对训练和比赛期间的膳食安排和饮食卫生提出建议和指导。

6. 运动环境和场地设备的卫生监督

检查教学、训练和比赛的场地设备是否符合卫生要求，评价运动环境对学生和运动员的健康及运动能力的影响程度，从中发现问题，找出隐患，并提出相应的改进建议和处理措施。对检查和评价的情况应记录在案。

7. 建立自我监督制度

参加课余运动训练的学生和运动员，应经常进行自我监督，结合训练日记，填写自我监督记录表或卡片，体育教师、教练员或保健人员应定期审查自我监督记录材料，发现问题要及时处理。

8. 日常的体育卫生宣传教育

利用广播、图片、黑板报、电视、录像和幻灯，向青少年学生和运动员宣传体育卫生保健知识，宣传体育的健身作用，鼓励他们积极参加体育活动。开展体育卫生保健咨询，解答体育活动过程中的有关医学问题，并指导他们科学地从事体育锻炼。

二、体育课的保健指导

（一）体育课的健康分组

1. 健康分组的依据

分组的依据主要有以下几个方面：①健康状况：根据学生的既往病史和对身体各系统的生理功能检查，确定其合适的体育活动项目和适宜的运动负荷；②身体发育状况：根据学生的身高、体重和胸围等生长发育指标以及身体发育上有无缺陷的情况，综合评定其身体发育程度，得出身体发育良好、中等或差的结论，确定其参加体育活动的适宜组别；③生理功能状况：采用各种生理功能检查器，确定各系统的功能水平，重点是心血管系统的功能状况，以及呼吸系统、运动系统和神经系统的功能状况；④运动史和身体素质状况：通过询问运动史和对学生进行全面身体素质测试，了解其过去的运动习惯、参加运动的年限、成绩水平、运动伤病情况；同时，通过了解其身体素质发展水平，评价运动能力，得出相应的结论作为分组的依据之一。

2. 健康分组的方法

根据学生的健康状况、身体发育水平、生理功能状况以及运动史，在体育教学中一般可分为三个组别，各组的分组标准和参加体育活动的内容与要求有所不同。①基本组：凡身体发育及健康状况无异常者，或者是身体发育和健康有轻微异常（如龋齿、轻度扁平足等）而功能检查良好，且有一定锻炼基础者，可参加基本组。凡参加此组的学生，应按体育教学大纲的要求进行锻炼，并要求他们在一定的时间内，通过国家体育锻炼标准，同时，也可从事业余专项训练和参加体育比赛；②准备组：具有下列情况者可参加准备组，即身体发育和健康状况有轻微异常，功能状况虽无明显不良反应，但平时较少参加体育活动且身体素质较差者，可编入准备组。此组学生可按体育教学大纲的要求进行锻炼，但进度应放慢，活动强度和运动负荷也要减少，不宜参加运动训练和激烈的体育竞赛活动。在参加全面的体育锻炼，生理功能和身体素质逐渐提高的基础上，可以参加国家体育锻炼标准达标测验；③医疗体育组：身体发育不良或健康状况明显异常（如病残者等），虽能参加文化学习，但不能按体育教学大纲的要求进行活动者可编入此组。参加医疗体育组的学生，不能按正常的体育教学大纲内容进行锻炼，而必须按特殊的体育教学大纲进行医疗体育活动，以帮助其治疗疾病，恢复健康。

3. 健康分组的注意事项

健康分组一般应在新生入学初，在体格检查（初查）的基础上，由校医和体育教师协商共同确定组别。经过一定时期的锻炼后（一般是一个学期），再根据学生健康状况和功能水平的变化进行调整。原属医疗体育组和准备组的学生，如经过一段时间的锻炼后，健康状况和功能水平提高了，原有疾病逐渐好转或痊愈，就可转入准备组和基本组。原属基本组和准备组的学生，由于各种原因引起健康状况下降，就应转入准备组或医疗体育组。

调整组别一般在每学期或每学年的体格复查后进行。个别学生如需要时，可根据具体情况，由体育教师和校医取得联系，经补充体检后可提前转组。如分组发生困难时，可暂时将其编入较低的一组，经过一段时间的观察，根据主观感觉和客观检查材料，再确定组别。

体格检查时，某些学生由于精神紧张、疲劳、发烧或其他原因，往往出现功能异常反应，在这种情况下，不宜匆忙确定组别，可改期进行功能检查，予以鉴别。

分组确定后，要定期观察和检查分组是否恰当，尤其是医疗体育组的学生更应加强保健指导。

4. 体育锻炼的禁忌证

患有下列疾病者不应参加体育锻炼，如体温升高的急性疾病、各种内脏疾病（心脏、肺脏、肾脏、肝脏和胃肠疾病）的急性期、凡具有出血倾向的疾病（肺结核、咯血、消化道出血以及急性软组织损伤后的出血阶段）、恶性肿瘤等。

5. 几种常见疾病患者的健康分组

①心脏异常者：常见的心脏异常征象是心脏杂音。对心脏杂音应进一步区别是病理性还是生理性杂音，以便确定组别；②血压增高：对血压增高的人，特别是青少年学生，首先要分析是否受精神因素的影响，其次是从病史中找原因；③肺结核：对肺结核患者进行健康分组时，除考虑病变的类型和现有体征外，还需了解机体的代偿功能水平；④关节风湿症：运动后关节疼痛或关节肿胀者，列入准备组；关节虽无改变，但运动后或阴雨天均有疼痛者，也可暂时列入医疗体育组。

（二）体育课的医学观察

1. 医学观察的意义

通过体育课的医学观察，可以了解学生的健康状况，以及机体对运动量和运动强度的反应，评定运动量是否适宜。了解体育课的组织方法是否合理，运动环境和场地设备是否符合卫生要求。总之，从事医学观察的目的在于改进体育教学工作，提高教学质量，使体育锻炼能达到最佳效果。

2. 医学观察的内容和方法

医学观察的内容和方法，取决于体育课的具体任务和检查的目的。一般可检查几个人，挑选健康状况相同，但身体素质和功能状况不同的学生进行观察和比较，以了解体育课对不同学生的影响。具体的内容和方法有：①观察教学过程中学生的机体反应。包括课前询问学生的自我感觉，测定脉搏、血压、肺活量和呼吸频率等生理功能指标；在体育课的各个部分结束后，或某个练习开始前或结束后，测量脉搏等指标，并观察某些外部表现（如面色、神情、动作和出汗量等），以确定疲劳程度；体育课结束后立即进行检查，内容同运动前，同时询问学生在运动过程中和运动后的自我感觉；课后10~15分钟，还可进行补充负荷试验。有条件的学校，也可检查学生课后恢复期的机体情况，如询问自我感觉，测量脉搏、血压、呼吸频率、肺活量和体重等指标；②观察课的组织和教法。了解课的任务、内容和组织教法（包括保护和帮助），还应记录课的时间、学生人数、组织纪律性和运动成绩；观察是否遵循循序渐进性、系统性、全面性和个别对待的教学原则；观察对健康状况较差或有某些生理缺陷的学生，是否按健康分组的原则进行分组教学；观察教师是否重视安全教育，课的安全防范措施如何；组织测定课的生理负担量等；③观察和检查运动环境、场地设备的卫生条件。包括运动场所的环境是否清洁卫生，有无污染和噪音；运动场地器材设备的卫生状况，是否安全以及器械安放地点是否合理；学生的穿着是否符合卫生要求；室内场馆的通风、照明条件和空气温度、湿度等情况。对运动环境和场地设备的检查应在每一次上课前进行。

3. 医学观察结果的评定

根据医学观察的内容，应对检查结果进行全面的分析与评定，主要是以体育课的生理负担量和学生的身体疲劳程度为依据。

（三）体育课生理负担量的测量与评定

测量体育课的生理负担量，可以了解运动负荷的大小以及机体对运动负荷的生理反应，据此评定学生的身体功能水平。运动负荷的大小取决于强度、密度和时间三个因素，其中强度和密度是两个重要因素，尤以强度因素更为重要。

1. 测量生理负担量的方法

通常是记录被测对象安静时（课前）、准备活动结束时、基本部分结束时、整理活动结束时和课后 10 分钟的脉率，然后绘制体育课的脉率变化曲线图，根据曲线图的变化，分析体育课的生理负担量是否合理。

实际工作中，如按课前、开始部分、基本部分、结束部分和课后 10 分钟几个部分测脉搏，由于次数太少，不能确切反映课中脉率的真实变化，所以，为了比较真实和客观地反映课的生理负担量，应多测几次脉率，再根据脉率计算出课的不同阶段的生理负担量和平均负担量，以及整个课的生理负担量是否合理。

2. 生理负担量测量结果的评定

体育课的生理负担量，应根据人体生理和功能活动变化的规律，随着体育课的进行，逐渐加大运动量，到体育课结束前又要逐渐减小运动负荷。因此，在一堂体育课中，随着体育课的进行，脉率应呈上升趋势（呈波浪式的），到基本部分（中期或偏、后）应达到最高峰，脉率约在 160~180 次/分钟，体育课结束前脉率就开始下降，并在课后 10 分钟内恢复正常。如果曲线太高，最高脉率达 180 次/分钟以上，恢复时间太长，说明运动负荷太大或者机体功能状况不良。如果曲线不高，到课的结束部分即已恢复，则可能是运动负荷太小。

三、早锻炼和课外活动的保健指导

（一）早锻炼（早操）

早锻炼（早操）是在每天清晨起床后至上午第一节课前进行的体育活动。早锻炼可以迅速消除大脑皮层因一夜睡眠而形成的抑制，活跃各器官系统的功能，振奋精神，以充沛的精力和愉快的情绪，开始新的一天的学习生活，从而提高学习效率。同时，经常在清新的空气中进行适当的早锻炼，能增强体内的新陈代谢，提高机体的工作能力，对增进健康，增强学生体质有显著的作用。

早锻炼的项目和内容，应根据不同的年龄、性别、健康状况和季节而定，一般应以学生比较熟悉的、简单易行的活动内容为主，如广播操、慢跑、拉韧带、武术基本功和套路等。

早锻炼的时间不宜过长，以 20~30 分钟为宜，运动负荷也不宜过大，并避免作一些剧烈的运动或比赛。早锻炼后有出汗应及时擦干，冬天在室外进行早锻炼时应有御寒用品。早锻炼后至早餐应有一定的时间间隔。

（二）课间操

课间操一般安排在上午第二节课后至第三节课前进行。课间操的主要作用是通过身体锻炼这一积极性休息方式，帮助学生消除学习过程中产生的疲劳，防止因长时间坐着或单一的身体姿势导致身体畸形发育，促进身体的正常发育。同时，还能激发学生活泼愉快的情绪，松弛神经，使之精神愉快地投入再次学习，提高学习效率。

课间操的时间一般是 10~15 分钟，内容以广播操为主，也可安排视力保健操、徒手操和轻器械练习。根据季节变化或实际需要也可安排一些简单易行的活动内容，如武术、跑步、健美操和游戏等。

（三）课外活动

课外活动是体育课的补充和加深。通过丰富多彩、生动活泼的课外体育活动，可使处于紧张学习状态之中的大脑得到充分的放松，巩固和提高体育课所获得的知识和技能，养成学生自觉锻炼的习惯，增强体质。同时，课外活动也是提高学生身体素质和锻炼心肺功能的主要活动时间。

由于参加课外活动的学生人数多，内容多，如安排不当，容易发生伤害事故，造成不良影响。所以，为保证课外活动有条不紊，安全实效，事先应做周密安排，做到定时、定内容、定场地器材和定辅导人员。体育教师应事先检查场地器材的安全程度，做器械练习时，要安排人员保护帮助。运动前要做好充分的准备活动，教育学生遵守纪律，采用科学的锻炼方法，预防运动伤病的发生。

四、运动训练和比赛期的保健指导

运动员在训练和比赛期间，神经系统处于高度紧张状态，心血管和呼吸系统及内分泌系统等功能状态均处于较高水平。某些运动项目在紧张的训练和比赛期间，还可能对机体带来某些不利的影响，因此，除了要求运动员在训练和比赛期中要有顽强拼搏的意志、强健的身体、良好的训练水平和最佳的竞技状态外，还必须加强保健指导，以积极预防运动性伤、病，促使运动成绩得到不断的提高。

五、课余运动训练的保健要求和措施

学校课余运动训练是学校体育的有机组成部分，也是课外活动的一项重要组织形式，它能活跃学生的课余生活，培养体育积极分子，也能为国家发现和培养体育后备人才，推动学校群体活动的开展。

（一）课余运动训练的保健要求

1. 参加课余运动训练的健康要求

基本组的学生，即身体发育和健康状况正常，功能检查良好，并在某些运动项目上有特长的学生参加运动队，进行课余运动训练。

2. 遵循运动训练的卫生原则

课余运动训练的项目、内容以及训练方法和手段，应符合学生的性别、年龄特点，符合学生的生理和心理特点。

3. 合理安排训练负荷

训练时，体育教师和教练员要根据学生的机体承受能力，即学生在不同发育阶段的心血管系统和呼吸系统等功能合理安排训练负荷。

4. 预防运动性疾病

学校课余运动训练中要重视对学生的安全教育，加强运动场地设备的安全检查，尽量减少或避免伤害事故的发生。

5. 加强对女生的保健指导

课余运动训练要照顾到已来月经女生的生理特点，月经期训练要减小运动负荷和运动强度，对经期出现病理性反应的女生，停止课余运动训练和比赛。

（二）课余运动训练的保健措施

1. 医学检查

对参加课余运动训练的学生，训练前必须进行医学检查，包括身体发育、皮肤、身体形态以及心、肺、肝、肾等身体主要器官等。发现有病症的学生，停止训练，进行医治。

2. 定期的生理功能检测与评定

对参加课余运动训练的学生，要经常或定期地监督和检测他们的身体功能状况，常测的指标有脉搏、血压、肺活量、呼吸频率、握力、心电图等。判断学生的身体功能水平，了解肌体对运动量的适应能力。

3. 日常健康监督

参加课余运动训练的学生，一般要写训练日记和自我监督记录。体育教师也可在训练课前、中、后测量脉搏、血压和肺活量等简易指标。摸清学生承受训练负荷的情况及女生训练时的情况，以便安排训练内容和正确掌握运动量。

4. 建立运动伤病登记制度

课余运动训练发生的运动损伤，应有运动损伤记录。要分析运动损伤和运动训练的关系，分析运动损伤发生的原因和机理，从而找到预防运动性伤病的有效方法，保证课余训练的正常进行，并为提高训练水平提供保证。

六、心理健康保健指导

（一）心理健康保健的概念

心理健康保健也称自我心理健康保健，它是根据自身的心理状况（在保健医生的指导下或在外界因素的影响下），预防心理疾病，促进身心健康，提高心理素质，更加完善自己，挖掘自己的潜在能力，进行自我调节，提高自身修养，逐渐形成平常的心理、健康的身心、知足的心态、舒畅的心情的过程。我们每一个人在生活和工作当中有意或无意地就进行了心理保健。为了保障人们的健康心理状态，必须要进行心理保健。心理保健可以通过心理卫生科普宣传、讲课及定期心理咨询等方法进行。

（二）心理健康保健的原因

作为社会中的每一个人，由于性别、年龄、心理特性、职业、所处环境等差异，就决定了人们在生活和工作中不同的心理状态。有些人随着岁月的流逝，自身的生理规律变化，产生心理波动，伴随情绪异常，出现焦虑、抑郁、强迫、偏执等；有些人心理扭曲不理智，作出于人于己不利之事；也有些人产生病态心理做出危害社会之事，甚至走向犯罪的道路。因此，我们有必要进行心理保健。

（三）心理健康保健的原则

（1）保持自我意识良好原则。自我意识就是对自己、对"我"的认识。自我意识良好的核心，就是做到自知和自爱。自知就是通过自我观察、自我评价，来了解自己能力的真实水平，对各种行为都要"量力而行"。自爱就是爱惜自己，保护自己，重视自己。

（2）保持社会功能良好原则。所谓社会功能良好，即对社会适应自洽自如。

（3）保持良好的人际关系原则。在与人交往时应注意：真诚的鼓励和赞美，而不是阿谀奉承；从团结的愿望出发，善意地指正；尊重他人人格，不把意见强加于人。

（4）要积极参与劳动实践原则。劳动促进个体的发展，包括躯体和心理两方面。通过劳动实践从而保持和现实的紧密联系，通过劳动实现理想，纠正不切合实际的空想，并在劳动中增进人们的友谊。

（四）大学生的心理健康保健指导

作为社会的娇子——大学生将从幼稚走向成熟，怎样做好心理健康保健呢？应根据他们的具体情况进行。

1. 大学生心理发展的特点

大学生，其年龄一般在18~23岁，他们有自己的独特性，已不再满足于形式逻辑思维的水平，而是继续走向更高一层的思维水平，即辩证思维。其特点是：

（1）对问题的思考不限于寻求原因与结果的逻辑关系，而是把由经验决定的合理性判断也引入思考过程中，并把它当作重要的标准来使用。

（2）辩证思维能力的发展取决于自我调节能力和目的感的发展。所谓自我调节能力，是指个人把现有的心理结构更系统地运用于新知识体系和新的环境中。

（3）大学生的自我同一性（指与生活的价值、目标和职业方向以及适应环境等有关的问题）已更趋完善。

（4）大学生的智力发展通常比较好，不存在智力低的问题。

同自我同一性的发展特点相联系，大学生通常会从自己的兴趣、爱好、价值观等内在性的人际关系要素出发，建立起自己的同伴群体。

（5）考试焦虑是影响大学生心理健康的普遍性问题。所谓考试焦虑，是指与入学考试、智能测验、学业测验等相关的焦虑，它是一种急性焦虑。考试焦虑在大学生中普遍存在，并时常危害大学生的心理健康。

（6）大学生的自我评价存在光环效应。所谓自我评价的光环效应，是指个体因受过去成功经验或过度赞扬的影响而产生对自己的能力等认识偏高的现象。

（7）大学生的价值准则倾向于理想化。大学生的价值准则类型以接受式为主，即价值准则的经验内容主要由间接经验支持，而较少由直接经验支持。

2. 大学生所面临的心理冲突

大学生心理发展正在迅速走向成熟，而又未达到真正的成熟。既存在积极面，又存在消极面。正是在解决这些矛盾、冲突的过程中，大学生的心理才进一步成熟起来。

大学生所面临的心理冲突主要有以下几种类型：

（1）依赖性与迅速发展的独立性之间产生的一种现实的矛盾冲突。

随着自我意识的增强，特别是离开家庭、渴望走向独立生活，自信心、自尊心、独立意识都有很大提高，但仍处于一靠家庭、二靠学校的状况。因此，大学生一方面有着强烈的独立意识，另一方面又有着显著的依赖行为。

(2) 理想与现实的冲突。

大学生由于文化层次较高，其悟性和智能都是同龄人中的佼佼者，较之一般年轻人，更富有理想性。然而，理想与现实是有距离的，由于社会经验的缺乏，自我评价能力的不足，当理想受挫，不能化为现实时，会引发许多心理上、情感上的苦恼，进而产生强烈的心理冲突。

3. 大学生心理健康的标准

根据大学生的心理特点和世界心理卫生协会所提出的心理健康标准，我们把大学生的心理健康标准确定为5个方面，即情绪稳定性标准、焦虑标准、人际关系和谐性标准、对现实感知的充分性标准、心理适应性标准。这与上述所讲一般人的心理健康标准相一致，不过大学生心理健康标准更具体化。

一个心理健康的大学生一般心境良好、愉快、乐观、开朗、满意等积极情绪状态占主导，但同时又能随事物对象的变化而产生合理的情绪变化。所谓合理的情绪变化是指，当有了喜事时感到愉快，遇到不幸的事时产生悲哀的情绪。此外，还能依场合的不同，适当地控制自己的情绪。

4. 大学生的心理健康保健指导

大学生是社会发展不可缺少的栋梁，大学教育是提高他们的文化素质和道修养德的重要阶段。对他们的身心健康发展起到不可估量的作用。

大学生虽是同龄人中的幸运者和佼佼者，但在学习生活中会遇到种种矛盾和困难、挫折和烦恼。由于在心理上还未成熟，认识问题、自我调节和自我控制能力还不强，在处理面临的矛盾和冲突时，往往会因为遇到挫折和障碍，而产生忧虑和烦恼，造成心理压抑和心理紧张，出现种种心理问题。大学生的心理健康保健，包括两个方面，即自我心理健康保健和健康心理的培养。

（1）大学生的自我心理健康保健，一般可以采用压抑、文饰、投射、转移、补偿、升华、正视等方式进行自我健康保健。

①压抑方式，指个体尽量将过去遭受的失败引起的痛苦、焦虑等深理心底，避免正视它们，"让一切痛苦都消失在时间中"。例如，对自己过去的失败行为带来的痛苦，可采用忘却的办法，开始新的生活。

②文饰方式，指当个体有过失和遇到失败的事件时，尽量进行外部归因，即把事情发生的原因推给自身以外的一些因素，以缓解自己的痛苦。

③投射方式，这又是一种消极型方法，指把自己内心一些不能得到社会允许的冲动、态度、行为等转移到他人身上，以减少自身的压力。

④转移方式，指当个体遇到无法克服的困难或无法实现的目标时，尽量转移到难度小或比较容易实现的目标上，以便减少自己的精神负担。

⑤补偿方式，指当一个人在某一（或一些）方面受到挫折时，尽量以其他方面的成功来弥补，从中找到自信，以减轻自己的精神压力。

⑥升华方式，指当个体原有的冲动或欲望不能实现或不可能得到社会的允许时，就将它们改变成社会许可的形式，或者用更崇高的、具有创造性和建设性的、有利于社会的活动表现出来。如人们常说的"化悲痛为力量"就是典型的升华。

⑦正视方式，指当一个人面临焦虑情境时，不是一味地采取逃避态度，而是寻找理由说

服自己去正视它，并以主动的方式去克服它；或者采取放松情绪的方法，如找朋友倾诉自己内心的苦恼；或者使用一些应急措施，比如加强自身修养、提高自己的能力、付出更多的努力等，以便能从根本上解除苦恼或焦虑。

（2）大学生健康心理的培养

①掌握一定的心理卫生知识

大学生已经开始走向成熟，自我意识已基本建立，对他们来说，最重要的教育是自我教育。因此，每个大学生都应增强心理卫生意识，了解心理卫生的知识，而不应使自己在这方面存在盲点。了解了心理卫生知识，就等于拿到了通往健康心理的钥匙，在必要时就可以进行自我调节。

②建立合理的生活秩序

许多大学生是头一次离家独自生活，一时间似乎得到了许多的"自由"。不过，如果滥用这种"自由"，或随心所欲，或负担过重，不顾自己的身体状况和生理节奏，都会导致精神损伤。因此，建立合理的生活秩序对于大学生心理健康非常重要。这需要注意以下几点：

a. 学习负担适量。

大学生的主要任务是学习，他们的很多心理活动都与学习有关。研究表明，个体在适度的压力和焦虑情绪之下，可以提高思考力和机敏度。因此，大学生的学习应有一定的压力，这种压力对心理的健康发展及学业的完成是必要的，但不能过分加重负担。许多新生入学，容易出现两种倾向：一是觉得苦读中学这么多年，好不容易进了大学，可以好好轻松一下。而大学相对中学来说，有更多的自由，也比较轻松，没有老师家长的过多干涉与束缚，于是终日玩乐，不思进取，高呼"60分万岁"，任自己大学时光荒废过去；二是不太适应大学的学习方式，同时周围又强手云集，以前在本地区的那种优势已不复存在，于是压力很大，产生高度焦虑，这种状况又导致在学习上疲于被动应付，进而严重影响其自信心。这两种不良倾向，最终都可能导致大学生学业上的挫折，使其带来苦恼及自我否认等心理问题。

b. 生活节奏合理，有张有弛。

大学校园生活是丰富多彩的，这为合理安排生活节奏，积极参加多样的文体活动提供了十分有利的外在条件。这样既可调剂紧张的学习生活，又可以开阔视野、广交朋友，发现自己在各方面的潜力，增加与他人相处的经验，从而经常体验到愉悦。这种平稳的积极状态，能使大学生充分发挥其潜在能量，增强自信，使其生活有节奏感，劳逸结合，提高学习效率，得到最佳的适应。

c. 注意保护大脑。

大脑是心理活动最重要的物质基础。大脑受到损伤，心理健康就无从谈起。过度的疲劳、紧张，或长时间的高度兴奋、强烈刺激，都会引起脑力衰竭。而脑力衰竭，恢复起来就比较困难。因此，大学生应千万注意不要图一时之快、逞一时之强，忽视用脑卫生。

③保持健康的情绪。

情绪对于心理健康来说，是至关重要的。几乎每一种心理疾病都有其情绪上的表现。稳定而良好的情绪状态，使人心情开朗，轻松安定，精力充沛，对生活充满乐趣与信心。相反，如果一个人情绪不稳，患得患失，喜怒无常，处于不良的情绪状态中，而自己又不会调节和控制，就会导致心理失衡和心理危机，甚至精神错乱。大学生情感丰富而冲动，就更应学会保持健康的情绪。

保持健康的情绪，首先应学会合理宣泄，找到充分表达自己情绪的方法，既不要压抑自己，也不要放纵自己。每个大学生都应意识到，任何一种情绪，都是由一定原因引起的。正视这种原因，接受这种情绪，并让它适当地表达出来，这才会有益于健康。

在生活中，人们难免会遇到不良刺激而出现负面的情绪反应，如愤怒等。然而，剧烈的情绪会降低人的理智水平，一旦失去了控制，会带来许多不良后果。所以，一个人应在自己情绪剧烈变化的过程中，及时给予控制，以避免愤怒情绪的最终爆发。其次，对于消极情绪，要学会自我疏导、自我排遣的方式。当产生消极情绪时，应把它发泄出来，使紧张的精神放松，摆脱窘困的场面，消除身心的某些痛苦，调节和保持心理健康。

④建立良好的人际关系，学会去爱。

建立良好而真诚的人际关系，是非常重要的心理保健的途径。大学生都是同龄人，共同点较多，人际关系比社会上单纯。和谐的人际关系，可以增加自信和理解，减少心理上的不适感，实现心理平衡。健康的心理是需要丰富的营养的，最重要的营养就是爱。爱不是抽象的，它有着十分丰富的内涵。除了大家通常意义上的男女爱情之外，诸如眷恋、关怀、惦念、安慰、鼓励、帮助、支持、理解，等等，都可归为爱的范畴，而这些都可以从良好的人际关系中得到，反过来，爱又可以使人际关系更为和谐。大学生的友谊往往是深刻而持久的，它可以成为大学生感情的寄托，可以增加归属感。而且，去关心他人，理解他人，又能促使自己拥有博大的胸怀，从而大大增加生活、学习、工作的信心和力量，最大限度地减少心理应激和心理危机感，维护和保持心理健康。

在交往过程中应该意识到，现实生活中的每个人都不可能是完美无缺的，在个性、行为习惯、价值观念和情绪状态等各个方面都可能会有各自的优点与不足。因此，对他人要有一种宽容的态度，不要期望过高。对他人期望过高，往往会产生失望感，其结果是使自己的心理平衡受到干扰，对自己造成更大的不良影响。

⑤树立符合实际的奋斗目标。

每个人都有成功的欲望。大学生们的这种成功欲望更为强烈。一个心理健康的人，应该能对自己的能力做出客观的评价，并依此付诸社会实践，就会少受挫折并能够充分发挥出自己的才能。通过努力，能最终实现目标。

与此相反，如果不自量力，仅凭良好的愿望和热情，盲目地制定宏伟目标，结果往往是目标落空，使个人心理上蒙受打击，产生挫折体验，不仅白白耗费了精力，也给自信心和心境造成不良影响，而且还会影响到今后的进一步发展。

此外，大学生应根据自己的实际情况，树立切实的目标，有利于充分发挥自己的优势，获得成功，从而有助于身心健康发展。

⑥学会自娱。

一个人如果能注意培养和发展自己的业余爱好，进行多方面的自我娱乐活动，就可能在寂寞孤独、烦闷忧郁时，通过自我娱乐来缓解心境压抑，这对心理健康是极有好处的。人不可能总是工作和学习，要利用业余时间积极开展愉快的娱乐活动，做到积极的放松和休整，才能使自己得到真正的身心保健，并使自己更有效地从事工作和学习。每个大学生在大学阶段，都有必要依据自己的性格特点和条件，培养和发展一些兴趣和业余爱好，学会自我娱乐，这对维护自身的心理健康是十分有益的。

（五）更年期和老年期的心理健康保健

进入更年期，人体由于内分泌的变化，自身会产生心理和生理的变化，出现焦虑、多疑、恐惧、出汗、心悸等悲观情绪以及担心变老、缺乏信心等心理问题，女性表现会更突出。因此，已进入或将至更年期的人应及时了解有关更年期的生理心理知识，保持乐观的情绪和愉快的心境。出现了生理或心理方面的症状都应主动求医，积极配合治疗，以防生理症状和心理症状相互影响；改善不良环境，尽量避免不良刺激；合理安排生活、劳逸结合；保持良好的生活习惯，睡眠要充足；多参加有意义的社会或娱乐活动，维护良好的人际关系；适当锻炼，促进新陈代谢，保持青春的活力。

老年期有两种不同心理：一种是不服老，不注意保养；另一种过分担心自己的健康，总怀疑自己得了不治之症。老年期可能经历退休、家庭矛盾、丧偶等一系列问题，要正确对待这些问题。老年期也有性冲动及性要求，和谐的性生活不仅满足彼此生理需要，也可加深双方感情，促进健康与延缓衰老。老年期要利用自己的长处，活到老，学到老，老有所为，使自己更加充实。

第三节 运动与医务监督

一、运动中常见的生理反应

运动需要医务监督。因为不合理的运动以及运动后产生的异常现象，如果处理不当，不仅不能收到预期的锻炼效果，而且还会影响健康，严重者会终身致残。所以在体育锻炼的同时，必须十分重视医务监督。

在体育锻炼过程中，人体的生理平衡受到暂时性破坏，并出现某些生理反应。这种反应称之为"运动生理反应"。常见的运动生理反应及处理方法如下：

（一）肌肉酸痛

1. 原因

多数是由于平时缺乏锻炼或运动量过大。

2. 预防与处置

要做好准备活动，运动开始时运动量小些，以后逐渐增加，即使是在一个阶段的锻炼中，也要遵循循序渐进的原则。每次锻炼后，要及时做好放松活动，如仍然有酸痛现象，可采取局部按摩、热敷或用松节油擦抹等，以促进气血通达，缓解酸痛。

（二）运动中腹痛

1. 原因

由于准备活动不充分或者在长跑和其他激烈运动时，膈肌运动异常，血液淤积在肝脾两区，引起两肋间疼痛，或者在运动前饮食过多，或者过于紧张引起胃肠痉挛等，都会引起腹痛。

2. 预防与处置

做好准备活动，运动要循序渐进，并注意呼吸自然，切忌闭气。如已产生腹痛，可适当减慢跑速，加深呼吸，揉按疼痛部位或弯着腰跑一段，即可缓解疼痛；腹痛严重者，应停止运动，并口服十滴水或普鲁苯辛。如仍不见效，应护送医院诊断治疗。

(三) 肌肉痉挛（抽筋）

1. 原因

由于肌肉突然猛力收缩或用力不均匀，或因受到过冷水温（或气温）的刺激，或收缩与放松不协调等都会引起肌肉痉挛。

2. 预防与处置

在运动前对容易发生痉挛的部位充分做好准备活动，并适当按摩。运动间歇时要注意保暖。如已产生痉挛，对痉挛部位立即做强制性牵拉或按摩，同时点按委中、承山、涌泉等穴位。

(四) 运动性昏厥

1. 原因

在运动过程中，脑部突然血液供给不足，并达到一定程度时，发生一过性知觉丧失现象，称之为"运动性昏厥"。其症状表现为面色苍白、手脚发凉、呼吸缓慢，眼睛发黑，失去知觉而昏倒。长时间剧烈运动，突然进入激烈运动状态（如疾跑、冲刺），或在极度疲劳下继续勉强地锻炼，或久蹲后骤然站起，或疾跑后急停，或空腹状态下锻炼出现低血糖等，都可引起运动性昏厥。

2. 预防与处置

平时应经常参加体育锻炼，以增强体质。运动时要控制运动负荷，防止过度疲劳。如一旦出现运动性昏厥，应立即将患者平卧，使脚高于头部，并进行由小腿向大腿、心脏方向推摩，也可点按人中、合谷穴。如发生呼吸障碍，要进行人工呼吸。轻微患者可由同伴搀扶慢走，并协助做伸展运动和深呼吸等。

(五) 极点

1. 原因

由于剧烈的运动，内脏器官的功能存在惰性，与肌肉活动需要不相称，致使氧债不断积累，乳酸堆积，达到一定程度时，就会出现胸闷、呼吸急促、下肢沉重、动作不协调，甚至恶心、呕吐等现象。这就是运动生理学中所称的"极点"。

2. 预防与处置

平时应加强体育锻炼，不断提高机体对运动的适应力，这可延缓极点出现的时间和减轻症状。当极点出现后，应适当减小运动负荷，加深呼吸，肌肉当中的乳酸逐渐被吸收，上述异常反应可逐渐缓解或消失。随后，动作又重新变得轻松、协调，运动能力又有提高。这种现象，称之为"第二次呼吸"。

"极点"是运动中常见的生理现象，因此不必疑虑和恐惧。

二、运动损伤的预防

（一）加强安全意识

要提高预防运动损伤的意识，克服麻痹大意思想。

（二）准备活动

准备活动要有针对性，加强对易伤部位的防患措施。

（三）遵循教学规律

特别是对技术较难和容易受伤的环节，应事先做好预防准备，要合理安排运动量，区别对待，切忌急于求成。

（四）加强相互保护和帮助

加强相互保护和帮助，提高自我保护能力，如摔倒时立即屈肘、低头、团身，以肩背着地，顺势滚动，而不能直臂撑地。

（五）加强医务监督

要善于把握自己在运动前后的生理变化，患有慢性病者要定期体检，并在医生和体育老师指导下进行体育锻炼。

（六）重视运动器材、场地的安全和卫生

场地器材应经常检查和维修。锻炼者的服装、鞋子要符合体育卫生要求。

第四节 运动创伤的临时处置

一、常见的运动创伤与临时处置

（一）软组织损伤的处置

1. 擦伤

在运动时，因摔倒或皮肤受器械磨擦致伤。擦伤后皮肤出血或组织液渗出。小面积擦伤，用红药水涂抹伤口即可；大面积擦伤，先用生理盐水洗净后涂抹红药水，再用消毒纱布覆盖包扎。

2. 撕裂

在剧烈运动时突然受到强烈撞击，造成肌肉撕裂，其中有开放伤和闭合伤。常见的有眉

际撕裂、跟肌撕裂等。轻度开放伤,用红药水涂抹即可;裂口大,则需止血和缝合,必要时,注射破伤风抗毒血清。

3. 肌肉拉伤

在外力作用下,使肌肉过度主动收缩或被动拉长,引起肌肉拉伤。这种损伤多数是由于准备活动不充分,或者动作不协调,或者用力过猛造成的。致伤后,轻者即刻冷敷、局部加压、包扎,并抬高患肢,24小时后可施行按摩;严重者,肌肉完全撕裂,则经加压后,立即送医院手术缝合治疗。

(二) 关节、韧带扭伤的处置

1. 急性腰伤

急性腰伤即运动时因腰部受力过重,肌肉收缩不协调,或脊椎运动超过正常生理范围而致伤,例如挺身式跳远,举重时过分挺腹,跳水时下肢后摆过多等都可能导致急性腰伤。轻度损伤,可轻轻揉按;重症者应立即让患者平卧(一般不应随意扶动),并用担架护送医院治疗。处理后,应睡硬板床或腰后垫一枕头。便肌肉、韧带处于放松状态,24小时后可施行按摩。

2. 踝关节扭伤

踝关节扭伤通常是由于跳起落地时身体失去平衡,使踝关节过度内翻或外翻,场地不平或动作不协调等,也都可造成踝关节扭伤。扭伤后,伤处肿胀、疼痛、皮下出血。如果疼痛剧烈,不能站立、行走,则可能发生骨折。踝关节扭伤后,要立刻进行冷敷,以免手细血管过度出血,造成肿胀,影响日后的恢复,千万不要去揉捏和牵拉扭伤部位,如扭伤严重,还需要进行固定,并立即送医。

(三) 中暑和运动性贫血的处置

由于天热或学生身体弱等原因,在体育运动中,可能出现中暑或运动性贫血的现象。遇到有学生中暑时应将中暑者移至通风阴凉处,若其体温高可用凉水擦拭和冷敷,中暑者昏迷时要使其侧卧以保障呼吸道畅通,中暑者要水喝时,可给予淡盐水。如有学生出现运动性贫血时,应立即停止其运动,应将其脚抬高加速血液的回流,松解其衣服,加速其血液流动,学生因贫血而昏迷时要使其侧卧以保障呼吸道畅通。

➤ 二、急救的基本知识

体育运动中,当发生骨折、关节脱位、脑震荡、休克等较重的损伤时要实施急救。掌握一些基本的急救方法是非常必要的。当发生重大损伤后,要判断情况,顺序作如下处理。

①先呼叫伤者,判断伤者有无意识。

②判断是否有呼吸,如果是有呼吸的昏迷,应首先保障伤者的呼吸通畅,然后将其置于舒适的体态,实施保温;如果有外伤,要实施包扎、止血等手段将其送至医院救治。

③如果没有呼吸,要立即施行人工呼吸。

④如果没有脉搏,就要实施胸外心脏按压。特别是医疗专业的学生更应该掌握人工呼吸、止血、包扎、固定和运送等知识和方法。

第十四章 运动按摩

> **学习目标**

知识目标
1. 了解运动按摩作用、注意事项；
2. 能够了解运动保健按摩的基本手法。

技能目标
能够学会并灵活运用运动保健按摩的基本手法。

素质目标
能够科学合理运用运动保健按摩知识，增强锻炼效果，加强运动后的身体恢复能力。

> **课堂导入**

按摩是一种传统的物理治疗方法，通过使用手、手指、手掌、手臂或机械等方式，对人体的皮肤和软组织施加不同程度的力量和运动，以改善血液循环、缓解肌肉紧张和疼痛，从而达到促进健康和舒适感的目的。运动按摩则是以调整和保护运动员良好的竞技状态，增进和发展运动员的潜在体能，达到更高的运动成绩为目的。

第一节 运动按摩概述

按摩是一种良好的物理治疗方法，能促进血液循环，疏通经络，并通过神经反射和神经-体液调节而影响身体各器官的功能。

一、按摩的生理作用

（一）对皮肤的作用

按摩首先作用于皮肤，使局部衰老的上皮细胞得以消除，皮肤的呼吸得到改善，有利于汗腺和皮脂腺的分泌。按摩还可使皮肤内某些蛋白质分解，产生一种组织胺或类组织胺的物质,这种物质能活跃皮肤的毛细血管和神经,使毛细血管扩张,血流量增多,从而改善皮肤的营养,使皮肤润泽而富有弹性。

(二) 对神经系统的作用

按摩能改善大脑皮层的兴奋与抑制过程。不同的按摩手法对神经系统可产生不同的作用,如切击法起兴奋作用,而摩法起抑制作用。同一种按摩手法,由于运用的方式不同,对神经系统也有着不同的影响,如手法用力大小、频率快慢和持续时间长短等不同,其作用也不相同。一般来说,用力大、频率快、持续时间短的手法(如重推法)起兴奋作用;用力小、频率慢、持续时间长的手法(如轻推法)则起镇静或抑制作用。

在运动损伤治疗中,在穴位或局部按压可以镇痛和移痛,并对发热有一定的抑制作用,其效果已被实践所证明。这种镇痛或移痛的机理,有人认为与大脑皮层的内、外抑制机制和大脑皮层的兴奋优势法则有关。按摩以后,神经反应时值缩短;根据脊髓节段反射,按摩颈部可调节上肢和脑内血液循环,降低颅内压,故有降低血压的作用。

(三) 对循环系统的作用

按摩可引起周围血管的扩张,降低大循环中的阻力,同时又可加速静脉血的回流,因此能减轻心脏的负担,有利于心脏的工作。

按摩能直接挤压淋巴管,促进淋巴回流。有人做了动物实验,发现按摩后比按摩前淋巴流速增快7倍,有助于渗出液的吸收,对消除局部水肿具有良好的作用。此外,按摩还能影响血液的重新分配,调整肌肉和内脏的血流量,以适应肌肉紧张工作时的需要。适当的按摩可提高肌肉的伸展性,使紧张的肌肉放松,而肌肉的放松又可改善血液循环。经测定,肌肉放松时的血流量要比肌肉紧张时提高10倍。

按摩还可以引起血液成分的改变。按摩前后的红细胞、血红蛋白、白细胞计数和分类,白细胞噬菌能力等指标都有明显的改变,如白细胞可平均增加19.7%,淋巴细胞比例升高,中性白细胞相对下降,其绝对值大部分增加,白细胞的噬菌能力在按摩后有所提高,其噬菌指数平均增加4.02。

(四) 对呼吸系统的作用

按摩胸部或某些穴位可反射性地使呼吸加深。有人实验证明,进行全身按摩以后,氧的需要量增加10%~11%,同时相应增加了二氧化碳的排出量。

(五) 对消化系统的作用

按摩腹部或有关经穴,能提高胃肠的分泌功能和加强胃肠的蠕动,从而改善和提高消化器官的功能。

(六) 对运动器官系统的作用

按摩能使肌肉毛细血管扩张和后备毛细血管开放,使局部血液供应加强,营养改善,并可加速肌肉中乳酸的排除,有利于疲劳的消除,提高肌肉的工作能力和防治肌肉萎缩。此外,经常按摩能增强韧带的柔韧性和加大关节活动的范围。这不仅对体育运动有实际意义,而且还能消除骨伤病人因固定过久对关节、韧带、肌腱的不良影响，并能预防关节、韧带因过度牵拉而引起的损伤。

（七）对免疫系统的作用

临床实验表明，按摩治疗 2 个月后，患者血清中的 IgA 增高，但 IgM、C4 降低；推拿 6 个月后，IgE、C3、C4 都升高。

二、按摩的注意事项

按摩的适应范围很广，它常用于运动实践、治疗伤病和养生保健中。用于运动实践中的按摩，称为运动按摩，它主要是用来调节赛前状态，消除疲劳，提高运动能力；用于养生保健、延年益寿的按摩，称为保健按摩；用于疾病治疗的按摩称为治疗按摩。

按摩者的手要保持清洁和温暖，手要保持光滑，指甲应剪短，并要除去异物，如戒指、手表等，以免引起不适感或损伤皮肤；按摩者与被按摩者的姿势与体位要适宜，被按摩者肌肉要放松，并感到舒适，同时又要便于按摩者进行操作；运动按摩的方向，一般应沿着静脉血和淋巴液回流的方向或人体血液的正常走向进行（图 14-1），但淋巴结的部位不宜做按摩；按摩时的用力应由轻到重，以被按摩者能够承受为度，再由重到轻，被按摩的面积一般由大到小，再由小到大，并随时观察被按摩者的反应，询问其感觉，以便及时调整手法和强度；全身按摩应注意按摩的顺序，一般由头面、颈、上肢、胸腹、腰背、下肢的顺序进行按摩。进行运动按摩时，也有人主张从运动负荷量最大部位开始，一般按大腿、小腿、臀部、腰背、胸腹部、上肢的顺序进行；按摩四肢部位时，先按摩一侧后再按摩另一侧；如身体不明原因的发热、各种肿瘤、急性炎症和传染病、皮肤病、开放性损伤及急性闭合性软组织损伤的早期等不宜作全身或局部的按摩；妇女月经期及妊娠期不宜作腰部、腹部的按摩。极度疲劳、剧烈运动、过饥过饱、年老体弱、久病体虚者，均不宜用或慎用按摩。每次按摩的时间，一般以 5~30 分钟为宜，每日或隔日一次。

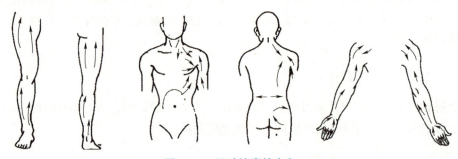

图 14-1　运动按摩的方向

第二节　运动按摩的基本方法

用手或肢体的其他部位或借助于其他器械，按各种特定的动作技巧，在体表上按照一定的规律进行操作的方法，称按摩手法。按摩手法操作是否正确、熟练，能否正确运用，是否遵循一定的规律，将会直接影响到按摩的效果。因此，要求按摩者通过一定时间的手法基本功练习和反复的临床实践，使手法在操作中具有持久、有力、均匀、柔和的技巧，从而达到"深透"的要求。所谓持久，即指手法在应用中，能根据需要，持续一段时间；所谓有力，即手法必须有一定的力量，其大小根据被按摩者的体质、部位及实际情况而定；所谓均匀，即手法要有节律性，不可快慢不定，轻重不一；所谓柔和，即指手法的得气更明显，舒适轻快，变换自如。按摩手法种类繁多，这里只介绍17种常用手法。

一、推法

（一）操作方法

推法即用指或掌等着力于被按摩的部位上，进行单方向的直线推动（见图14-2）。根据推时用力的大小，可分为轻推法和重推法。轻推法时用的压力较轻，重推法时所用的压力较重。作全掌重推法时，四指并拢，拇指分开，要求掌根着力，虎口稍抬起，必要时可用另一手掌面重叠按压于手背上，双手同时向下加压，沿着淋巴流动和静脉血回流的方向或人体经脉的走向进行。

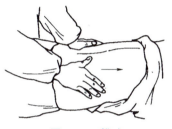

图 14-2　推法

（二）动作要领

沉肩、垂肘，腕部伸平或背伸，前臂或上臂发力，指、掌等着力部分要紧贴皮肤，用力要稳，推进的速度要缓慢而均匀，但不要硬用压力，以免损伤皮肤或引起不适感。

（三）作用

轻推法具有镇静止痛，缓和不适感等作用；重推法具有疏通经络，理筋整复，行气活血，缓解痉挛，加速静脉血和淋巴液回流，增强肌肉的兴奋性等作用。

（四）应用

轻推法多用于按摩的开始和结束时，以及换用手法之间；重推法常用于按摩过程中。因这种手法损伤皮肤，一般要求时间不可太长，力度不可过大；如需长期使用该手法时，操作时必须借用介质。

二、擦法

（一）操作方法

擦法是用手掌、大鱼际、小鱼际或掌根部着力，紧贴在皮肤上，作直线往返摩擦的一种手法（图14-3）。

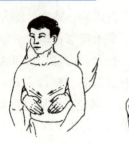  

图 14-3 擦法

（二）动作要领

操作时腕关节要伸直，使前臂与手接近相平，以肩关节为支点，带动手掌作上下或左右直线往返摩动，不可歪斜；按摩者手掌向下的压力要均匀适中，在摩擦时以不使皮肤皱叠为宜。摩擦的速度一般较快，往返摩擦的距离要长，动作要均匀而连贯，但不宜久擦，一般以局部皮肤充血潮红为度，为防止擦损皮肤，最好借用红花油、凡士林、传导油、滑石粉等介质。

（三）作用

擦法具有疏经通络，祛风散淤，消肿散结，行气活血，镇静止痛，提高皮肤温度，增强关节韧带的柔韧性等作用。

（四）应用

擦法多用于按摩的开始和结束时，或换用手法之间，以减轻疼痛或不适感。用于提高局部皮肤温度，增强机体抗寒能力时，擦摩的频率宜快，所用的压力较大，往返擦摩的距离要长。根据不同的按摩部位，可采用不同的手形，如踝关节宜用大鱼际擦，背腰部用手掌或小鱼际擦，肌腱与小关节处用拇指指腹擦。

三、揉法

（一）操作方法

揉法即用手掌、掌根、大鱼际、小鱼际、拇指或四指指腹部分，着力于一定的部位或穴位上，作圆形或螺旋形的揉动，以带动该处的皮下组织随手指或掌的揉动而滑动（图 14-4）。

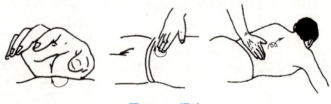

图 14-4 揉法

（二）动作要领

揉动时手指或掌要紧贴在皮肤上，不要在皮肤上摩动；手腕要放松，以腕关节连同前臂或整个手臂（以肩关节为支点）作小幅度的回旋活动，不要过分牵扯周围皮肤。拇指揉时，可用其余四指作为支撑点，以利于拇指作小幅度的揉动。

（三）作用

揉法能促进血液循环，改善局部组织的新陈代谢，疏有活血散瘀、疏通经脉、宽中理气、缓解痉挛、软化瘢痕、缓和强手法刺激和减轻疼痛的作用。

（四）应用

全掌或掌根揉多用于腰背部和肌肉肥厚部位。拇指揉法多用于关节、肌腱部位。

四、揉捏法

（一）操作方法

使用揉捏法时，拇指外展，其余四指并拢，手成钳形，将全掌各指紧贴于皮肤上，作环形旋转的揉捏动作，边揉边捏边作螺旋形的方向推进（图14-5），根据需要可单手或双手（并列或加压）操作。

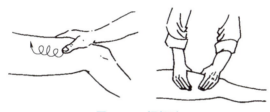

图14-5 揉捏法

（二）动作要领

操作时全掌要紧贴皮肤，以拇指指腹和大鱼际构成钳形着力的一面，与四指指腹和小鱼际构成着力的另一面，捏紧时前臂略作旋后，使拇指罗纹面作由内向前再向外（向食指方向）的半圆形揉动，然后前臂略作旋前，带动拇指罗纹面由外向后旋转，随着手的放松，拇指罗纹面继续向内旋动，作完整圆形揉一周，接着全掌向前滑动约一拇指宽的距离。如此周而复始地作边揉边捏边螺旋形向前推进。

揉捏时要求全掌着力均匀，必须有意识地减少食指与拇指习惯性的对掌用力，以加强拇指与其他三指的对掌用力。

（三）作用

揉捏法具有促进局部组织的血液循环和新陈代谢，能增加肌力和防治肌肉萎缩，缓解肌肉痉挛和强刺激，消除肌肉疲劳和活血散瘀、止痛等作用。

（四）应用

揉捏法多用于四肢、臀部等肌肉肥厚处，常与揉法交替使用。

五、搓法

（一）操作方法

搓法是用双手掌或小鱼际部分对称地挟住被按摩的部位，相对用力，方向相反，来回快速地揉搓，同时作上下往返移动（图14-6）。

（二）动作要领

操作时以前臂发力，使腕部做快速盘旋搓揉，双手用力要对称，动作柔和而均匀，来回搓动要快，上下移动要慢。

图14-6　搓法

（三）作用

搓法具有疏经通络，调和气血，松弛组织，缓解痉挛，加速疲劳的消除，提高肌肉的工作能力等作用。

（四）应用

搓法适用于腰背、胁肋及四肢部，以上肢和肩、膝关节处最为常用，常在每次按摩的后阶段使用。

运动前，若采用压力大、频率快而持续时间短的搓动，能提高肌肉的工作能力；运动后，若采用压力小、频率缓慢而持续时间较长的搓动，能加速消除肌肉的疲劳。

六、按法

（一）操作方法

按法是用指、掌、肘或肢体其他部分着力，由轻到重地逐渐用力按压在被按摩的部位或穴位上，停留一段时间（约30秒），再由重到轻地缓缓放松。

按法中以指按法和掌按法两种最为常用。用拇指或食、中、环指指面着力，按压体表某一部位或穴位，称指按法；用单掌（或双掌掌面）或掌根或双掌重叠按压体表某一部位，称掌按法（图14-7）。

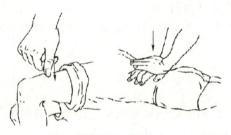

图14-7　按法

（二）动作要领

按时着力部位要紧贴体表，不可移动；操作时用力方向要与体表垂直，由轻逐重，稳而持续，使力达组织深部，拇指按穴位要准确，用力以病人有酸、胀、热、麻等感觉为度。

（三）作用

按法具有舒筋活络，放松肌肉，消除疲劳，活血止疼，整形复位等作用。

（四）应用

指按法适用于经络穴位，临床上常与拇指揉法相结合，组成"按揉"复合手法，以加强按摩效应及缓解用力按压后的不适感。掌按法多用于腰背部、肩部及四肢肌肉僵硬或发紧的部位，也用于关节处，如腕关节、踝关节等。

七、摩法

（一）操作方法

摩法是用食、中、环指指面或手掌面着力，附着于被按摩的部位上，以腕部连同前臂作缓和而有节奏的环形抚摩活动（图14-8）。

图14-8 摩法

（二）动作要领

肘关节要微屈，腕关节要放松，指掌关节自然伸直，轻轻放在体表上；腕部要连同前臂在皮肤上作缓和协调的环旋移动，可沿顺时针或逆时针方向均匀往返地连贯操作，每分钟频率约120次。

（三）作用

摩法具有和中理气，消积导滞，调节肠胃蠕动，活血散瘀和镇静、解痉、止痛等作用。

（四）应用

摩法的刺激轻柔、缓和、舒适，常用于按摩的开始，以减轻疼痛或不适，常配合揉法、推法、按法等手法，治疗腹部胀痛，消化不良，痛经等病症。

八、拍击

用手掌或手的尺侧面等拍击体表，称拍击类手法。常用的有拍打、叩击和切击三种。

（一）操作方法

拍打时，两手半握拳或五指并拢，掌指关节微屈，拇指伸直，靠在食指第二指关节，成空心掌，掌心向下，两手有节奏地进行上下交替拍打（图14-9）。叩击时，两手握空拳，拳背进行上下交替叩打（图14-10）。切击时，两手的手指伸直，五指并拢，用手的尺侧面进行上下交替切击（图14-11）。

图14-9 拍打　　　图14-10 叩击　　　图14-11 切击

（二）动作要领

拍打时，肩、肘、腕要放松，以手腕发力，着力轻巧而有弹性；动作要协调灵活，频率要均匀。叩击和切击时，以肘为支点进行发力。叩击时肩、肘、腕要放松；切击时肩、肘、腕较为紧张，以力达组织深部。叩击和切击的动作要协调、连续、灵活。

（三）作用

拍击具有促进血液循环，舒展肌筋，消除疲劳和调节神经肌肉兴奋性的作用。

（四）应用

拍击多用于肩背、腰臀及四肢等肌肉肥厚处。

缓慢的拍打和叩击，常用于运动后加速消除疲劳；用力较大、频率较快、持续时间短的切击，常用于运动前提高神经肌肉兴奋性。

九、抖法

（一）操作方法

抖法分肢体抖动和肌肉抖动两种。肢体抖动时，用单手或双手握住被按摩者的肢体远端，在轻微的持续牵引下，稍用力作连续小幅度的上下快速抖动（图14-12）。肌肉抖动时，用手轻轻抓住肌肉，进行短时间的左右快速振动（图14-13）。

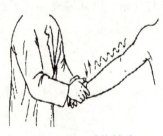
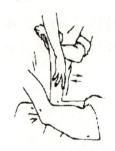

图14-12 肢体抖动　　　图14-13 肌肉抖动

（二）动作其领

抖法动作要连续、均匀，频率由慢到快，再由快到慢；抖动的幅度要小，抖动频率一般较快，用力不要过大。

（三）作用

抖法具有舒筋通络、放松肌肉、滑利关节、消除疲劳的作用。

（四）应用

抖法多用于肌肉肥厚的部位和四肢关节，是按摩结束阶段常用的一种手法。

十、运拉法

（一）操作方法

按摩者一手握住关节远端肢体，另一手握住关节近端肢体，在关节的生理活动范围内作被动性的运动。常用的有肩、肘、腕、髋、膝、踝等关节的运拉法。

1. 肩关节运拉法

按摩者一手握住腕部或托住肘部，另一手按在肩部上方，然后使肩关节作外展、内收、旋内、旋外及环转运动（图 14-14）。

2. 肘关节运拉法

按摩者一手握住前臂远端，另一手轻轻托住肘后，然后使肘关节屈伸及旋转摇动（图 14-15）。

图 14-14 肩关节运拉法

图 14-15 肘关节运拉法

3. 腕关节运拉法

按摩者一手握住腕关节近心端，另一手握住手掌中部或手指交叉握住被按摩者手指，然后使腕关节作屈伸、内收、外展及旋转运动（图 14-16）。

4. 髋关节运拉法

被按摩者取仰卧位，髋、膝屈曲。按摩者一手握住足跟部，另一手扶住膝部上方，然后作髋关节的屈伸、外展、内收和环转运动（图 14-17）。

5. 膝关节运拉法

被按摩者取仰卧位，按摩者一手握住踝部，另一手按于膝关节上，然后使膝关节作屈伸与旋内旋外等运动（图 14-18）。

6. 踝关节运拉法

被按摩者取坐位或仰卧位，按摩者一手握住小腿下部或托住足跟部，另一手握住前足掌，然后作踝关节的屈伸、内收、外展及旋转运动（图 14-19）。

图 14-16　腕关节运拉法

图 14-17　髋关节运拉法

图 14-18　膝关节运拉法

图 14-19　踝关节运拉法

（二）动作要领

运拉时动作要缓和，用力要稳；动作幅度必须在生理范围内做到由小到大；做环转运动时，可沿着顺时针或逆时针方向进行。

（三）作用

运拉法具有通利关节，舒筋活血，防止或松解关节粘连，改善关节运动功能和矫正小关节的微细解剖位置改变等作用。

（四）应用

运拉法适用于四肢关节和颈、腰部，常在按摩结束时使用。

十一、拿法

（一）操作方法

捏而提之谓之拿，拿法即用单手或双手的拇指与食、中两指，或拇指与其他四指指面着力，作相对用力，在一定的穴位或部位上进行有节律的提拿揉捏（见图 14-20）。

图 14-20　拿法

(二) 动作要领

操作时肩臂要放松，腕要灵活，以腕关节和掌指关节活动为主，用指面为着力部，相对用力提拿揉捏，前臂静止发力，并注意腕关节与掌指关节的协调活动。用力要由轻到重，再由重到轻，动作要缓和而连贯。沉肩、屈肘，肘关节弯曲，悬腕或使腕关节自然掌屈或伸。

(三) 作用

拿法具有疏通经络，解表发汗，镇静止痛，开窍提神，缓解痉挛等作用。

(四) 应用

拿法主要用于颈项、肩背及四肢部。拿法刺激强度较大，拿捏持续时间宜短，次数宜少，拿后应配合使用轻揉法，以缓和强刺激引起的不适。临床上常拿风池、肩井等穴位及颈项两侧部位，治疗外感头痛；也用于运动中，能使人精神振奋。

十二、㨰法

(一) 操作方法

㨰法是用手背近小指侧部分或小指、环指、之中指的掌、指关节突起部分着力，附着于一定部位上，通过腕关节伸屈和前臂旋转的复合运动，持续不断地作用于被按摩的部位上（见图14-21），根据作用不同，临床具体应用一般分为掌背㨰、小鱼际㨰、掌指关节㨰三种。

图14-21 㨰法

(二) 动作要领

肩臂和手腕要放松，肘关节微屈约120°，腕关节屈曲、前臂旋后时向外滚动约80°；腕关节伸展，前臂旋前时向内滚动约40°。着力要均匀，动作要协调而有节律，一般滚动的频率每分钟约140次。

(三) 作用

㨰法具有活血散瘀，滑利关节，消肿止痛，缓解肌肉韧带痉挛，增强肌肉的活动能力和韧带的柔韧性，促进血液循环及消除肌肉疲劳等作用。

(四) 应用

㨰法压力较大、接触面积较广，适用于肩背部、腰臀及四肢等肌肉较肥厚的部位，常用于治疗运动损伤及消除肌肉疲劳。

十三、刮法

（一）操作方法

刮法是拇指屈曲，用指甲（也可用硬币、匙等代替）在病变部位作单方向的匀速刮动（图14-22）。

（二）动作要领

刮动时用力均匀，切勿损伤皮肤。

（三）作用

刮法可松解粘连，消散淤结，改善病变部位的营养代谢和促进受伤组织的修复。

（四）应用

刮法常用于治疗髌骨周缘腱止装置的慢性损伤和狭窄性腱鞘炎。

十四、掐法

（一）操作方法

掐法是用拇指指端或指甲缘着力，切取一定的部位或穴位，用持续或间断的力垂直向下按压（图14-23）。

图14-22　刮法　　　　　图14-23　掐法

（二）动作要领

用于局部消肿时，必须从肿胀部位的远心端开始，以轻巧而密集的手法向下切压皮肤，依次向近心端移动，移动的速度宜缓慢，用力不可过大；用于点掐穴位时，要手握空拳，拇指伸直，紧贴于食指桡侧缘，用拇指指端或指甲（以指代针）着力于穴位上，用力逐渐加重，以引起"得气"为度，掐后轻揉局部以缓解不适感；用于急救时，手法宜重、快，但要防止指甲切破皮肤。

（三）作用

掐法具有消肿，防止粘连及开窍醒脑，提神解痉，行气通络的作用。

（四）应用

掐法适用于消除局部肿胀。掐穴法也常用于急救。

十五、弹筋法（提弹法）

（一）操作方法

弹筋法是用拇指与食、中两指或拇指与其余四指指腹将肌肉或肌腱速提速放，象木工弹墨线一样（图14-24）。

（二）动作要领

用指腹着力，切勿用指端用力内掐；用力要由轻到重，刚中有柔；每处每次可提弹1~3下；然后使用轻揉法，以缓和因提弹而引起的不适感。

（三）作用

弹筋法具有舒筋活络，畅通气血，解痉止痛，对局部神经有强刺激作用。

（四）应用

弹筋法一般用于治疗肌肉酸痛和肌肉痉挛等。

十六、拨法

（一）操作方法

拨法又称弹拨法，是用双手拇指或单拇指的指端掐压于一定部位上，适当用力作与韧带或肌纤维垂直方向的来回拨动（图14-25）。

图14-24　弹筋法

图14-25　拨法

（二）动作要领

操作时拇指端要深按于韧带或肌肉、肌腱的一侧，然后作与韧带或肌纤维成垂直方向的拨动，好像弹拨琴弦一样；也可沿筋肉的一端依次向另一端移动弹拨，使局部有酸胀感，以能忍受为度。

（三）作用

具有分离粘连，消散结聚、解痉止痛、缓解肌肉紧张等作用。

（四）应用

拨法常用于治疗肌肉、肌腱和韧带的慢性损伤。

十七、理筋法（顺筋法）

（一）操作方法

理筋法是用拇指指腹压迫伤部，顺着肌纤维、韧带或神经行走的方向缓慢移动，以顺理其筋（图 14-26）。

（二）动作要领

操作时伤部应尽量放松，用一手拇指指腹固定伤部的一端，另一手拇指指腹沿着韧带、肌纤维或神经的走向向患端顺理，反复数遍；用力必须均匀持续，指腹移动必须缓慢。

（三）作用

理筋法具有调和气血，顺筋归位的作用。

图 14-26　理筋法

（四）应用

理筋法多用于治疗急性闭合性软组织损伤。

第三节　运动调节按摩

一、运动前按摩

运动前按摩是运动员参加训练或比赛前所进行的按摩，其目的是使学生或运动员处于最佳的赛前状态。按摩可增强肌肉力量，增进韧带的柔韧性和关节的灵活性，因而可达到提高运动能力和预防运动伤病的目的。按摩应与准备活动结合起来，宜在训练或比赛前 15 min 内进行，按摩时间 2~10 min。按摩手法应根据运动员的功能状态、比赛项目和气候条件等具体情况而定。

（一）提高兴奋性的按摩法

对训练或比赛前出现情绪低落、精神不振的学生或运动员，应查明原因，消除思想因素的影响。此外，还可用按摩法来提高学生或运动员的兴奋性，即在一般准备活动后，被按摩者处坐位，按摩者站在其身旁。先用双手拇指揉攒竹、丝竹空、太阳穴，点揉风池、大椎、内关、足三里等穴，接着用重手法快速揉捏肩部斜方肌和从外向内重推第四至第七颈段斜方肌的外侧缘，使酸胀反应直达头部，最后轻拍肩部。按摩时间约 2~3 min，按摩后再做专项准备活动。

（二）克服赛前紧张状态的按摩法

学生或运动员在临赛前过度兴奋，常出现坐立不安、情绪激动、多尿、动作协调性下降。这时可采用频率较慢、用力较轻、时间稍长、接触面积较大的局部按摩。根据所从事的项目，对学生或运动时负荷量较大的肌肉和关节进行轻推、轻揉、轻揉捏等，通过这些弱刺激使抑制过程扩散，兴奋过程减弱而起到镇静作用。也可以进行缓和的头部按摩，即被按摩者取坐位，按摩者立于其身旁，先用拇指指腹揉印堂、太阳穴各约 10 次；再用双手拇指指腹紧贴于印堂穴上方的皮肤，进行来回交叉抹动眉上方约 10 次，最后 3 次当拇指抹到眉梢时再延伸至太阳穴，并揉太阳穴，然后推至两耳后方；五指并拢向下推至颈部两侧；接着把一手五指分开，用指腹从前额向头后方向作梳头，反复约 10 次，并揉百会、风池穴各 3~5 次。

（三）消除局部肌肉无力的按摩法

训练或比赛前，若局部肌肉无力，可在准备活动后，先用重推和擦摩 3~4 次后，接着做 1 分钟左右的重手法揉捏，然后再做切击、轻拍等兴奋性手法。按摩后再做专项准备活动。

（四）提高皮肤温度的按摩法

在冬季参加训练或比赛时，常因皮肤发凉，肌肉、关节僵硬而影响运动成绩，甚至发生运动损伤。这时可用较重而快速的推摩和擦摩，以促进局部的血液循环，提高皮肤温度，增强肌肉和关节活动功能。

二、运动中按摩

运动中按摩，是利用运动间歇的时间进行的按摩。其目的是迅速消除肌肉的僵硬和疲劳，因项目的不同，运用的手法和部位也不同。跑跳项目的运动员，多采用揉捏和抖动下肢的肌肉，擦、揉踝与膝关节，轻拍打肩关节；投掷项目的运动员，用揉捏、搓和抖动等手法对上肢肌进行按摩，并擦、推、揉肩胛部和腰部。

运动中按摩，一般是对负荷较大的肌肉群进行按摩。先采取轻柔的手法，继而再进行较重的手法，一般按摩时间为 3~5 分钟。

三、运动后按摩

运动后按摩的目的，是帮助学生或运动员迅速消除因剧烈运动或比赛所产生的疲劳。为此，多采用较轻柔、轻震动的手法，对负荷较大的肌肉群进行按摩。胸部按摩亦有重要意义，因为按摩胸部可加深呼吸。按摩能促进肌肉恢复原有的功能，而且还能加强其工作能力。实践证明，运动后若用 10 min 的放松按摩，可以使疲劳的肌肉原有工作能力得到恢复，如果采用 10 min 的消极休息就不能使疲劳的肌肉恢复到原有的工作能力。如果运动员疲劳时，可先用温水擦身，休息 2~3 h 后，再进行按摩。一般都在运动结束或沐浴后进行，若能在睡觉前进行按摩效果更好。

第十五章 体质与健康的评价

学习目标

知识目标
1. 通过学习，了解体质和健康的概念；
2. 通过学习，能够了解体质与健康的评价的指标与方法。
3. 通过学习，能够了解运动处方的诊断和制定。

技能目标
1. 通过学习体质与健康的评价，能够学会体质与健康的评价方法。
2. 通过学习运动处方，能够进行运动处方的诊断和制定。

素质目标
掌握体质与健康的评价知识，在日常生活和学习中，能够科学合理地运用体质与健康的评价知识，指导自身进行体育锻炼，达到增强体质、增进健康的最佳效果。

课堂导入

体质包括生理功能（如脉率、血压、肺活量等）、身体素质（力量、速度、灵敏、柔韧、耐力等）和身体基本活动能力（如走、跑、跳、投、攀登、举起重物等能力）；适应能力是指人体在适应自然环境和社会环境中所表现出来的机能能力，它包括对疾病的抵抗力不从心（免疫能力），对各种应激反应的抵抗能力（包括心理承受力）。

第一节 体质与健康的评价概述

一、体质

体质是人体在先天的遗传性与后天的获得性基础上所表现出来的形态结构、生理机能、心理、身体素质和适应能力等方面综合的、相对稳定的特征。体质在很大的程度上由先天因素所决定；但后天的影响也很大，如人的适应能力和心理因素与环境有关，体质可以通过体育锻炼得到完善和提高。

体质包括体格、体能和适应能力。其中，体格包括生长、发育，体形，姿态，器官组织的结构；体能包括生理功能（如脉率、血压、肺活量等）、身体素质（力量、速度、灵敏、柔韧、耐力等）和身体基本活动能力（如走、跑、跳、投、攀登、爬越、举起重物等能力）；适应能力是指人体在适应自然环境和社会环境中所表现出来的机能，它包括对疾病的抵抗力（免疫能力），对各种应激反应的抵抗能力（包括心理承受力）。

二、健康的概念

世界卫生组织（World Health Organization，WHO）于1948年在其宪章中提出了健康的概念：健康不仅是免于疾病和虚弱，而且是保持身体上、精神上和社会适应方面的完美状态。1989年，WHO又提出了健康的新概念：除了躯体健康、心理健康和社会适应良好外，还要加上道德健康，只有这四个方面的健康才算是完全的健康。

这一概念将人的健康分为生理健康、心理健康、道德健康、社会适应健康这四个方面。这是当今国际社会具有权威性的健康的概念。

（一）生理健康

生理健康是指人体的结构完整和生理功能的正常。人体的生理功能指以结构为基础，以维持人体生命活动为目的，协调一致、复杂而高级的运动形式。生理健康是其他方面健康的基础。

（二）心理健康

判断心理是否健康的一般原则是：

（1）心理与环境的同一性，指心理所反应客观的现实，无论是在形式上还是内容上都应同客观环境保持一致。

（2）心理与行为的整体性，是一个人的认识、体验、情感、意识等心理活动和行为在自身是一个完整和协调一致的统一体。

（3）人格的稳定性。是一个人在长期的生活经历过程中形成的个性心理特征具有相对的稳定性。

（三）道德健康

道德健康简单解释为做人的道理和应有的品德。道德健康以生理健康、心理健康为基础并高于生理健康和心理健康，是生理健康、心理健康的发展。道德健康的最高标准是"无私奉献"，基本标准是"为己利他"，不健康的表现是"损人利己"或"损人不利己"。

（四）社会适应健康

社会适应健康指人在社会生活中的角色，包括职业角色、家庭角色及在工作、家庭、学习、娱乐、社交中的角色转换与人际关系等方面的适应。社会适应良好，不仅要具有生理健康、心理健康和道德健康，而且要具有较强的社会交往能力、工作能力和广博的文化科学知识；不仅能胜任个人在社会生活中的各种角色，而且能创造性地取得成功，贡献社会，达到

传统体育与健康

自我成就和自我实现。社会适应健康也是健康的最高境界，缺乏角色意识、发生角色错位是社会适应健康不良的反映。

体质与健康既有区别又有联系，体质是人体的质量，是生命活动的物质基础，健康是体质的外部反映和表现。

第二节 体质与健康的评价指标

身体健康评价的方法很多，这里简单介绍几种常用的方法：

一、指数法

指数法是借助一种数学公式来表示各项发育指标间的比例关系的方法，常用的指数有：

（一）身体形态发育的评价指数

（1）体重指数＝[体重（kg）/身高的平方（m^2）]，反应体重与身高的关系。指数大，表示体重相对重。

（2）身高胸围指数＝[胸围（cm）/身高（cm）]×100，反映胸围与身高的关系。指数大，表示胸围相对大。

（二）身体机能的评价指数

（1）肺活量体重指数＝肺活量（ml）/体重（kg），反映肺活量的大小。指数大，表示肺活量相对较大。

（2）脉搏比指数＝定量运动负荷后的脉搏（次/分）/运动前的安静脉搏（次/分），数值越大，健身锻炼的水平越高。该公式通过人体在定量负荷后的脉搏与运动前的安静脉搏的比值来反映心脏机能水平。该数值的大小可以说明心脏机能最大动员程度的潜力如何。

（3）哈佛台阶试验指数＝[运动持续时间（秒）/2×恢复期3次脉搏之和]×100。此指数可以量化评定心血管机能水平，有效地、客观地了解和评定心血管机能状况。工作指数值越大，心血管机能水平越高。经常参加锻炼的人，心血管机能强的人，在运动时表现为心跳次数少，脉搏频率低。此指数可以量化评定心血管机能水平，有效地、客观地了解和评定心血管机能状况。其方法如下：

受试者以每分钟30次的频率上下台阶（男台阶高40 cm，女台阶高30 cm）持5分钟，共上下台阶150次。要求腿要伸直，做完后，恢复期第2、3、5分钟30秒的脉搏数，然后按公式计算指数。

（4）握力指数＝最大握力（kg）/体重（kg），反映肌肉力量与体重的关系，表示肌力的大小。

二、身体素质评价方法

身体素质的评价可以选择反映代表速度、力量、耐力、灵敏、柔韧素质的指标（表15-1）。

表15-1 身体素质的评价方法表

男学生	女学生
50 m或100 m跑，立定跳远，网球掷远，坐位体前屈，10 m×4往返跑，握力，背力，纵跳，闭眼单脚站立，俯卧撑，反应尺，1 500 m跑	50 m跑，立定跳远，网球掷远，坐位体前屈，10 m×4往返跑，背力，纵跳，闭眼单脚站立，反应尺，一分钟仰卧起坐，800 m跑

三、适应能力的评价方法

适应能力的评价方法主要有：①感冒的次数；②自我感觉（情绪方面）；③生病的次数。

同学们可在体育老师的指导下，选择简单实用、适合自己的评价方法，获得自己体质与健康的第一手资料，有针对性地开展体育锻炼。

第三节 大学生体质健康评分表

为建立健全国家学生体质健康监测评价机制，激励学生积极参加身体锻炼，教育部印发《国家学生体质健康标准（2014年修订）》，要求各学校每学年开展覆盖本校各年级学生的《标准》测试工作，并根据学生学年总分评定等级。只有达到良好及以上的学生，方可参加评优与评奖。

新修订的《国家学生体质健康标准》适用于全日制普通小学、初中、普通高中、中等职业学校、普通高等学校的学生，将学生按照年级划分为不同组别，身体形态类中的身高、体重，身体机能类中的肺活量，以及身体素质类中的50米跑、坐位体前屈为各年级学生共性指标。

根据学生学年总分评定等级：90.0分及以上为优秀，80.0~89.9分为良好，60.0~79.9分为及格，59.9分及以下为不及格。学生测试成绩评定达到良好及以上者，方可参加评优与评奖；成绩达到优秀者，方可获体育奖学分。测试成绩评定不及格者，在本学年度准予补测一次，补测仍不及格，则学年成绩评定为不及格。普通高中、中等职业学校和普通高等学校学生毕业时，《标准》测试的成绩达不到50分者按结业或肄业处理。

学生因病或残疾可向学校提交暂缓或免予执行《标准》的申请，经医疗单位证明，体育教学部门核准，可暂缓或免予执行《标准》，并填写《免予执行〈国家学生体质健康标

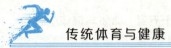

准》申请表》，存入学生档案。确实丧失运动能力、被免予执行《标准》的残疾学生，仍可参加评优与评奖，毕业时《标准》成绩需注明免测。

各学校每学年开展覆盖本校各年级学生的《标准》测试工作，《标准》测试数据经当地教育行政部门按要求审核后，通过"中国学生体质健康网"。上传至"国家学生体质健康标准数据管理系统"。测试和数据上传时间由教育行政部门确定。

一、测试项目及各项评价分数的权重系数

测试项目及各项评价分数的权重系数如表15-2所示。

表15-2 测试项目及各项评价分数的权重系数

组别	评价指标（测试项目）	分值
大学各年级	BMI	15
	肺活量	15
	50米跑	20
	坐位体前屈	10
	立定跳远	10
	男生引体向上、女生一分钟仰卧起坐	10
	男生1 000米跑、女生800米跑	20

注：BMI＝体重/身高的平方（体重的单位为kg，身高的单位为m）

二、身高标准体重

男生体重指数（BMI）单项评分表如表15-3所示。

表15-3 男生体重指数（BMI）单项评分表　　（单位：千克/米^2）

单项得分	60分	80分		100分
等级	肥胖	低体重	超重	正常
大学各年级	≥28.0	≤17.8	24.0~27.9	17.9~23.9

女生体重指数（BMI）单项评分表如表15-4所示。

表15-4 女生体重指数（BMI）单项评分表　　（单位：千克/米^2）

单项得分	60分	80分		100分
等级	肥胖	低体重	超重	正常
大学各年级	≥28.0	≤17.1	24.0~27.9	17.2~23.9

第十五章 体质与健康的评价

三、肺活量

男生肺活量单项评分表如表15-5所示。

表15-5 男生肺活量单项评分表

（单位：毫升）

单项得分	100	95	90	85	80	78	76	74	72	70	68	66	64	62	60	50	40	30	20	10
等级	优秀	优秀			良好						及格							不及格		
大一、大二	5 040	4 920	4 800	4 550	4 300	4 180	4 060	3 940	3 820	3 700	3 580	3 460	3 340	3 220	3 100	2 940	2 780	2 620	2 460	2 300
大三、大四	5 140	5 020	4 900	4 650	4 400	4 280	4 160	4 040	3 920	3 800	3 680	3 560	3 440	3 320	3 200	3 030	2 860	2 690	2 520	2 350

女生肺活量单项评分表如表15-6所示。

表15-6 女生肺活量单项评分表

（单位：毫升）

单项得分	100	95	90	85	80	78	76	74	72	70	68	66	64	62	60	50	40	30	20	10
等级	优秀	优秀			良好						及格							不及格		
大一、大二	3 400	3 350	3 300	3 150	3 000	2 900	2 800	2 700	2 600	2 500	2 400	2 300	2 200	2 100	2 000	1 960	1 920	1 880	1 840	1 800
大三、大四	3 450	3 400	3 350	3 200	3 050	2 950	2 850	2 750	2 650	2 550	2 450	2 350	2 250	2 150	2 050	2 010	1 970	1 930	1 890	1 850

四、50米

男生50米跑单项评分表如表15-7所示。

表15-7 男生50米跑单项评分表

（单位：秒）

单项得分	100	95	90	85	80	78	76	74	72	70	68	66	64	62	60	50	40	30	20	10
等级	优秀	优秀			良好						及格							不及格		
大一、大二	6.7	6.8	6.9	7.0	7.1	7.3	7.5	7.7	7.9	8.9	8.3	8.5	8.7	8.9	9.1	9.3	9.5	9.7	9.9	10.1
大三、大四	6.6	6.7	6.8	6.9	7.0	7.2	7.4	7.6	7.8	8.0	8.2	8.4	8.6	8.8	9.0	9.2	9.4	9.6	9.8	10.0

女生50米跑单项评分表如表15-5所示。

表15-8 女生50米跑单项评分表

（单位：秒）

单项得分	100	95	90	85	80	78	76	74	72	70	68	66	64	62	60	50	40	30	20	10
等级	优秀			良好						及格								不及格		
大一、大二	7.5	7.6	7.7	8.0	8.3	8.5	8.7	8.9	9.1	9.3	9.5	9.7	9.9	10.1	10.3	10.5	10.7	10.9	11.1	11.3
大三、大四	7.4	7.5	7.6	7.9	8.2	8.4	8.6	8.8	9.0	9.2	9.4	9.6	9.8	10.0	10.2	10.4	10.6	10.8	11.0	11.2

五、坐位体前屈

男生坐位体前屈单项评分表如表15-9所示。

表15-9 男生坐位体前屈单项评分表

（单位：厘米）

单项得分	100	95	90	85	80	78	76	74	72	70	68	66	64	62	60	50	40	30	20	10
等级	优秀			良好						及格								不及格		
大一、大二	24.9	23.1	21.3	19.5	17.7	16.3	14.9	13.5	12.1	10.7	9.3	7.9	6.5	5.1	3.7	2.7	1.7	0.7	-0.3	-1.3
大三、大四	25.1	23.3	21.5	19.9	18.2	16.8	15.4	14	12.6	11.2	9.8	8.4	7	5.6	4.2	3.2	2.2	1.2	0.2	-0.8

女生坐位体前屈单项评分表如表15-10所示。

表15-10 女生坐位体前屈单项评分表

（单位：厘米）

单项得分	100	95	90	85	80	78	76	74	72	70	68	66	64	62	60	50	40	30	20	10
等级	优秀			良好						及格								不及格		
大一、大二	25.8	24	22.2	20.6	19	17.7	16.4	15.1	13.8	12.5	11.2	9.9	8.6	7.3	6	5.2	4.4	3.6	2.8	2
大三、大四	26.3	24.4	22.4	21	19.5	18.2	16.9	15.6	14.3	13	11.7	10.4	9.1	7.8	6.5	5.7	4.9	4.1	3.3	2.5

六、立定跳远

男生立定跳远单项评分表如表15-11所示。

表15-11 男生立定跳远单项评分表

（单位：厘米）

单项得分	100	95	90	85	80	78	76	74	72	70	68	66	64	62	60	50	40	30	20	10
等级	优秀		良好							及格								不及格		
大一、大二	273	268	263	256	248	244	240	236	232	228	224	220	216	212	208	203	198	193	188	183
大三、大四	275	270	265	258	250	246	242	238	234	230	226	222	218	214	210	205	200	195	190	185

女生立定跳远单项评分表如表15-12所示。

表15-12 女生立定跳远单项评分表

（单位：厘米）

单项得分	100	95	90	85	80	78	76	74	72	70	68	66	64	62	60	50	40	30	20	10
等级	优秀		良好							及格								不及格		
大一、大二	207	201	195	188	181	178	175	172	169	166	163	160	157	154	151	146	141	136	131	126
大三、大四	208	202	196	189	182	179	176	173	170	167	164	161	158	155	152	147	142	137	132	127

七、仰卧起坐、引体向上

男生引体向上单项评分表如表15-13所示。

表15-13 男生引体向上单项评分表

（单位：次）

单项得分	100	95	90	85	80	76	72	68	64	60	50	40	30	20	10
等级	优秀		良好							及格				不及格	
大一、大二	19	18	17	16	15	14	13	12	11	10	9	8	7	6	5
大三、大四	20	19	18	17	16	15	14	13	12	11	10	9	8	7	6

女生一分钟仰卧起坐单项评分表如表15-14所示。

表15-14 女生一分钟仰卧起坐单项评分表

（单位：次）

单项得分	100	95	90	85	80	78	76	74	72	70	68	66	64	62	60	50	40	30	20	10
等级	优秀			良好						及格								不及格		
大一、大二	56	54	52	49	46	44	42	40	38	36	34	32	30	28	26	24	22	20	18	16
大三、大四	57	55	53	50	47	45	43	41	39	37	35	33	31	29	27	25	23	21	19	17

八、1 000米（男）、800米（女）

男生耐力跑单项评分表如表15-15所示。

表15-15 男生耐力跑单项评分表

（单位：分·秒）

单项得分	100	95	90	85	80	78	76	74	72	70	68	66	64	62	60	50	40	30	20	10
等级	优秀			良好						及格								不及格		
大一、大二	3'17"	3'22"	3'27"	3'34"	3'42"	3'47"	3'52"	3'57"	4'02"	4'07"	4'12"	4'17"	4'22"	4'27"	4'32"	4'52"	5'12"	5'32"	5'52"	6'12"
大三、大四	3'15"	3'20"	3'25"	3'32"	3'40"	3'45"	3'50"	3'55"	4'00"	4'05"	4'10"	4'15"	4'20"	4'25"	4'30"	4'50"	5'10"	5'30"	5'50"	6'10"

女生耐力跑单项评分表如表15-16所示。

表15-16 女生耐力跑单项评分表

（单位：分·秒）

单项得分	100	95	90	85	80	78	76	74	72	70	68	66	64	62	60	50	40	30	20	10
等级	优秀			良好						及格								不及格		
大一、大二	3'18"	3'24"	3'30"	3'37"	3'44"	3'49"	3'54"	3'59"	4'04"	4'09"	4'14"	4'19"	4'24"	4'29"	4'34"	4'44"	4'54"	5'04"	5'14"	5'24"
大三、大四	3'16"	3'22"	3'28"	3'35"	3'42"	3'47"	3'52"	3'57"	4'02"	4'07"	4'12"	4'17"	4'22"	4'27"	4'32"	4'42"	4'52"	5'02"	5'12"	5'22"

第四节 女子及中老年人的健身与保健要求

一、女子健身的保健要求

（一）女子的生理特点

女子的体型、各器官系统的结构和功能，都具有自身的发育特点。在青春期以前，男、女各项形态指标差异不大，多数指标男子略大于女子，身体功能和运动能力也基本相同。进入青春期后，由于女子的快速生长期比男子早2年，因而多数形态指标形成两次交叉，女子逐渐形成肩部较窄、骨盆较宽、躯干相对较长、下肢较短、上臂较细而大腿较粗、皮下脂肪较多的体型特点。这种体型使女子的身体重心较低，有利于维持平衡，对完成下肢支撑的平衡动作有利，但不利于跳跃和速度的发挥。

女子的骨骼较细，抗压抗弯能力仅为男子的2/3。肌纤维较细，肌肉重量占体重的比例比男子小，肌肉力量较弱，易疲劳，且消除疲劳的时间较长；肩带肌和前臂肌力量弱，做悬垂、支撑和摆动动作较吃力。关节囊和韧带的弹性较好，椎间盘较厚，所以四肢、脊柱活动范围较大，柔韧性好。女子的心脏体积和容积比男子小，心脏质量比男子小10%~15%，每搏输出量比男子小10%左右，心肌收缩力较弱，心率较快，血压比男子低；运动时主要依靠加快心率来增大每分输出量，血压上升也不如男子明显，且恢复期较长。此外，女子全身血量、红细胞和血红蛋白含量都低于男子。因而女子的输氧能力不及男子。女子的胸廓和肺容积较小，呼吸肌力量较弱，胸廓活动度和呼吸差较小。因此，女子的肺通气量和换气功能较低，呼吸频率较快，肺活量较小，吸氧量也不及男子。女子子宫位于骨盆正中。子宫的正常位置是依靠子宫韧带、子宫附近的器官和腹腔、盆腔内一定的压力来维持的。腹肌、盆底肌和横膈膜三者对保持一定的腹腔、盆腔内压力有重要作用。通过体育锻炼，使盆底肌和腹肌变得强而有力，对维持子宫及其他生殖器官的正常位置具有重要作用。

（二）对女子卫生的要求

女子月经期间由于神经—体液（内分泌）调节变化的影响，抗病能力减弱，加上子宫颈口轻微张开，子宫内膜剥落，阴道酸性分泌物被经血冲淡，容易感染而引起疾病。因此，在行经期间必须注意卫生。

行经期间要少吃生冷或有刺激性的食物，如辣椒、酒等，多喝开水，并保持大便通畅。月经期间必须保持充分的睡眠，以增强身体抗病的能力。重体力劳动或剧烈体育活动容易造成经血过多或经期延长，对健康不利。因此月经期必须减少劳动或体育运动的强度。身体受凉会使血管收缩，尤其是下半身受寒可引起月经减少、痛经等现象。应避免用冷水洗澡、洗脚或坐凉地等，下腹部对寒冷刺激较敏感，更应防止受寒。

保持愉快、乐观的情绪，情绪波动会影响身体健康和月经状况。此外，要注意饮食卫生和加强营养，要多吃新鲜的肉类、蔬菜。

(三) 对女子健身运动的保健要求

青春期发育阶段，由于女子在体格发育、内脏器官功能水平及身体素质方面逐渐落后于男子，出现明显的差别，而且少女有月经来潮。因此，中学、中专、专科学校体育课应男、女分班（组）上课，男女学生教学的内容与要求应有区别，对女生的锻炼标准、运动成绩（跑的速度、跳的高度、负重的重量等）的要求应低于男生。女生使用的运动器械应按规定较男生轻些，并按国家规定的女子运动项目开展体育锻炼。女生的心血管、呼吸系统功能较差，运动负荷比男生要相对地安排得小一些。女子肩部较窄，臂力较弱，做两臂支撑、悬垂和大幅度的摆动动作都较吃力，学习这些动作时，要注意循序渐进和加强帮助与保护。女子身体重心较低，平衡能力较强，柔韧性较好，适宜于平衡木及艺术体操等项活动。在教学和训练中，应注意保持和发展其柔韧性，有目的、有步骤地加强肩带肌、腹肌、腰背肌和盆底肌的锻炼。女子不宜过多做从高处跳下的练习，地面不可太硬，并注意落地姿势，以免使身体受到过分震动，影响骨盆的正常发育和盆腔内器官的正常位置。因此，要多安排些增强腹壁、盆底肌的练习，以免由于跑跳等练习的剧烈震动引起子宫移位。

根据体型和心理特点，女子宜于进行艺术体操、高低杠、平衡木、自由体操和健美操等项目的练习。在较长距离游泳方面女子具有一些有利条件：由于女子肩部较窄而圆，游泳时所受水的阻力较小；女子体内贮存的脂肪多，因而浮力较好、耐冷；用脂肪作能源的利用率较高，故热能供给较充足。在长距离跑方面，女子在形态和功能方面也具有优越性，除体脂较多，用脂肪作能源的利用率较高外，女子的氧利用率和调节体温能力高于男子，对能量消耗时所引起的体温升高，有较好散热能力，对热应激的适应能力较好且脱水较少，在单位时间内，能量消耗也较少。要积极指导和启发女子参加体育锻炼的自觉性和积极性，通过锻炼克服本身的弱点，提高内脏器官的功能，发展力量、速度、耐力、柔韧和灵敏素质，在保健指导下，使她们逐渐承担更大的运动负荷，增进健康水平和提高运动成绩，使她们能在今后的生产劳动和体育运动中做出更大的贡献。

二、中年人的保健要求

(一) 中年人的生理特点

人到中年之后，随着年龄的增加，人体的功能储备减少，适应能力减退，抵抗力下降，而各种疾病的发病率增加。中年人的生理特点可以表现在以下方面：心搏逐渐减弱、心输出量减少（30 岁时每分钟心输出量为 3.4 L，40 岁时为 3.2 L，50 岁时为 3.0 L，60 岁时仅为 2.7 L）。血压因血管弹性下降而随年龄增高，每增长 10 岁，约升高 1.3 kPa（10 mmHg）。由于"脂质斑块"沉积在血管壁上，使管腔变窄，因此，随年龄增加，血流量和血流速度都减慢。中年人运动时易出现气促、气喘、基础代谢率逐渐下降，体内能量消耗减慢；神经、精神活动减弱；神经传导速度减慢，记忆力下降。中枢神经抑制过程减弱，睡眠时间缩短，不易入睡，易醒。骨质密度开始下降，容易发生腰腿痛、肩周炎、颈椎病等疾患。免疫功能、内分泌功能开始减退，尤其是性腺功能逐渐下降。中年妇女在 45~55 岁进入更年期，还会出现一系列症状。

从心理发展上看，中年人的观察力日臻完善，看问题比较全面深刻；记忆力也比较好；思维活跃，善于独立思考，情绪稳定性好，意志自制力较强，遇事常能理智、冷静思考等。然而，随着生理功能的减退和现实生活中的诸多矛盾、困惑，也常会导致情绪波动、思虑过多，从而影响身心健康。

（二）对中年人健身运动的保健要求

坚持科学的体育锻炼是延长最佳年华，增强体质的重要手段。中年人应寓健身体育锻炼于日常生活中，即使每天进行 15min 慢跑或 20 min 步行，也会起到一定的健身效果。经常参加锻炼是健康生活方式的重要方面，不锻炼、不科学的生活方式常可导致"生活方式病"，也有人称为"运动不足病"。世界卫生组织（WHO）在 1990 年把心脏病、高血压、糖尿病、骨质疏松症等定为"运动不足病"。中年人进行体育锻炼应注意以下保健要求：

1. 选择适宜的运动项目

中年人各器官、系统都有不同程度的退行性变化，所以选择的运动方式要广泛，力求使全身各部位都参与运动，如步行、散步、慢跑、中速跑、长跑、骑自行车、游泳、广播操、健身迪斯科、太极拳、气功、小球类、远足、登山等。

2. 确定适宜的运动强度

运动中要遵循量力而行、循序渐进的原则，锻炼时要根据个人体质状况、以往有无运动习惯等合理地安排、选择适宜的运动强度。根据科学锻炼的要求，运动强度应达到最大心率的 70%~85% 为目标心率范围。30~39 岁为 140~165 次/min；40~49 岁为 123~146 次/min；50~59 岁为 118~139 次/min。

3. 合理安排锻炼时间

一般每周安排 3~5 次锻炼，每次 20~45 min。例如，早锻炼 30 min，可做如下安排：广播操 5~10 min，慢跑 12 min，最后以太极拳或肌力练习 5~10 min 结束。

必须指出，中年人切忌突然地剧烈运动。因为激动、紧张和突然起动等不利因素结合在一起，对于潜在的心血管病人具有特别的危险性。

4. 选择适宜的锻炼环境和时间

锻炼应选择人少、宁静、空气清新的环境，如广场、公园等地方。饥饿、饭后不要参加运动，尤其不要做剧烈的运动，以免影响消化功能，预防发生消化道疾病。晚上睡前不宜做剧烈运动，以免影响睡眠。

5. 定期进行全面身体健康检查

中年人应重视定期的身体健康检查，并要建立健康档案。经常了解自己的健康状况，特别要注意平时无明显症状的冠心病以及其他一些隐匿的慢性疾病。为此，中年人应学习一些必要的医学保健知识，以便及时发现自己身体的一些异常情况，及早就医诊断治疗，以免延误病情。

三、老年人健身的保健要求

（一）老年人的生理特点

老年人的衰老变化最明显的是外形的改变：如头发变白与脱落；皮肤变薄、干脆、松弛、皱纹加多，出现各样的老年斑和老年紫癜；皮下脂肪减少，使身体的御寒功能降低；肌肉萎缩使手的拉力、握力减弱；由于脊柱椎间盘的改变，身躯多少都出现老年性弯曲，身长减短，动作和步履迟缓；上、下颌骨及牙龈萎缩，牙齿容易出现松动和脱落。感觉系统的变化也较明显：瞳孔一般变小，角膜周围出现一圈类脂质沉着不透明的老年环，视力调节功能下降出现老花；听力下降；嗅觉减退；痛觉及冷热感降低，对外界刺激反应迟钝。以上这些改变经常伴随着一些内脏功能的减退，主要表现为内脏器官贮备力降低，适应能力和抵抗力减弱。

（二）老年人健身运动的保健要求

体育锻炼以及体力活动对于延缓衰老、防病抗老、延年益寿有着积极的作用。我国早在古代就用"流水不腐、户枢不蠹"来比喻运动对防病抗老的作用。同一道理，现代医学也基于"生命在于运动"这一指导思想，把体育锻炼作为老年保健的重要手段。

新陈代谢是生命的基本特征，从生理学角度看，衰老现象的发生，是由于新陈代谢的迟滞、衰退引起的。通过体育锻炼可以改善老年人骨骼的血液供应，增加骨骼的物质代谢，保持骨骼的弹性、韧性，提高骨骼的抗断能力，延缓、减少骨骼的老年性退行性改变。增加肌肉的力量，防止肌肉萎缩和退行性变化，保持关节韧带的韧性和关节的灵活性。

老年人在体育锻炼时，在一定程度上加大了心脏的工作负荷，与此同时，心脏冠状动脉的循环血量较平时增加，改善血液脂质代谢，降低血脂（血清胆固醇、甘油三酯等），减少脂肪沉着，延缓动脉血管粥样硬化，有助于控制老年人动脉粥样硬化的发展和有利于防治老年人高血压、冠心病。老年人运动时，可改善肺脏的通气、换气功能，对防治老年性气管炎和哮喘也有一定的作用。

老年人坚持体育锻炼能延缓脑动脉粥样硬化过程，使脑动脉血中的氧含量升高，改善脑细胞的氧供应，从而减缓脑萎缩。通过肌肉活动可以刺激和调整大脑皮层神经活动过程的强度、均衡性和灵活性，缩短反应潜伏期，改善各种分析器的功能，提高机体对外界环境的适应能力，保持旺盛精力，使人精神愉快乐观。老年人在参加体育锻炼前，应进行全面身体健康检查，以便结合身体情况，合理选择运动项目和确定适宜的运动量，如有条件可请医生据此开出运动处方。在锻炼时要注意循序渐进、量力而行和持之以恒。

老年人不宜参加速度项目和力量性锻炼，避免做憋气的、过分用力的和引起血压骤然升高的动作（如举重、俯卧撑、引体向上、手倒立、头倒立等），对可能引起血液重新分配和影响脑部血液循环的身体突然前倾、后倒、低头、弯腰等动作，应少做或不做。老年人不宜参加剧烈的比赛，更不要勉强参加比赛去争名次。此外，在锻炼时，呼吸要自然，气氛应轻松、愉快和活跃。

要加强自我监督，平时应经常观察自己的脉率、血压及身体的健康状况。通常，老年人运动后应感到心情舒畅，精神愉快，轻度疲劳，食欲和睡眠较好，晨脉稳定血压正常。若运动后出现头痛、头晕、胸闷、心悸、食欲减退、睡眠不佳及明显疲乏等，则说明运动负荷过大，应及时调整锻炼内容，减少运动负荷或暂停锻炼。患感冒或其他急性疾病、身体过分疲劳时应暂停体育锻炼，并积极治疗或休息。

第五节 运动处方

一、运动处方的概念、种类、内容与制定方法

体育锻炼可以达到防病、治病、健身的目的。不同的身体状况应采取不同的锻炼方法，

否则易使人体受到伤害，尤其是那些身患疾病的人必须严格按照运动处方进行体育医疗。

（一）运动处方的概念

所谓运动处方，即教练或医师用处方的形式规定体疗病人或健身运动参加者锻炼的内容、运动量和运动强度。它是指导人们有目的、有计划进行科学锻炼的一种形式。

（二）运动处方的种类

运动处方可分为治疗性运动处方和预防性处方两种。治疗性运动处方是用于某些疾病或损伤的治疗和康复，它使医疗体育更加定量化和个别对待化。例如：某人超重10千克，他需每天爬山1小时，约16周的时间可以降到标准范围，这就是治疗性运动处方。预防性运动处方主要用于预疾病。

（三）运动处方的内容

1. 运动项目

要根据体育运动参加者的目的选择有针对性的运动项目。例如：为了增加力量，宜选择力量性项目；为了改善心肺功能，宜选择有氧代谢为主的慢跑、游泳、自行车等项目。

2. 运动强度

运动强度即在单位时间内完成的运动量。可用最大吸氧量、心率、速度等表示。由于运动强度对锻炼者机体影响最大，因此，它的安排恰当与否是影响运动处方效果的关键。

3. 运动频度

运动频度即每周运动的次数。运动间隔时间过长或过短都会影响运动处方的效果。

（四）运动处方的制定方法

制定运动处方需按一定的程序。首先，汇总参加者的个人资料；其次，对每个人进行医学检查以便全面了解参加者的身体状况；最后，进行负荷实验和体力测定，为制定运动处方的强度提供依据。在处方中还必须指出禁止参加的项目、锻炼的自我监督指标及出现异常情况下停止运动的准则等。在制定和执行运动处方时，都必须严格遵守循序渐进、个别对待的原则，加强医务监督，充分考虑安全。

二、运动处方的诊断检查与运动安排

（一）运动处方的诊断检查

运动处方中的诊断检查包括两方面：一是对参加体育锻炼的慢性病患者进行健康诊断；二是进行运动负荷实验。诊断和实验的指标包括身高、体重、血压、心电图、心肺功能、摄氧量、血液和尿的化验等。诊断和实验是为运动安排提供科学依据。

1. 健康诊断

健康诊断即医学检查，其目的是掌握被检查者的身体健康状况，评定其等级，排除运动禁忌症，为运动负荷实验提供有效的安全系数。

2. 运动负荷实验

运动负荷实验主要是测定有氧工作能力，诊断冠心病并对心脏病病情分类，测定运动中最高心率及确定运动时的安全性。实验中的运动负荷有两种，最大负荷和次最大负荷。最大负荷实验更合乎要求，但其危险性较大，尤其是对于老年人。

制定运动处方必须做运动实验，它是最重要的检查方法之一。为了确保运动负荷实验的安全性和运动处方的有效性，平时多采用次最大负荷实验。另外，对那些有病患的老年人，必须准备相应的对策。

（二）运动安排

要根据上述诊断和实验的结果，合理安排运动量。

1. 运动强度的确定

（1）用耗氧量确定运动强度。健康人、青年人用运动负荷实验中所得的最大吸氧量的百分比控制运动强度。例如：80%的最大吸氧量的强度为较大强度；50%~60%为中等强度；40%以下为较小强度。如果为了减肥就必须用中等强度。若为了提高心脏功能，可用50%~80%的最大吸氧量强度，小强度无效。

（2）用最高心率确定运动强度。因病或年老体弱不能测定最大吸氧量时，只能用最高心率确定运动强度。最高心率的测定也要通过运动负荷实验，只能用目标心率。例如：一位60岁的老人，安静时的心率为70次/分，按公式计算目标=0.9×(160-70)+70=151次/分。当运动负荷实验中，心率达到151次/分时就可以终止实验了。151次为目标心率值，即为上限，不可超越，如果超越就有危险。目标心率的均值=0.7×(160-70)=133次/分。有效强度的下限不能低于133次/分，否则就不会获得锻炼效果。此人在运动中的心率必须控制在133~151次/分的范围。

（3）用公式法确定运动强度。在无条件进行运动负荷实验时，只能用170或180减年龄这个公式去估计适宜的运动强度了。

2. 运动时间

每次运动的持续时间一般要求达到有效强度后，至少持续15分钟以上才能见效。但运动时间的长短与运动强度成反比，最短时间限度是5分钟，最长为1小时。

3. 运动频度的确定

运动频度是每周的运动次数。一般来说每周3~4次或隔日1次为宜。因为每周运动2次以下，不足以使最大吸氧量得到足够的提高。偶尔参加几次只能增大软组织损伤的可能性。另外，还要考虑体力和运动能力的强弱。体力好、运动能力强的人运动次数可以多一些，否则应酌减。

宜昌地方篇

第十六章 土家族撒叶儿嗬

学习目标

知识目标
1. 能够掌握土家族撒叶儿嗬、巴山舞的特点；
2. 能够了解土家族撒叶儿嗬、巴山舞发展的趋势。

技能目标
1. 能够模仿土家族撒叶儿嗬、巴山舞练习；
2. 能够学会欣赏土家族撒叶儿嗬、巴山舞。

素质目标
提升大学生对土家族撒叶儿嗬、巴山舞的认知，领会其体育精神。

课堂导入

"巴山舞之父"——覃发池

覃发池，男，土家族，1943年出生在湖北省长阳土家族自治县榔坪镇冷水桥村一个山寨里，巴山舞创始人，被誉为"巴山舞之父"，湖北省舞蹈家协会副主席，中国舞蹈家协会会员，湖北省长阳土家族自治县文化馆馆长，民俗文化村村长。中央电视台《东方时空——东方之子》曾经对其做了专题采访报道。

1978年，覃发池作为一位普通的文化工作者，只身来到长阳县西部偏僻的乐园乡，蹲点搞农村文化工作，认真学习和研究土家族的"跳丧""哭嫁"等歌舞元素，精心提炼成"巴山舞"。他将舞蹈中的摆手、摆胯、弯腰等动作分解后进行规范，并取了好听的名字"风摆柳""喜鹊登枝""百凤朝阳""双龙摆尾"等。

1982年，《舞蹈》杂志第三期发表了他的论文《新兴的群众自娱性集体舞蹈巴山舞》，引起了中国舞蹈界的高度重视，覃发池被吸纳为中国舞蹈家协会会员，《舞蹈》杂志派出编辑赵景深到长阳调研，后来，他在《舞蹈》杂志中这样评价巴山舞："长阳巴山舞的价值在于开拓，它的成功在于忠实，忠实于人民，忠实于历史。"

2000年12月，他编导的巴山舞经历了群雄逐鹿后，荣获第十届中国"群星奖"广场舞蹈"金奖"。

2002年9月，国家体育总局将巴山舞作为体育健身广场舞蹈推向全国，神州刮起"巴山舞"旋风。

2005年，国家体育总局派出专班来考察，把巴山舞列为全国八大新研发项目之一，在南京展示会上被排在第一，获得文化创新奖。

第一节 土家族撒叶儿嗬

一、概述

撒叶儿嗬亦称打丧鼓，它起源于清江中游地区的土家族，是一种传统的民俗文化活动，也是一种非常独特的丧葬形式。每有老人辞世，人们就会从四山五岭赶来，欢聚一起，在孝家的堂屋里，在亡人的灵柩前，男人们载歌载舞，女人们穿戴着色彩各异的鲜亮服饰围观助兴，通宵达旦。撒叶儿嗬的历史渊源有文献记载的可以追溯到唐代。唐《蛮书》载："夷事道，蛮事鬼。初丧，鼙鼓以为道哀，其歌必号，其众必跳，此乃盘瓠、白虎之勇也。""巴氏祭其祖，击鼓而祭，廪君之后也。"《后汉书》载："廪君死，魂魄世为白虎。"廪君即巴务相，出生于湖北省长阳土家族自治县境内武落钟离山赤穴。殁于夷城，葬登星岭（长阳境内），传说化白虎升天。巴务相系巴氏子。巴人后裔土家族亦崇拜虎，撒叶儿嗬乃巴人遗风。其源头从很多历史文献、民俗文物、演唱内容、舞蹈动作和丧葬形式中不难看出，"撒叶儿嗬"具有明显的虎（巴人图腾）特征，应是源于古代巴人的祭祀歌舞，也就是说，"撒叶儿嗬"与古代巴人白虎图腾有着直接的关联。

土家族撒叶儿嗬最大的特点，是把丧事当作喜事办。认为老人辞世是白喜事，其实并非土家族独有，汉族人也有讲白喜事的，只是实际上汉族人怎么也喜不起来。清江土家族则不同，它真正做到了丧事当做喜事办，而且有绝妙的歌腔舞态（图16-1）。

对于丧堂的布置，不乏喜庆的红色和彩色，有的甚至连大门上的挽联，也是大红色的，这在汉族地区的灵堂实难见到。在撒叶儿嗬的现场，来者服饰的色调没有忌讳，舞者尽情地欢跳，观者尽可以说笑，孝家后人也没有像汉族人那样披麻戴孝，从服饰上甚至看不出谁是孝子。年逾七旬、满脸已是银白胡须的老汉，也乐意为同龄人跳撒叶儿嗬，他们泰然地直面死亡，既不回避，也不觉得有任何不吉，而是歌舞陪伴亡人，欢欢喜喜地跳唱。如此对于生死的态度，在中国任何其他民族的习俗中，都是绝无仅有的。土家的撒叶儿嗬，是丧事喜办的典型。

撒叶儿嗬是歌、乐、舞浑然一体的艺术。清江土家族朴素的生命哲学，正是通过这样的艺术形式来展现的，其通达的生命观念不仅体现在丧堂的氛围上，更蕴涵在撒叶儿嗬欢乐的歌舞艺术之中。

丧鼓场上唱五句子情歌，是土家撒叶儿嗬的一大特色。土家人"高高兴兴办丧事，欢欢喜喜送亡人"，讲的就是"热热闹闹"。越是热闹，孝家后人才越是感到对得起亡人；来客越是跳得尽兴，才越是感到安慰孝家。如何才能达到丧事"喜"办的效果呢？最好的办

第十六章 土家族撒叶儿嗬

图 16-1　土家族舞

法当然是唱情歌。只有情歌是最让人快乐的，想到美好的情感，想到不易的生命，想到火热而幸福的生活，就会将悲伤抛却脑后，就会乐起来！跳丧时唱情歌，表达的是一种独到的风俗观念，实乃清江土家族生存欲望、生命意识的自然流露和尽情宣泄。生育是需要男女相爱的，丧鼓歌中的情歌占绝大多数，表现了强烈的种族繁衍愿望。

藏缅语族的其他一些民族中，也有在人死后跳撒叶儿嗬的，但都不同于清江土家族跳撒叶儿嗬，多为巫师担任，或跳的目的是为了赶鬼。而土家撒叶儿嗬既不赶鬼，又不媚神，重在娱人，因而有广泛的群众参与。在跳撒叶儿嗬的灵堂里，除了欢乐优雅的歌舞，没有肃杀压抑的阴森气氛，这里"只有人情，没有鬼气"。

（一）音乐的艺术价值

1. 声腔歌调

撒叶儿嗬的声腔是在当地民歌调的基础上，沿用古老的"以腔从词"法，依字行腔，即兴歌唱的。歌者以高腔为主，自称之为"叫歌"。之所以将其演唱称为"叫"而不称为"唱"，是由于在演唱方式上尤为独特——以男嗓高八度声腔，且发出类似花腔女高音风格的颤音，或一拍两颤，或在乐句和乐段落尾时一拍一颤，极具特色。高八度的小嗓运腔亮丽婉转，绵绵音韵伴和的颤音，给人温暖而不是阴冷的感觉。

撒叶儿嗬的歌调是一种原始古朴的歌词，它是一种"特性三声腔"或"特性三度"，乐句收尾的颤音游移滑动，听起来有点"怪"，似乎"不准"，被音乐家们噱之为"钢琴缝儿里的音"。据武汉音乐学院专家杨匡民先生和最早发现并研究这种"特性三声腔"的湖北兴山学者王庆沅先生考证，如今这种特性三度仅存于清江迤北长江三峡北岸的兴山、长阳一带，在其他歌种中已成绝响，却在跳撒叶儿嗬时原汁原味地保存了下来。

2. 曲体结构

撒叶儿嗬的曲体结构跟楚辞体式多有相似，从中尚能找到古代巴、楚之地祭神乐歌的影子。

3. 文辞风采

跳撒叶儿嗬所唱的歌体，多为五句诗体，俗称五句子歌，与中国历代诗歌中成就最为突出的八句体、四句体以及乐府长诗相比，土家五句子的句型有点另类。其妙处在于第五句特别俏皮，构思奇巧，常给人以意想不到和俗中见雅的效果。这种古今罕见的文学样式，今存清江流域和三峡地带，而尤以清江为最妙。

（二）舞蹈的艺术价值

1. 民族特色

跳撒叶儿嗬的舞蹈肢体动作特征，可用顺、曲、颤三个字来概括。

顺，讲的是左手与左脚同进同退，右手与右脚同进同退。按通俗的说法，常叫做顺手顺脚，或手脚顺边。它既不同于汉民族的大秧歌，与摇滚迪斯科显然也大相径庭。

曲，是指舞者臂腿弯曲，保持一定的弧形，含胸，体态下沉。

颤，则是舞蹈中的腿、胯、肩各个部位乃至全身都处在或弱或强的颤动状态中。

清江土家族属于藏缅语族。撒叶儿嗬舞姿的顺、曲、颤态势，表现出藏缅语族舞蹈的特点，其中的曲与颤甚至比康定锅庄和巴塘弦子有过之而无不及，说明经过数千年的时间跨度，作为藏缅语族的巴人的舞蹈基因仍一直延续下来。"手脚同边"，也可以看出土家族舞蹈的民族特性；清江土家族的撒叶儿嗬讲顺，酉水土家族的"摆手"也讲顺，可见不管是廪君蛮系统还是板盾蛮系统，不管是清江还是酉水，舞蹈的民族风格是一致的。

2. 节奏特点

撒叶儿嗬舞蹈的基本套路或核心舞段，表现为6/8拍子带切分音的节奏特点。这是一种明快而极具律动感的节拍，音乐专家称之为"在别的民歌体裁中是罕见的"。6/8拍子带切分音，不同于一般的群众歌舞节奏，它不是在简单的、如行进速度的音乐节奏中踏步，其节拍的强弱打破了常人行进和跃动的惯性，对于大众化的音乐舞蹈来讲，是最不大容易掌握的类型。奇怪的是，现今仍在跳这种不易掌握的歌舞节奏的人，是大山里并未受音乐节奏训练的土家汉。这些粗手大脚的土家男儿，跳唱起来何以如此圆熟？这不能不让人想到其先祖巴人"歌舞以凌，殷人前徒倒戈"那光耀典籍的历史以及其歌舞的独特魅力，从这"罕见"节奏中，我们似能看到它与巴人武舞的内在联系。撒叶儿嗬的节奏律动，在藏、羌族舞蹈特性之外，又有土家民族的独到之处。

撒叶儿嗬的基本套路，指的是长阳的《四大步》，周边地带也称《升子底》或《待尸》，叫法不同，本质却是相同的，节奏都是6/8拍子。

3. 套路特点

《四大步》又是各花样套路的媒介或纽带，在其他套路间起链接作用。其舞蹈要领，按老艺人们的总结，有"脚下踩的升子底，手上挽的链子扣""会撒叶儿嗬的肩靠肩，不会撒叶儿嗬的跑圈圈"，等等。

所谓《四大步》，并非简单的一拍一步，四拍跳四步，而是每一步用三拍，或每三拍走一步。即第一拍上步，二三拍顺势颤身。在一个六拍子中，可分为两个三拍，即可走两大步，这样两个六拍子则可走完四大步，那么四大步实际上用了十二个节拍，占两个 6/8 拍。换句话说，《四大步》是在两个 6/8 拍子当中，走四个"一步两颤"的舞步。如果配以歌师的演唱：每一个七言的句子恰恰需用两个 6/8 拍，那么一句歌词或一个乐句唱完，正好是一个四步。

撒叶儿嗬在六拍子节奏的基本套路之外，还有二、四拍子节奏型以及混合节奏型等，使之从歌到舞都丰富多彩。各种套路有的以动作命名，有的以曲式命名，约定俗成。长阳资丘的《风夹雪》就是 6/8 拍子与 2/4、4/4 拍子交叉混合，用《四大步》连《幺莲儿嗬》再连《幺姑姐》，三种套路用不同的节奏穿插，歌者与舞者配合默契，跳动自如，转换巧妙，绝不乱阵脚。观者在眼花缭乱之际，不得不佩服他们天才的歌舞技能。

4. 形式特点

撒叶儿嗬每两人一组，讲究的是两相对舞。舞者二人一正一反往复交错的形态，类似于阴阳八卦的图形，呈现的是一种刚柔相济、阴阳和合的美态。"万物负阴而抱阳，冲气以为和。"撒叶儿嗬对舞的形式反映出老庄道家思想中阴阳调和的审美观念。

撒叶儿嗬形式特点还表现在舞蹈中大量对动物动作的模仿，如虎抱头、猛虎下山、凤凰闪翅、燕儿衔泥、犀牛望月、滚龙翻身、双狮抢球、猴儿扒岩、蛤蟆晒肚、饿马悬蹄、鹞子翻身、牛擦痒、狗连裆，等等。土家是个崇虎的民族，在撒叶儿嗬对各种动物的模仿中，表现老虎的动态最多。撒叶儿嗬中的"虎抱头"，舞者二人左肩相靠，曲膝、哈腰、双手抱头，表现的是两只抱头嬉戏、憨态可掬的虎的神态，朴拙而令人回味，妙趣横生。

（三）生命观念

在长阳土家，即使健在的老人，为了目睹自己死后亲友们为之跳撒叶儿嗬的情形，还乐意在自己的寿诞之日，亲眼看一看为自己跳撒叶儿嗬，这就是跳活丧，又叫做生斋。其仪式程序、灵堂布置同亡者跳撒叶儿嗬一模一样，所不同的是人还健在，因而棺材是用纸做成的，在化灵烧纸时一同烧掉。这看起来似乎让人不可思议。老人对撒叶儿嗬的如此钟爱，究其原因，只能归结为通达的生命观。

清江土家的生命观念，与庄子的生命观念惊人地相似。清江土家中，流传着庄子"鼓盆而歌"的故事，土家族人将这个故事跟撒叶儿嗬相联系，是由于撒叶儿嗬的伴奏乐器是一面大鼓，而且把鼓放在一个木盆里。其实撒叶儿嗬的渊源要先于庄子"鼓盆而歌"。但土家仍乐于将庄子"鼓盆而歌"的故事和自己的习俗联系起来，深层的原因，是撒叶儿嗬中所表现的生命观念与庄子思想相似，因而他们引庄子为知己。

土家族人跳撒叶儿嗬时所唱的"生贺喜，喜贺死"，即是庄子所讲的"善吾生，善吾死"，既然生时已尽职尽责了，那么死就是快乐地回归。所以，在跳撒叶儿嗬的现场，孝子对来客行跪拜大礼时，到孝家奔丧的客人会说一声："恭喜你尽孝哒！"清江土家客观地面对生，乐观地对待死，把生死看得很通透。在大山里并不富足的农民那里，还能保持这样一种生死观念，谈何容易！其豁达、通脱直逼庄子，非同等闲。

（四）社会功能

撒叶儿嗬是以欢乐的歌舞来祭祀亡人的礼仪，是一种艺术化的民族风俗。它从古到今世代传承，在清江土家族民众中有很大影响。其社会功能显而易见：在撒叶儿嗬的现场，掌鼓师和歌者、舞者争相上场，频繁交替，把整个丧鼓场变成了赛歌的擂台和民间传播文化艺术的学堂。它不仅是民族文化传袭的空间，优秀艺术继承的载体，还能体现村寨间乃至族群间和谐交往，是邻里乡亲美好感情的交流传递。尤其是它所表现出的积极的人生态度、健康的民族心理和豁达的生命观念，所承载着土家族众多音乐、舞蹈、文学、习俗的历史文化遗存和丰厚的历史文化信息，都表明土家族撒叶儿嗬具有中国非物质文化遗产代表作的特质，在中华民族文化中具有不可替代的突出价值和意义。

二、基本动作及跳法

（一）舞蹈语汇

1. 舞蹈动作的基本特点

长阳土家族撒叶儿嗬舞蹈动作刚健优美，风格古朴粗犷，具有鲜明的民族特色和浓郁的生活气息。

撒叶儿嗬舞舞段共20多个，其风格特点基本一致，体态上"含胸拔背、屈膝"，动律上"颤、摆、摇、晃、悠"。舞蹈中要时时不忘"拢、靠、绕、擦、闪、挪、让"七字。艺诀说"会撒叶儿嗬的肩靠肩，不会撒叶儿嗬的跳圈圈"，"脚下踩的升子底，手上挽的链子扣"。在动律上突出一个"颤"字，寓颤于摇，寓颤于摆，寓颤于悠，寓颤于晃，寓颤于进行中，寓颤于跳跃里，从而构成了撒叶儿嗬舞的主体风格。

2. 服饰

男青年之一：头缠白包头巾，穿白色对襟便衣、青布便裤、青布鞋，系布腰带（色彩不拘）。

男青年之二：头缠白色包头巾，穿白色坎肩、深蓝色半长便裤、青布鞋，系布腰带（色彩不拘）（图16-2）。

3. 道具

撒叶儿嗬的道具为火棍，由两根普通竹竿制成，长1.5米，在两头竹节筒内灌桐油或煤油，再用与竹筒内径相同的棉线绳子塞住筒口，舞动时点燃线绳（图16-3）。

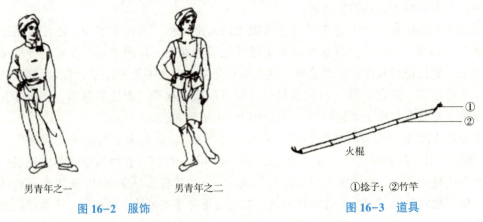

男青年之一　　　　男青年之二　　　　①捻子；②竹竿

图16-2　服饰　　　　　　　　　　图16-3　道具

(二) 动作说明

1. 手的基本动作

里绕手

做法：双手自然横于胸前，均手心向内（或外），交替经上向里划立。

提示：绕圈的幅度可大可小，节奏可快可慢。左手里绕称左"里绕手"，右手里绕为右"里绕手"。

外绕手

做法：同"里绕手"，只是经上朝前互绕立圆。

交替里挽手

做法：双臂抬至身体两侧，以肘为轴，两下臂交错经上向胸前划立。

提示：臂抬得高低、挽手的幅度大小不拘。

交替小穿掌

做法：胸内含，肘架圆，两臂在胸前左右交替小"穿掌"。三拍完成一次穿掌。

提示："穿掌"要连贯、流畅。

左右小翻掌

准备双臂略屈，自然前平抬，手心向上。

做法：第一拍，双手悠摆至右胯旁，顺势翻掌成手心向下；第二拍，双手悠摆至左胯旁，顺势翻掌成手心向上。

提示：向左翻掌时稍压腕，向右翻掌则稍挑腕。

穿掌摸肘

做法：左手起在胸前小"穿掌"，右手顺势由左手背触摸至肘部，一拍一次。第二拍做第一拍的对称动作。

提示：凡做此动作均手、脚同边。

2. 颤、摆基本动作

颤动

做法：双膝一拍一次带弹性地上、下自然颤动，脚踝部随之微颤。

提示：此动作贯穿于整个舞蹈之中。"颤动"的幅度随动作大、小和强、弱而变化。

颤摆

做法：在"颤动"的基础上，向左（或右）摆动胯部，双腿重心随之移动。

提示：摆动时有臂、胯向外送的感觉。

3. 基本步法

行进颤步（又称"碎米子步"）

做法：一拍一步，步幅较小地前进、后退或左、右转圈。行走时膝部松弛，前脚掌先着地，顺势轻微而柔和地"颤动"。

颤摆步

做法：站"蹲裆步"，一拍一次左、右"颤摆"。

提示："颤摆"要自然。

跑颤步

做法：步幅较大地向前或向左、右跑动，一拍一步边跑边"颤动"。

踢腱步

做法：双腿如右"踏步"状，重心后倾，保持姿态，左脚略带小跳向前上半步，顺势向左摆胯，右脚随之上踢如踢腱状，一拍一步，每步"颤动"，按逆时针方向转圈行进。

4. 基本动作路线

基本动作路线如图 16-4 所示。

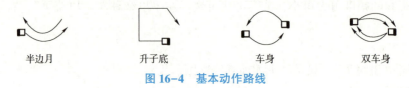

图 16-4　基本动作路线

基本动作路线以面对观众为正面，双人配合完成。

5. 基本动作

靠身退进步（6/8）

第一至三拍，二人"面场"。均同时左脚起向前走"行进颤步"三步至左肩相挨，右手随之由下抬至前上方（图 16-5）。

第四至九拍，走"行进颤步"六步。第四拍时，二人左脚向左旁走一步并顺势右转半圈成二人左肩后侧相挨，右手起准备做"里绕手"（图 16-6）；第五至八拍，以二人左后肩相挨为轴，左脚起向后退四步（四分之三圈），并做"里绕手"一次；第九拍时，二人右脚向旁走一步，顺势小幅度右"颤摆"，左脚成"靠点步"，双臂由下摆至右旁，上身稍左倾，眼互视。

图 16-5　二人"面场"

图 16-6　"行进颤步"六步

第十至十五拍，走"行进颤步"（对绕）六步。第十拍时，二人左脚向左旁走一步，左手顺势打开贴在对方腰后，右手自然下垂，上身稍仰向右后（图 16-7）；第十一至十三拍，保持姿态向前走半圈；第十四至十五拍时，二人分开各回原位，边走边左转成左"丁点步""面场"，双臂顺势前抬（图 16-8）。

车身（6/8 走，走"车身"路线）

准备接"靠身退进步"。

第一至三拍，二人左脚起走"行进颤步"三步，从对方左侧换位，同时右手起做一次"里绕手"；第二步时均左转身成"面场"；第三步时左脚在身前点地成"丁点步"。

图 16-7 "行进颤步"（对绕）六步

图 16-8 "丁点步" "面场"

绕手踹脚（6/8）

准备接"车身"。

第一至三拍，左脚原地踏一步的同时，右腿屈膝稍前抬轻踹一下，上身随之右倾；右手起"里绕手"一次，左手抬至左前上方（图 16-9）。

第三拍时，主力腿"颤动"一次。

第四至六拍，做第一至三拍的对称动作。

望月（6/8）

准备接"绕手踹脚"。

第一拍，左脚落向左旁，上身稍前俯，左手随之甩到左下方，右臂伸直稍后背。

第二拍，右脚向左上步成左"踏步"，上身略倾向右后。

第三至六拍，上身保持姿态，原位一拍一步（一颤），向左踏四步碾转一圈成右"踏步"。

图 16-9 绕手踹脚

击掌（2/4）

第一拍，二人站"面场"。前半拍时，二人右脚后踏，各自双手击掌；后半拍时右手前伸互击。

第二拍做第一拍的对称动作。

第三拍重复第一拍动作。

蹲步绕手（2/4）

准备接"击掌"。

第一至二拍二人右"踏步全蹲"的同时，在头左上方快速"里绕手"三次。第二拍时，上身前俯埋头，双手指向左上方（图 16-10）。

图 16-10 蹲步绕手

第三至四拍保持"踏步全蹲",双手做第一至二拍的对称动作。

靠脚（2/4）

准备接"蹲步绕手"。

第一拍前半拍时,二人"正步半蹲"自击掌;后半拍时双脚略跳起,落左脚、腿稍蹲,抬右脚相碰,左手互击,上身右倾（图16-11）。

第二拍做第一拍的对称动作。

双车身（6/8走"双车身"路线）

准备接"靠脚"。

第一拍,各自击掌一次,同时右脚起走"行进颤步"六步,从对方右侧换位,均右转半圈成"面场",第二至六拍,左手起做"里绕手"一次。

第七至十二拍重复第一至六拍的动作。

燕儿衔泥（节拍自由）

做法:双腿横向尽量分开,上身前俯,两臂后押,十指张开,随锣鼓点不停地抖动,如燕儿闪翅状（图16-12）,用嘴将地上的"五巾"衔起。

图16-11 靠脚

图16-12 燕儿衔泥

6. 传统套路

提示:以下套路的第［1］至［2］凡标明"二人（面场）站立"时,一为准备;二为曲牌转换时做衔接动作之用。详见"跳法说明"。

待尸

《待尸》（同奏鼓点一,无限反复）

［1］~［2］ 二人"面场"站立。

［3］~［5］ 做"靠身退进步"接"车身"。

［6］~［7］ 做"绕手踹脚"接"望月"。

［8］~［10］ 接第二遍［1］~［2］重复［3］至［7］的动作、路线。

摇丧

《摇丧》（二）（同奏鼓点一、二,交替进行）

［1］~［2］ 做"绕手踹脚"接"望月"。

［3］~［7］ 做"击掌之一"接"蹲步绕手",再接做两次"靠脚"。

［8］前三拍做"车身"。［8］后三拍~［9］做"绕手踹脚"接"望月"（碾转用二拍完成）。

［10］~［11］ 做"双车身"。

基本动作：待尸

左右转圈（6/8）

第一至四拍，二人"面场"，均左脚起向左走"行进颤步"（四步）原地转一小圈，同时左手起做"交替小穿掌"一次。最后成"左面场"。

第五拍，上身稍左拧，伸左腿成"虚步""颤动"一下（见图16-13）。

①五巾：土家族群众在撒叶儿嗬活动中，拿在手中舞动的一块撕成五条的布（色彩不拘）。

②即逢6/8小节用鼓点一，2/4小节用鼓点二，以下同。

第六拍，左脚收回成"小八字步""颤动"一下，双臂自然下垂。

第七至十二拍，做第一至六拍的对称动作成"右面场"。

图16-13 左右转圈

双车身转圈（6/8）

准备接"左右转圈"。

第一至六拍，二人左脚起，沿顺时针方向（一拍一步）走"行进颤步"，并缓慢向左自转，经"背场"换位后成"面场"，同时左手起做"交替小穿掌"一次。

第七至十拍，动作同第一至六拍，但是走至第四步、互绕成左肩相挨时，左臂在上相挨。（图16-14）

第十一至十二拍，各自左脚后撤，左肩相挨，重心后移成右"丁点步"，同时两臂自然至胸前，掌心相对，双肩左、右微晃并"颤动"一次。

扶腰转圈（6/8）

准备接"双车身转圈"。

第一拍，二人以左肩相挨为轴，左手下划轻扶对方腰后（图16-15）；第二拍，保持上身姿态，沿逆时针方向走"行进颤步"四步（半圈），右臂自然前、后摆动。

图16-14 双车身转圈

图16-15 扶腰转圈

第六拍，二人左转身成"面场"，左脚虚点于左前，顺势"颤动"一次。

击掌（2/4）

第一拍，二人"面场"，前半拍各自胸前击掌一次，后半拍右掌前伸互击一次，合称为"右击掌"。

第二拍做第一拍的对称动作，称"左击掌"。

提示：遇拍"击掌"时，第一、二拍与相同，第三拍胸前自击。遇拍"击掌"时，则一拍"右击掌",一拍"左击掌",交替反复做。

击掌踏步蹲（3/4、2/4）

第一至三拍,二人"面场",上左脚成右"踏步",一拍两"颤动"逐渐下蹲,同时手做"击掌"。

第四至七拍,双腿"颤动"逐渐立起,手做"击掌"两次。

击掌踹脚小跳（2/4）

准备接"击掌踏步蹲"。

第一拍,二人手做"右击掌",同时前半拍两腿稍下蹲,后半拍蹬左脚原地小跳,顺势右脚稍抬至左前踹一下,身体左拧,稍后仰（图16-16）。

图16-16　击掌踹脚小跳

第二拍做第一拍的对称动作。

击掌转圈（6/8）

准备接"击掌踹脚小跳"。

第一拍,二人各自拍掌一次。

第二拍,二人仰身左手互击掌。

第三至五拍,做"交替小穿掌",同时走"行进颤步"向右转小圈。

第六拍,右脚在左脚前虚点顺势颤一下。

击掌车身（6/8）

准备接"击掌转圈"。

第一至四拍,二人左脚起走"行进颤步"四步,边走边向左转身半圈换位。双手第一、二拍（慢一倍）做"右击掌",第三、四拍做"交替小穿掌"（左手）。

第五至六拍,左脚后退成右"丁点步""颤动"一下,同时手做"交替小穿掌"（右手）,如图16-17所示。

凤凰落窝（2/4）

第一至二拍,二人"面场",均上左脚向右转身四分之一圈成"左背场",同时双手在胸前击掌后"下分掌"至"山膀"位,向里双挽手一次后背,成手心朝下,两腿全蹲（图16-18）。

图16-17　击掌车身　　　　图16-18　凤凰落窝

第三至四拍,收左脚、上右脚做第一至二拍的对称动作,双手动作同第一至二拍。

扭摆步（2/4）

准备二人"面场"站"小八字步"，双膝稍屈，双手心向上抬至胸前，上身稍含胸后靠，小腹略向前腆。

做法：左脚起向前行进，一拍一步，一步一颤，重拍向下，顺势左、右摆胯，同对做"左右小翻掌"；左摆时，顶左胯，右脚稍离地，向右摆时做对称动作（图16-19）。

提示：该步法可进、退或转圈。

指天绕手（2/4）

做法：二人"左面场"，均左脚起走"扭摆步"逆时针方向互绕小圈，同时食指朝天做"里绕手"；强调向左摆胯，当上身右摆时，二人左臂相挨，上身右拧后仰互望（图16-20）。

跳摆点步（6/8）

第一拍，二人"面场"，均双脚微颤跳并转身向右，成"左面场"，上身右靠，左脚顺势伸出旁点一下略屈膝，同时做右"穿掌"（图16-21）。

图16-19 扭摆步　　　　图16-20 指天绕手　　　　图16-21 跳摆点步1

第二拍，双脚稍跳起转身向左成"面场"，左脚顺势摆向右前虚点地，上身向左摆拧，手做第一拍的对称动作。

第三至四拍，左脚落向左前，随即双脚跳起，右手顺势上抬；二人在空中转身向左落地，上身略前俯，右臂屈肘落至胸前（图16-22）。

图16-22 跳摆点步2

第五至六拍，右脚向右经"蹲裆步"成左"靠点步"，同时双手自然划至右侧，手心向下，上身稍左拧。

滚龙翻身（6/8）

准备接"跳摆点步"。

第一拍，双臂稍屈肘上抬，同时左脚向左跨跳一步并转身向左，右腿顺势屈膝略开胯后抬。

第二拍，继续转身向左，顺势落右脚成"蹲裆步"；双臂左摆，上身随之前俯（图16-23）。

图16-23　滚龙翻身

第三拍，向左"颤摆"，双手做一次小幅度有"穿掌"。

第四拍，向右"颤摆"，双手做左"穿掌"顺势上抬，同时梗脖含胸，肩背后顶。

第五拍，同第三拍动作。

第六拍前半拍，双膝原地"颤动"一下；后半拍，重心移至左腿，双手摆至左旁，上身顺势拧向左侧。

四大步（6/8走"升子底"路线）

准备接"滚龙翻身"。

第一拍，左脚向左前跨一大步，成左"前弓步"顺势左"颤摆"，同时做"里绕手"成左手在上。

第二拍，移重心向右"颤摆"，继续做"里绕手"成右手在上。

第三拍前半拍，除左脚不跨步外，其他动作同第一拍；后半拍，快速转身向左成"右背场"（图16-24）。

图16-24　四大步

第四至六拍，做第一至三拍的对称动作，但最后半拍迅速转身向右成"面场"。

第七至九拍，同第一至三拍的动作，只是最后半拍右腿后抬。

第十至十二拍，右脚向右前上步，顺势边"颤动"边左转身半圈成"面场"，同时左手至"提襟"位，右手摆至右前。

要点："颤摆"要特别强调力度，整个动作要粗犷有力。

弓身踏步绕手（2/4）

第一拍，站"正步"，埋头弓身稍右拧，双腿弯屈，左脚在右脚前踏下，右腿稍离地后抬，顺势"颤动"两次，同时双手在左肩前"里绕手"半圈。

第二拍，上身左拧，重心后移，左脚在前点地"颤动"两次，同时双手于右肩前做"里绕手"半圈。

第三至四拍同第一至二拍动作。

第五至七拍，做第一至二拍动作三次，速度加快一倍。

第八拍，做"击掌闪身"（见下条动作说明）。

击掌闪身（一拍完成）

准备接"弓身踏步绕手"第七拍动作。前半拍，弓身埋头带冲劲、左脚大步前迈屈膝，同时，双臂前抻击掌。后半拍，快速移重心至右腿，顺势后闪身一下，成左脚前虚点，双手旁分（图16-25）。

图16-25　击掌闪身

弓步推掌（6/8）

准备接"击掌闪身"。

第一拍，左脚沿逆时针方向（划弧线）迈一大步，上身随之拧向左侧，同时双手做小幅度的右"穿掌"一次。

第二拍，右脚继续沿逆时针方向上一大步成右"旁弓步"，同时弓背埋头，双手用力向两侧推掌（图16-26）。

第三拍，右腿稍提起，左脚为轴向左碾转四分之一圈，双膝略弯，双手姿态不变。

第四拍，右脚沿顺时针方向迈一大步成背对圆心，其他动作同第二拍。

第五拍，以右脚为轴向右拧转半圈成面对圆心，双手自然收回。

第六拍，左脚顺势沿顺时针方向上一大步，双臂推向身体两侧，略屈肘。

提示：身体随上步带梗劲前、后摆动。

图16-26　弓步推掌

拧身跳转（2/4）

准备接"弓步推掌"。

第一至二拍，左脚原地小跳一下的同时，向左拧身并上右脚左转一圈，双膝稍屈，左脚在前虚点地,双手平划至左侧。

提示:双膝在动作过程中每拍"颤动"两次。

滚身子之一(6/8)

准备二人"面场"站立做"起法儿"动作——左腿稍前吸,微含胸弓背,双手右上左下抬于胸前。

第一至三拍,二人左脚向前落地,顺势转身向右成左后肩相靠,右脚在前离地,上身稍后仰,退跳三步(一步一"颤动"),同时做"里绕手"一次。右脚跳退,左脚稍离地,继续顺时针方向做第一至三拍动作一遍。

猛虎下山(6/8)

自然站立准备。

第一至三拍,各自左脚跨一大步,上身随之稍右拧埋头俯向左前,右腿顺势稍屈后抬小跳一下,同时朝左"双晃手"盖向左前下方。

第四至六拍,左转身半圈换位,右脚在后落地成二人"左面场",一拍一"颤动",同时做"交替里挽手"一次(图16-27)。

图16-27 猛虎下山

靠手(6/8)

准备接"猛虎下山"。

第一至三拍,二人保持"面场"走"颤摆步"半圈换位,同时双手做"交替里挽手"。

第四拍,立身,右臂经右后抡一圈,左手于"提襟"位。

第五拍,快速向左拧转四分之一圈成右"踏步全蹲",二人右上臂相靠。

第六拍前半拍静止,后半拍立起。

半边月(6/8走"半边月"路线)

第一至三拍,二人"面场"站立,右脚沿顺时针方向划半圈向前迈一大步换位,同时右"穿掌",并一拍一"颤动"向右转身四分之三圈成"左背场",左脚落成左"靠点步"(图16-28)。

第四至六拍,拍一拍一"颤动"地向左转身半圈,顺势成左"虚步",同时双手随转身甩动。

老汉推车

准备接"半边月"。

第一至六拍,各自左脚起向前"行进颤步"走六步,上身随之由前俯到后仰,并左、右微微晃动;同时双手向里挽腕,经下弧线逐渐推至伸直(图16-29)。

第七至十二拍，左脚起"行进颤步"退六步，双手随之渐渐收回至胸前，上身逐渐含胸微前俯。

图 16-28　半边月　　　　　　图 16-29　老汉推车

击掌挽手（2/4）

第一拍，二人"面场"均左脚向右前上步，双手在腹前击掌上分落至"山膀"位。

第二拍，向左转四分之一圈的同时，右脚向左前迈一大步，二人右臂相挽成右"前弓步"。

爬坡步（2/4）

准备接"击掌挽手"。

做法：二人右臂相挽，上身稍前俯，左、右脚经搓地交替跳动变换"前弓步"，顺势"颤动"（重拍在下，一拍变换一次"前弓步"）。

虎抱头之一（2/4）

准备二人"面场""蹲裆步"。

第一至四拍，左、右脚交替探地，"交替里挽手"（或"里绕手"），边走边右拧身成二人左肩相挨（图 16-30）。

第五至八拍，脚动作继续，二人双手互抱头，上身随之一拍一次摇晃，并沿逆时针方向移动。

犀牛望月（2/4）

准备同上。

第一至四拍，转身向右，同时左脚旁迈成左"旁弓步"深蹲，上身随之右拧后仰，右手举至上方，手心向外，左手自然下垂，做望月状（图 16-31）。

图 16-30　虎抱头　　　　　　图 16-31　犀牛望月

凤凰闪翅（2/4）

准备同上。

第一拍，左脚向前上步的同时，双手于下腹前击掌。

第二拍，转身向右，右脚顺势旁移成"大八字步""背场"，同时"上分掌"落至"山膀"位，手心朝下。

第三至四拍，两腿逐渐深蹲，同时以腕为轴上、下扇动手掌（图16-32）。

猴儿扒岩（节拍自由）

做法："正步"深蹲向上跃起，同时双臂伸向前上方，五指张开微弯，手心向下，做扒岩状。（图16-33）

图16-32 凤凰闪翅

图16-33 猴儿扒岩

蛤蟆晒肚（2/4）

准备同上。

做法：双手叉腰肘后夹，上身后仰腆腹，稍屈膝，两脚原位一拍一次交替踏地"颤动"，上身随之左、右摇晃。（图16-34）

悠晃步

准备站"八字步"。

第一拍，左脚向左轻踏，脚用力跐起，顺势向左顶胯，右脚提起，上身随之右倾稍左拧，埋头，同时左臂悠至左上方，右臂至右后下方。（图16-35）

第二拍：做第一拍的对称动作。

提示：踏步、摆胯的同时，带动身体经下弧线左、右起伏，较大幅度地悠晃。做此动作时双脚可在原地，或进、或退、左右转圈，可配合做各种手势动作。

图16-34 蛤蟆晒肚

图16-35 悠晃步

牛擦痒

做法 二人"背场"各自左脚起做"悠晃步",当二人向右悠晃时,两人背部经轻擦成"左背场",同时向左拧身相望(图16-36)。

传统套路

待尸

《待尸》(同奏鼓点一,无限反复)

[1]~[2] 二人"面场"站立。

[3]~[10] 依次连续做"左右转圈""双车身转圈""扶腰转圈"。

提示:此套路可无限反复。

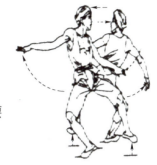

图16-36 牛擦痒

摇丧

《摇丧》(一)(同奏鼓点一、二,交替进行)

[1]~[3] 二人"面场"站立。

[4]~[6] 做"击掌踏步蹲"。

[7]~[8] 做"击掌踹脚小跳"三遍。

[9] 做"击掌转圈"。

[10] 做"击掌车身"。

[11] 做"扶腰转圈"。

[12] 做"左右转圈"的第一至六拍动作成"面场"。

[13] 第一至三拍各自左脚在前点地向左拧身"颤动"三次,同时手做"交替小穿掌",第四至六拍做以上对称动作。

[14] 做"击掌踹脚小跳"一遍半。

[15]~[16] 做"凤凰落窝"的两遍。

[17]~[20] 做"击掌踹脚小跳"(左掌先击),三遍。

[21] 做"击掌转圈"。

[22] 做"击掌车身"。

[23] 做"扶腰转圈"。

[24]~[25] 同[12]至[13]动作。

[26] 做"击掌踹脚小跳"一遍。

[27]~[28] 做"凤凰落窝"。

[29]~[32] 做"击掌踹脚小跳"(右掌先击)。

[33]~[34] 做"击掌转圈"接"击掌车身"。

提示:此套路可无限反复,第二遍起,[1]~[3]做[11]~[13]动作,其中[3]时就开始唱"二月香袋"的歌词。

怀胎歌

《怀胎歌》(同奏鼓点二,无限反复)

[1]~[2] 二人"面场"站立。

[3]~[6] 二人左肩相对,沿逆时针方向走"扭摆步"一圈。

[7]~[8] 做"左右转圈"第一至四拍动作成"左面场"。

［9］~［10］做"指天绕手"。

［11］~［20］做［3］~［6］动作（圈数不拘），结束时可成"面场"或"背场"。

［21］~［26］各向前方做"扭摆步"直线前进或者后退（换位时均从对方左侧经过）。

［27］~［30］做［7］~［10］动作。

提示：此套路无限反复，第二遍起，［1］~［2］做［3］~［6］动作。

跑场子

《跑场子》（同奏鼓点二，无限反复）

［1］~［2］二人"面场"站立。

［3］做"跳摆点步"换位。

［4］做"滚龙翻身"，二人成"面场"。

［5］做"半边月"成"左面场"。

［6］做"跳摆点步"换位成左肩相对。

［7］二人做"跳摆点步"经"背场"换位，成左肩相对。

［8］~［9］做"四大步"。

提示：此套路可无限反复，第二遍起，［1］~［2］做［4］~［5］动作。

滚身子

《滚身子》（同奏鼓点一，无限反复）

［1］~［2］二人"面场"站立。

［3］~［4］做"滚身子之一"接"跳摆点步"各一遍。

［5］做"滚龙翻身"成"面场"。

［6］做"半边月"成"右面场"。

［7］做"跳摆点步"换位成左肩相对。

［8］做"滚龙翻身"成"面场"。

［9］做"半边月"成"右面场"。

［10］~［11］动作同［3］~［4］。

提示：此套路可无限反复，第二遍起，［1］~［2］做［5］~［6］动作。

跑丧《跑场子》

［1］~［2］二人"面场"站立。

［3］做"猛虎下山"，二人成"左面场"。

［4］做"靠手"。

［5］做"半边月"成"右面场"。

［6］做"猛虎下山"。

［7］做"靠手"。

［8］做"半边月"成"右面场"。

［9］做"猛虎下山"。

提示：此套路可无限反复，第二遍起，［1］~［2］做"靠手"接"半边月"。

杨柳

《杨柳》（同奏鼓点一，无限反复）

［1］~［2］二人"面场"站立。

［3］做"滚身子"。

［4］做"靠手"。

［5］做"半边月"成"右面场"。

［6］做"滚身子"。

［7］做"靠手"。

［8］做"半边月"成"右面场"。

［9］~［10］做"老汉推车"，从对方左侧经"背场"绕至右侧回位。

吆两叶儿嗬《吆两叶儿嗬》

［1］做"击掌挽手"。

［2］~［4］做"爬坡步"。

［5］~［6］第一拍时快速右转身成"面场"顺势跳落变"蹲裆步"，双脚原地先左后右交替轻踏地，一拍二步，一步一"颤动"，同时做"交替里挽手"（手、脚同边）。

［7］~［8］做"虎抱头"。

提示："犀牛望月""蛤蟆晒肚""猴儿扒岩""凤凰闪翅"等大量表演性动作均可在此套路的［7］~［8］中变换进行。

第二节 巴山舞

一、巴山舞简介

长阳巴山舞是 20 世纪 80 年代诞生于湖北省宜昌市长阳土家族自治县的一种体育健身舞，后来广泛流行于湖北省宜昌三峡地区，所以也有人把它叫做"湖北巴山舞"或"宜昌巴山舞"。

长阳是古代巴人的发祥地。长江的支流清江中游的长阳县中部有一座山叫"巴山"，古代巴人"据捍关而王巴"即在此处，是巴人的重要遗址。土家族是巴人的后裔，故巴山舞由此而得名。

在地处鄂西山区的长阳县，近年来兴起一种新的群众性集体舞蹈——巴山舞。现在，这里的人们逢年过节、欢庆丰收、办婚事及劳作之余，都高高兴兴地跳起了这种舞蹈。巴山舞虽然兴起时间不长，但已广泛流传于巴山夷水间，成为这里人们精神文化生活的一个重要组成部分。

"巴山舞"的诞生是一个再创造和提炼升华的过程，它得益于一位叫覃发池的民间艺人。长阳是个山清水秀的歌舞之乡，但改革开放之前却比较封闭。覃发池正是在这样一个封闭而又具有浓郁民族民间文化氛围的环境中长大的山里娃。他 16 岁进长阳县歌舞团做舞蹈演员，18 岁进入湖北省艺术学院舞蹈专科学习。学习期间，他吸收了大量的现代艺术，从而对民族民间艺术的局限性产生了反思。恰逢此时，风靡全国的"北方秧歌"使他受到极大的震撼和启发，他想到了故乡的"撒叶儿嗬"。他认定，民间舞如果缺乏现代文化的渗透和关照，就不可能成为中华民族的主流文化。

将这种新兴的群众性的集体舞蹈命名为"巴山舞"，首先是根据这种民间文艺形式流传的地区性命名的。长阳"巴山"位于清江中下游。长阳县"跳丧"和"跳花鼓子"等能歌善舞的传统习惯基本上是以巴山为界，只有巴山以上的几个地区颇为盛行。再一个含意就是土家族的祖先是巴人，而巴人的发源地又是长阳，当时巴国的国府就设在巴山（有县志记载）。因此，命名为"巴山舞"是有特点、有意义、有生命力的。

多年来，由于各级领导的重视和广大专业、业余文艺工作者的努力，"巴山舞"来自群众，又回到群众中去了，并将扎根于群众之中。长阳全县各乡（镇）都有了一批跳巴山舞的骨干，欢度节日、庆贺丰收、婚事场中、工作和生产之余，巴山舞到处可见。资丘镇每年10月1日一年一度的民间文艺会，参加跳巴山舞的男女青年一百多人。当表演巴山舞时，群众看得不想走。1982年春节，在县城灯光球场上举行大型"巴山舞"会，上万人观看巴山舞的场面十分动人。县共青团多次组织巴山舞会，吸引了不少的群众。好多地方都登门请县文化馆干部去办巴山舞学习班。同时，巴山舞还影响到全省范围内的部分单位，反映也比较好。

二、巴山舞第一套基本动作

体育健身舞——长阳巴山舞，由风摆柳、半边月、喜鹊登枝、百凤朝阳四节组成，每节动作各有特色，四节形成一个整体，浑然一体，一气呵成。

（一）第一段 风摆柳

"风摆柳"舞中的姿态、动作主要是从原始摆胯、送胯的动律特点，同时取原始摆胯动作，结合"望月"等舞姿而构成。

摆胯步的动律和谐，起伏别致，犹如春风拂动，百柳摇曳，轻柔舒缓，婀娜多姿。在春意盎然的绿柳林中，翩翩起舞，抒发人们对美好生活的向往和追求。

1. 动作说明

（1）单腿重心前后摆手。

准备：正步站立双手自然下垂。

动作要领：

1拍：左脚向前伸直，脚尖点地，同时左臂前摆与肩平，右臂后摆约45°。重心在右腿。

2拍：上下颤动一次，同时两臂交换前后摆动一次。

3~8拍：反复。

要求：颤动及摆手舒展自如。

（2）双摆胯步。

动作要领：以胯部的左右摆动为主要动律，上身稍向后躺，若摆胯向左，左脚向左横迈一小步，上身则向右斜后方微倾。如摆胯向右，右脚向右横迈一小步，上身则向左斜后方微倾。双脚除左右横迈步外，亦可连续向前迈，也可后退，还可以在原地来回做左右"摆胯步"。双手配合摆胯自然摆动，左摆胯时，左手在左侧45°掌心向下，向右摆胯时手反之。摆胯步要做得连贯、柔美，胯部上身与脚的协调运动形成一种似柳枝随风摇曳的优美舞姿。摆胯步均按一拍一次进行。

要求：摆胯步腿部重心左右转移，尽量出胯，胯部带动小腿，要做到连贯、柔美，胯部上身与脚的协调运动形成一种似柳枝随风摇曳的优美舞姿。

（3）退步摆胯。

准备：男女舞伴面对面，正步双臂自然下垂。

动作要领：

1~2拍：各自左脚开始后退两步，上身向前微倾，双臂从右抬起45°，经胸前成小上弧线，往左右各摆一次。向左摆时，左掌心向上，右掌心向下，向右摆时，反之。

3~4拍：左、右摆胯三次，同时，双臂向两侧抬起45°，摆胯时两脚成正步。

5~8拍：各自原地做前后手走下沉步，右、左各一次后，再向前走两步（注意两膝颤动不要用腰）。

要求：退步双手阴阳掌，形成弧形，左右摆时双膝同时弯曲，干脆利落，原地走步注意下沉。

（4）擦身望月（八拍完成）。

准备：男女舞伴面对面。

动作要领：

1拍：男女舞伴各自以右脚向前迈至对方右脚外侧

2~4拍：各自向左转身180°，身体后仰，双膝作一拍一次的颤动，双臂作一拍一次的前后摆动。重心在右脚，左脚在前，虚步点地。

5~8拍：原地颤动的同时向右转身180°，变成右脚在前，脚尖点地，重心在左脚。

要求：各自同时转身180°身体略后仰，前后摆手舒展自如。

（5）退步转圈（八拍完成）。

准备：男女舞伴在一平行线上左肩相对，略有倾斜。

动作要领：二人顺时针方向走一拍一次的下沉步，前后摆手，上身微向后仰，前后摆手的幅度稍小一点（约45°）。

要求：两肩相对，略向内倾斜退步下沉。

2. 跳法

在间奏音乐中，男女舞伴互相邀请走到场中，正步站立，双手自然下垂。起舞做"单脚重心前后摆手"动作。

第一个8拍：二人逆时针方向做双摆胯动作。

第二个8拍：做退步摆胯。

第三个8拍：做擦身望月。

第四个8拍：男女舞伴顺时针方向做退步转圈。

注：此舞在跳时可根据需要而跳，既可双人跳，又可多人各自而跳，队形可随意变化。

（二）第二段　半边月

"半边月"是因为舞蹈者脚下舞步的行动路线始终在一个半圆形上而得名。

"半边月"的基本动作由"挑肩小平步""挑肩小平步转圈""小平步后摆手""转身侧摆胯""平推步摆胯""走步转身""双手里挽花"等动作组成。

该段舞蹈动作潇洒、欢快、跳荡、地位变化活跃。

1. 动作说明

（1）挑肩小平步（男伴做起舞动作）。

动作要领：微曲双膝全脚着地，由左脚开始，一拍一步，上身微右倾，形成左肩高右肩低的姿态，眼看左斜前方，左手叉腰，右手下垂前后摆手，掌心向后。

要求：膝部颤动，前后摆手，左肩略高。

（2）小平步前后摆手（女伴做起舞动作）。

动作要领：全脚着地，左脚开始，一拍一步，双膝随走步自然颤抖，左手叉腰，右手下垂，前后摆手，掌心向后，上身保持平正。

（3）侧身摆胯（两个八拍完成）。

准备：男女面对，正步站立，双手自然下垂。

动作要领：

1～2拍：各自左脚向前迈一步，两臂向上抬起，左臂伸直，掌心朝后，右臂曲肘于胸前，掌心朝后，同时，身体右转90°，重心在左，立正，眼看前方，注意迈步时，双膝必须颤动。

3～4拍：右脚向右迈一步，左脚收回虚步点靠于右脚内侧，半蹲，重心在右，两手收回半握拳于胸前，两肘与肩平，可视为山里人背之姿态，上身向左微倾，头向左肩方向平视。

5～6拍：左右各摆胯一次，摆胯时上身不动随胯摆动使上身左右倾斜。

7～8拍：向左转身180°，右脚退后一步，双手同时从右下至上晃手同1～4拍的相反动作。

第二个8拍的5～7拍右、左、右摆三次胯，手的姿态同第一个8拍3～4拍。

第二个8拍的第8拍左腿半蹲、右脚尖点靠左脚内侧，上身微倾。

要求：摆胯时，以胯带动上身，双手抬起收回，干脆利落。

（3）右迈步摆胯、左迈步摆胯（各一个8拍完成）。

准备：男女面对，正步站立，双手自然下垂。

动作要领：右迈步摆胯。

1～3拍：右脚开始向右走三步，两臂在前面交叉拉开至两侧，双肘微曲，手背朝前。

4拍：停顿。

5～8拍：左右摆胯各二次，双手叉腰；左迈步摆胯，与右迈步摆胯相反。

要求：摆胯时双膝同时弯曲左右出胯，双手拉开，要有一定的内在力度。

2. 跳法

间奏音乐：男女都做起舞动作。

第1～8小节：做侧身摆胯。

第9～12小节：做右迈步摆胯。

第13～16小节：做左迈步摆胯。

注：此舞双人多人跳均可，起舞动作用于邀请舞伴，变换队形，也可进退，也可左右转圈。

（三）第三段 喜鹊登枝

本舞蹈以"喜鹊登枝"为主要舞姿，结合"蜻蜓点水""大摆胯""转转梅"等舞蹈动作构成。

跳该段舞蹈时，要情绪喜悦，欢快流畅，粗犷潇洒。

1. 动作说明

"喜鹊登枝"姿态说明：双腿半蹲，重心在右脚，左脚尖点靠于右脚内侧，上身向左微倾，左手在胸前，按掌提腕。右手臂伸直在身体右侧斜上方提腕，目视左侧前方。

（1）蜻蜓点水喜鹊登枝。

动作要领：

1拍：两臂左右伸开（左高右低，掌心向下）的同时，左脚向左侧前方虚步点地，重心在右脚，上身右转90°，微向右倾。

2拍：右脚原地微小踌跳一次，同时左脚在前抬起25°。上身在踌跳中向左回转90°，双掌心向下（此为蜻蜓点水）。

3拍：左脚在前落地，重心移至左脚，右脚小掖腿，双手从两侧举至头上（比两肩略宽一点）。

4拍：左脚原地微小踌跳一次，同时身体左转-90°。

5拍：右脚横迈一步颤一次。

6拍：左脚收点于右脚内侧，同时双手从右上经胸前大晃手成喜鹊登枝姿态。（注：踌跳稍微离地不要跳起来）

要求：左脚尖点踌跳25°。

（2）大摆胯喜鹊登枝。

动作要领：

1拍：左脚向左横迈一步，向左大幅摆胯一次，左手随左摆胯向上摆至头部，左斜上方，右掌心向下摆至右侧约40°。上身向右倾，眼看左侧前方。

2拍：向右摆胯。

3~4拍：左脚原地颤膝向左旋转180°，同时右脚在后自然提起小掖腿，双手向左晃手。

5拍：右脚横迈一步。

6拍：喜鹊登枝。

要求：一拍一次不停顿地颤动．

（3）倒手撤步喜鹊登枝。

动作要领：

1拍：左脚横迈一步，双手经右至左下弧线晃手。

2~3拍：原地颤膝一次，双手继续由上方往右倒手，上身向右倾身。

4拍：右脚向后撤一步，同时向右转身180°，与舞伴擦背而过，双手经下弧线成喜鹊登枝舞姿位。

5拍：左脚收并于右脚内侧，做喜鹊登枝舞姿。

6拍：原地颤膝一次，与舞伴照应。

要求：一拍一次不停顿地颤动。

（4）转转梅（两小节完成）。

动作要领：

1拍：男女舞伴左脚开始各自向左斜前方迈一步，并向左拧身45°，上身向右前微倾，男女舞伴用左手扶对方腰后处，右手在右侧前后摆动，男女对视。

2—3拍：男女舞伴以小平步按圆圈路线，逆时针方向走圆，一拍一步。

4—6拍：男女舞伴按圆圈路线顺时针方向，用小平步退回原位，双手在右肩前交替绕手腕，两左肩相挨并向左后微倾身，两人对视。

要求；退转时两左肩相挨。

（5）一步颤动登枝步（主要用于前进后退，2小节音乐完成）。

动作要领：

男：

1拍：左脚向左斜后方退一步。

2拍：右脚收点于左脚内侧，上身向左拧身45°，并向后倾，虚步点地。

3拍：原地颤动，双手叉腰。

4~6拍：做对称动作一次。

女：

1拍：左脚向左斜前方迈一步，双手叉腰，双膝微颤。

2拍：右脚收点于左脚内侧，上身向左拧45°，并向后倾，双膝微颤。

3拍：保持原姿态原地颤膝。

4~6拍：做对称动作一次，男女互相照应。

要求：重心分别在左右腿上，双膝同时颤动。

（6）三步颤动登枝步（主要用于前进、后退、变换队形寻找舞伴而用）。

动作要领：

男：

1~3拍：从左脚开始做小平步后退三步，双手叉腰。

4拍：左脚收靠右脚内侧，脚尖点地原地颤动。

5拍：右脚后退一步。

6拍：左脚收靠右脚内侧脚尖点地颤动。

女：

1~3拍：从左脚开始向前用小平步走三步。

4拍：右脚收点于左脚内侧。

5拍：右脚前进一步。

6拍：左脚收点于右脚内侧，原地颤动双手叉腰。

要求：重心分别在左右腿上，双膝同时颤动。

2. 跳法

准备：男女舞伴面对面站立。

第1~4小节：男女做"一步颤动登枝步"或"三步颤动登枝步，男退步女进步"。

第5小节：做蜻蜓点水喜鹊登枝。

第6小节：做"倒手撤步喜鹊登枝"。

第7小节：大摆胯"喜鹊登枝"。

第8小节：同第6小节动作。

第9~10小节：做"转转梅"。

（四）第四段　百凤朝阳

此舞蹈以"凤凰亮翅""抛手"、一步三颤击掌等动作构成，显得词曲优美舒展自如，适合群众广泛参与。

1. 动作说明

（1）凤凰亮翅（一个动作两小节完成）。

准备：正步而站，两手自然下垂。

动作要领：

第1小节：

1拍：左脚向左横迈一步，左臂从左腿旁自下而上抬至左上与肩平，运动时用肘带动向上。重心在左脚，半蹲，上身向右倾斜，目视左上方。

2拍：右脚靠左脚内侧，脚尖点地，右手在右下侧，左高右低。

3拍：原地颤动一次。

第2小节：

1拍：右脚向右迈一步，右臂从右腿旁自下而上抬至左上与肩平，重心在右脚，半蹲上身向左倾斜，目视右上方。

2拍：左脚靠至右脚内侧，脚尖点地，左手在左下侧，成右高左低。与第1小节相反。

3拍：原地颤动一次。

注意：每一拍不要绝对分开，要做得协调连贯。

要求：双手举动与肩平。

（2）上步抛手。

准备：正步站立、双手自然下垂。

动作要领：

第1小节：

1拍：左脚向前迈一步，重心在左脚，同时右手空拳从腰后，左手空拳屈肘于胸前，向前甩手。

2拍：右脚靠于左脚内侧，脚尖点地颤动一次。

3拍：原地颤动，左手空拳落至腰后，右手空拳屈肘于胸前。

第2小节与第1小节相反。

要求：动作的力量朝前。

（3）进退步（两小节完成）。

准备：正步站立，两手自然下垂，掌心向后。

动作要领：

第1小节：

1拍：左脚向前迈一步，双手从两侧抬至前上方掌心向后，上身从前倾逐步成微后仰。

2拍：右脚靠于左脚内侧，脚尖点地。

3拍：原地颤动，双手保持原状。

第2小节：

1拍：左脚向后退一步，双手翻掌经两侧向后25°，掌心向后。

2拍：右脚后退靠于左脚内侧，脚尖点地。

3拍：原地颤动，掌心向后。

注意：进退步摆手可单独做也可成圆圈手拉手，脚的动作不变，颤动同样。

要求：身体由前倾至后仰，后仰至前倾，掌心朝后。

（4）一步三颤击掌（两小节完成）。

动作要领：

第 1 小节。

1 拍：左脚向前迈一步，重心在左脚，双手从两侧抬至左肩前。

2~3 拍：右脚靠于左脚内侧，脚尖点地同时击掌二次，身体微向左倾。

第 2 小节做相反的动作。

此舞可各自跳，也可双人跳，进行交替。

要求：交叉击掌于左右肩前。

2. 跳法

间奏音乐：做一步颤动登枝步。

第 1~4 小节：做凤凰亮翅。

第 5~8 小节：做上步抛手。

第 9~12 小节：做进退步。

第 13~16 小节：做一步三颤击掌。

要求：根据音乐长短将整个动作从头至尾无限反复。

第十七章　龙舟竞渡

学习目标

知识目标
1. 掌握龙舟竞渡的特点；
2. 了解龙舟竞渡发展的趋势。

技能目标
1. 能够模仿龙舟竞渡练习；
2. 能够了解龙舟竞渡的竞赛规则。

素质目标
1. 通过了解龙舟竞渡能够提升大学生对自己的认知，领会龙舟运动的体育精神；
2. 传承和弘扬屈原精神，并让这种精神在龙舟上流淌、传承。

课堂导入

屈原（约前340年—前278年）出生于楚国丹阳秭归（今湖北省宜昌市），战国时期楚国诗人、政治家。屈原少年时受过良好的教育，博闻强识，志向远大。早年受楚怀王信任，任左徒、三闾大夫，兼管内政外交大事。提倡"美政"，主张对内举贤任能，修明法度，对外力主联齐抗秦。因遭贵族排挤诽谤，被先后流放至汉北和沅湘流域。公元前278年，楚国郢都被秦军攻破后，自沉于汨罗江，以身殉楚国。

龙舟竞渡已经成为纪念屈原的传统习俗。龙舟，作为端午之魂，已经深深融入了人们的生活之中。它不仅是一种符号，更是一种情感的寄托和文化的传承。在屈原故里，赛龙舟已经成为端午节不可或缺的一部分，它让人们更加深入地了解端午节的历史和文化内涵，也让人们更加珍惜和传承这份宝贵的文化遗产。在龙舟竞渡中，我们不仅要追求速度与激情，更要传承和弘扬屈原精神。我们要在比赛中展现出团结、拼搏、忠诚和爱国精神，让这种精神在龙舟上流淌、传承。

传统体育与健康

第一节 龙舟竞渡概述

龙舟竞渡最早出现在东汉。事实上，我国南方吴越一带直到东汉时才开发，端午的习俗最初只在长江下游吴越民族中流行，后来吴越文化和中原文化交流融合，这种习俗才传到长江上游和北方地区。《事物原始》中记载："竞渡之事，起于越王勾践，今龙舟是也"。汉代赵晔《吴越春秋》也认为，龙舟的起源"起于勾践，盖悯子胥之忠作"。龙舟竞渡又称"扒龙舟""赛龙舟""扒龙船""划龙船""龙船赛会"等，是汉族传统端午节的主要习俗，最初是中国人民祛病防疫日，吴越之地春秋之前有在农历五月初五以龙舟竞渡举行部落图腾祭祀的习俗。后因诗人屈原在这一天逝世，便成了中国汉族人民纪念屈原的传统节日习俗，也是汉族龙图腾文化的代表之一（图17-1）。

图17-1 龙舟竞渡

起源于中国的龙舟竞渡，是龙文化中最能体现龙之精神内涵"团结合力"的一项水上运动。

几千年来龙舟竞渡浪击江河湖海，遍传南北西东，演绎中华的历史与文明，展示民族的团结和力量。之所以深受广大人民群众的喜爱，是因为它本身具有强烈的民族特色与运动魅力，对炎黄子孙来说，龙舟运动厚重的历史沉淀、丰富的文化内涵与崇高的精神寄托，是中华民族对龙图腾崇拜的延续与发展。

中国龙舟的历史，是一部色彩悲壮的爱国情怀史，各民族传统龙舟正是以龙的创造精神、征服精神和融合精神上演了历史的古今，而不同风格、不同技艺、不同鼓乐、不同服饰以及不同文化内涵传说纷纭，是为了那些不能忘却的纪念。

公元前278年农历五月初五，楚国（今湖南、湖北）屈原怀沙自沉汨罗江，使龙舟文化平添了殷殷血泪，后人有感爱国诗人屈原忧国忧民、以身殉国的情怀，从此在他的祭日举行龙舟竞渡与祭祀。在江苏一带也是农历五月初五举行龙舟竞渡，他们祭祀的历史人物是吴国重臣、政治家、军事家伍子胥；在浙江许多地方的龙舟竞渡则是为了纪念卧薪尝胆的越王勾践；民间也有流传是为了纪念孝感天下的曹娥；在少数民族地区，又有不同的文化内涵：云南傣族划象牙舟是为纪念坚贞守节的柏节夫人；湖南麻阳苗、瑶、畲等族共同敬奉的图腾是盘瓠，流传盘瓠是"龙犬化人形"，是天下蛮族的祖先，他们通常在农历五月十五划狗头舟举行盛大的盘瓠祭；贵州清水江一带划牛角独木舟是纪念传说中杀死恶龙名叫"保公"的英雄。还有许多形态各异的舟和值得纪念的人物，都与华夏各民族图腾相关，与中华传统美德忠、孝、节、义相联。这是中国龙舟文化的社会基石，亦是中国传统道德价值观的体现。

龙舟竞渡前一般都要举行隆重的祭祀仪式。如在屈原投水的汨罗江畔，每年龙舟竞渡前，都要先祭屈子庙。来自四面八方的男女老幼，抬着龙头，一批一批地汇聚在屈原像下，叩拜、吊唁，以粽子、包子、酒水等祭奠。然后由主祭人将一条红绸系到"头龙"的头上，由"头桡"将龙头扛到江边洗澡，洗完后将龙头安于船首，这才开始赛龙舟。

地域不同，讲究不同。有的地方出龙前数日，要祀神演试一番，名曰"下水"；上岸送神，称作"拨龙头"；竞渡的组织者，年前率众位游手，将一根带叶竹竿竖立桥头，以便来年"出龙认色"，其名曰"钻五"；月朔互相往来，名曰"拜客"，等等。

龙舟是文化之舟，亦是精神之舟，它承载着追求与理性，它贯穿于历史及未来。今天，龙舟运动伴随着华人在海外的发展而传播到全世界，成为各国人民最喜爱的文化体育项目之一。

自1976年香港首次举办国际龙舟邀请赛开始，龙舟运动在国内外呈现出普及、发展的大趋势。1984年5月，原国家体委决定将龙舟列为全国正式开展比赛的体育项目，这是广大人民群众精神文化生活所需。同年9月16日，在广东省佛山市顺德龙江举办第一届"屈原杯"全国龙舟赛。1985年5月，中国龙舟协会在湖北宜昌正式成立，龙舟运动在"加强领导，积极提倡，改革提高，稳步发展"的民族体育方针指引下，朝着规范化、科学化的方向健康发展。1991年6月，国际龙舟联合会在香港成立，迄今已有70多个正式会员组织。1992年8月，亚洲龙舟联合会在中国北京成立，至目前已有20多个正式会员组织。1995年6月，第一届世界龙舟锦标赛在中国岳阳成功举办，这是开历史之先河的赛事，也是龙舟走向世界的里程碑，至今已分别在澳大利亚、加拿大、中国台湾、捷克、英国、德国、中国香港、匈牙利、意大利、中国澳门、马来西亚、新西兰、波兰、南非、美国等国家和地区举办过世界龙舟锦标赛和世界俱乐部龙舟锦标赛两项重要赛事。2004年7月国家体育总局在湖北宜昌的秭归建立了中国龙舟运动基地。（图17-2、图17-3）。2005年9月，亚奥理事会接纳亚洲龙舟联合会为合法单项体育组织。2007年4月，世界体育总会（原国际单项体育联合会）接纳国际龙舟联合会为正式会员。"团结、协作、拼搏、进取"的龙舟精神推动着龙舟的发展，目前已进入世界运动会、亚洲运动会、泛美运动地中海运动会、亚洲沙滩运

图17-2 龙舟运动基地

图17-3 龙舟运动基地

动会、东南亚运动会和东亚运动会等综合性运动会。在中国，龙舟是全国少数民族运动会、全国运动会、全国农民运动会和全国体育大会等综合性运动会的正式比赛项目。此外，在中国举行的国际龙舟节将现代竞技与传统竞渡的龙舟风采尽情演绎，不同形式、各具特色的龙舟赛活动贯穿于全年。2011年，国家体育总局社会体育指导中心中国龙舟协会与中央电视台联手创办中华龙舟大赛，开辟了龙舟赛事又一个新的里程，使龙舟舞动了中国，舞动了世界。

第二节 龙舟竞渡的技术与战术

龙舟运动是一项集众多划手依靠单片桨叶作为推进方式，运用肌肉力量向船后划水，推动船舟前进的运动。

一、龙舟竞渡的技术

龙舟竞渡技术包含有划手技术、鼓手技术、舵手技术。

（一）划手技术

龙舟划手由握桨、坐姿、入水、拉水、桨出水、前推回桨等技术构成。

1. 握桨

以右舷划手为例。划手左手先放在桨把的上端，称为上手，四指从开朗内并拢，掌心紧贴桨把上端，大拇指从内向外包住桨把。右手在桨的下端（桨叶与桨把的接壤以上约10厘米处），称为动手，四指从开朗内并拢，大拇指从内向外包住桨把。划行时要自然松开，用四指指肚二三节作用桨柄即可，避免手心起泡。左排坐姿的握桨要领与右排一样。左舷划手相反。平日拉水时动手要没于水中，以保证桨叶入水深度。动手握桨高度越高，桨叶入水就越深，拉水效果就越好，相应的，对划手的力气要求也就越高。

2. 坐姿

以右舷划手为例。划手的身体保持坐姿，右大腿外侧紧靠船边，稍微弯曲，脚掌蹬紧前方座位下的隔板；左腿半屈，脚掌前撑自身座位下方隔板。（长间隔拉力赛，左、右腿可调换）。左舷划手反之。用两腿前蹬后撑的力气，稳固身体重心。

3. 入水

以右舷划手为例。划手划水时，身体前倾，用小腹接触外舷大腿，转动躯干，右肩前伸，动手食指中指握桨即可。背部、肩部发力传给右臂，左肘枢纽微屈，抬肘，构成高肘举措，左手大概在眉前一拳左右。桨叶斜挤入水，尽量不要挑起水花。左舷划手反之，桨叶斜挤入水角度约为45°。以水花小，入水柔为优。大桨划前进程中，身体前探入水动作幅度要大，以保证每桨的划行间隔。

4. 拉水

拉水大抵分为两个步调。第一个步调是抱水，以右舷划手为例，用肩背部力气将上手前推，同时动手手肘稍微弯曲，改为四指握桨，靠转动躯干横向发力。此时动手完全没于水中，桨叶大抵与水面呈80°~90°。第二个步调是拉水。桨抱水后立刻要拉水，拉水时右臂后拉，左臂肩部用力向下压桨，右腿（或左腿）前蹬隔板，躯干靠蹬腿起腰后移纵向发力，拉水至动手抵达本人臀部后即可。全进程动手没于水中，桨要垂直水面，拉水间隔为1~1.2 m。左舷划手反之。抱水靠改变躯干横向发力，拉水靠蹬腿起腰纵向发力。拉水进程保证动手完全没于水中，桨叶与水面一直坚持80°~90°，发力要猛，间隔只管长，且保证桨深和桨距（图17-4）。

图17-4　拉水

5. 桨出水

在桨拉水完毕后的出水动作。以右舷划手为例。出水时，上手松开，上抬提桨。右腕内扣，上抬提桨，使桨叶御水。出水角度大概为45°左右。左舷划手反之。出水时动作要轻要柔，顺着桨叶方向切出，牢记不可担水，以水花小动作轻为优（图17-5）。

图17-5　桨出水

6. 前推回桨

比拟常用的有以下两种办法：

（1）上部下压，使桨叶垂直与水面平行切过，接着右臂往前推桨，而后入水。这种办法因为切过顶风面，回桨阻力较小，合适风波较大的竞赛园地，然而回桨途径较长。对桨频影响较大，对手臂力气要求较高。

（2）高低手同时向上提桨并前推。前推过程中桨叶碰到水面，免得发生阻力。也不得提得太高，影响向前伸展手臂、入水时间以及划行的速度。这种入水方式相似于铲水，因为回桨途径短，能够加快桨频，一般用于快频桨。移桨进程中左、右臂要松开，为拉水进程作预备。

由鼓手打鼓指挥，节奏由慢逐渐加快，然后练习慢节奏划水（60桨/分）、中等节奏划水（90~100桨/分）和快节奏划水（120桨以上/分）三种节奏划水，最后练习起动划水技术，由于船是在静止中起动，故起动划水技术和途中划水技术不一样。起动划水一般采用浅插后拉技术，桨叶 2/3 吃水，拉水时，两腿前蹬后撑，拉水距离长的特点。起动桨一般用 3 桨，10~15 桨快桨即可以进入途中桨（图 17-6）。

图 17-6　龙舟运动

（二）鼓手技术

鼓手通常坐在船头，是整艘龙舟的指挥中心，鼓手指挥的好坏直接影响比赛成绩。鼓手要求个子较小、体轻、灵活、节奏感强，因此在选人方面要求较高。鼓手练习顺序是：单手打鼓、双手打鼓。鼓点练习顺序是：40 桨/分、60 桨/分、80 桨/分、100 桨/分、120 桨/分，力求练习到鼓点误差不超过 2 桨/分。

动作要领：打鼓时思想集中，鼓点心中有数，控制腕力，落鼓快，鼓声不拖泥带水，声音清脆。

易犯错误：鼓点声音时大时小，前臂发力过硬，抬手打鼓时高时低，腕力控制不好。

（三）舵手技术

舵手是龙舟前进、调度的指挥中心，舵手的素质好坏影响全队的比赛情绪。对舵手的要求是：身材适中、灵活、头脑清醒、注意力集中、有临危不惧的胆识。目前全国比赛的舵有固定舵、灵活舵。但一般都采用固定式舵（图 17-7）。

图 17-7　固定式舵

不管是固定舵还是灵活舵，舵手均要学习向左偏、向右偏、向左弯、向右弯、向左后转、向右后转、直线行进。

动作要领：舵手撑舵时，眼看前方，注意鼓手的反应。身体稍弯腰前俯，两腿前后开立成弓步。当划手拉水时，两腿用力向前蹬船。初学者采用坐实掌舵方式。

二、龙舟竞渡的基本战术

龙舟比赛的场地一般设在河湖之上,运动环境变幻莫测,因此龙舟比赛要加强战术意识的培养,要确立正确的战术指导思想,正确对待训练和比赛,加强意志品质的磨炼,不管在什么样的比赛环境下都要充分发挥身体素质和技术作用。在训练中要建立良好的时间概念和速度感觉,比赛时才能合理地分配体力。

在制定战术时,在战略上要藐视困难,在战术上要重视困难,积极主动,力争上游。最好的战术就是根据全队的力量,将技术水平平均分配,划分周期要有节奏,使本队在比赛中达到最好的状态。合理分配队员体力是取得优异成绩的关键。

一般情况下,起动5~8桨。起动桨后根据各队队员的身体素质,可调整拉水距离、桨入水深度的起动桨技术,直接进入途中桨或先加速150 m以后再进入途中桨。离终点150 m左右开始冲刺,冲刺桨频根据各队情况加以调整。比赛前要分析对手的情况,根据对手的技术、战术特点制定合适的战术。

比赛中头脑要冷静、清醒,不要受外界的干扰,破坏自己的技术发挥;也不要轻易改变战术,以没有把握的速度对抗,造成不应有的失败,同时也要提倡敢冲、敢拼的精神。

第三节 龙舟竞渡的比赛规则

龙舟竞渡的比赛规则适用于宜昌本地,区别于与其他地区的比赛规则。

第1条 定义

1.1 龙舟运动是以划桨为动力,集竞技、健身、娱乐、祭祀等于一身,通过鼓手、锣手、划手、舵手同心协力的方式进行的体育运动。

1.2 所有形式的龙舟竞赛必须配备龙头、龙尾、锣、鼓、舵,以此传承中国的民俗传统。根据区域民俗的不同特点,龙舟在头、尾造型设计上也不同,包括凤舟、象牙舟、龟舟、虎头舟、牛头舟、天鹅舟、蛇舟等形状。但只要类似划龙舟动作的运动,都统称为龙舟运动。

1.3 龙舟竞赛是指在尽可能短的时间内,完成规定的距离或拉动对方至相应标记的比赛。

第2条 竞赛形式

龙舟竞赛的形式有:直道赛、绕标赛、往返赛、拔河赛、冰上赛。

2.1 直道赛:直道赛指在尽可能短的时间内,通过1 000米以内的标志清晰而无任何障碍的直线赛道的竞赛。

2.2 绕标赛:绕标赛指在环绕半径不少于18米,直线距离400米的人工或自然水域所进行的环绕竞赛,全国锦标赛和综合性运动会环绕半径不少于27米。

2.3 往返赛:往返赛指在不少于100米的直道内进行多次折返的竞赛。

2.4 拔河赛:拔河赛指在静水水域中,比赛双方以龙舟和连接两条龙舟的绳索为主要器械,将对方拉至相应标记线的赛道。

2.5 冰上赛:冰上赛是在水上龙舟运动基层上延伸的一项在冰面上滑行的冰上龙舟赛。

第3条 竞赛类别

3.1 中华龙舟大赛

3.2 中国龙舟公开赛

3.3 全国综合性运动会龙舟赛

3.4 全国龙舟锦标赛

3.5 全国青少年龙舟锦标赛

3.6 其他赛事(5人龙舟赛、精英赛、邀请赛、争霸赛、传统龙舟赛、拉力赛、往返赛、拔河赛、冰上赛等)

3.7 彩龙、艳龙等形式的龙舟赛

3.8 地方龙舟赛

第4条 竞赛组别

4.1 公开组:无年龄、性别限制。

4.2 男子组:必须是男性,无年龄限制。

4.3 女子组:必须是女性,无年龄限制。

4.4 混合组:划手性别受限,无年龄限制。

· 23人龙舟竞赛最少8名、最多不超过12名同性别划手参赛。

· 12人龙舟竞赛最少4名、最多不超过6名同性别划手参赛。

· 5人龙舟竞赛最少2名、最多不超过3名同性别划手参赛。

4.5 青年组:年龄为当年12月31日前满18周岁但不超过23周岁。

4.6 少年甲组:年龄为当年12月31日前满12周岁但不超过18周岁。

4.7 少年乙组:年龄为当年12月31日前满12周岁但不超过16周岁。

4.8 少年丙组:年龄为当年12月31日前满12周岁但不超过14周岁。

· 任何生日在1月1日当天或之后的14、16或18岁运动员在当年仍可作13、15或巧岁运动员参赛(除舵手外)。

· 少年组可以设男、女及混合组。

4.9 老将组:除鼓手、锣手、舵手外,运动员年龄必须在40周岁或以上(以当年12月31日计)。

· 老将组可以设男、女及混合组。

龙舟竞赛分男子组和女子组直道竞速,男子组有800米、1 000米、2 000米、4 000米等比赛,女子组有400米、600米、800米、1 000米等比赛。赛场设在静水区域,一般设有6~8个航道,航道宽约9米、11米和13.5米不等;水深约2.5米左右,航道每50米以内均有航道浮标以示标志,起点和终点两端的延长线均有标志杆。

第5条 龙舟竞赛通则

龙舟比赛主要分为起航、途中、终点几个部分,每个部分均有具体的规定与要求。

起航

赛前5分,龙舟进入航道。如赛前2分龙舟仍未进入航道,受警告一次;起航前,龙舟(龙头)前沿必须稳定在起航线,不服从指挥或有意拖延时间者,受警告一次;"预备"口令发出时，划手把桨举离水面；发令（鸣枪）后，划手方可入水划桨；发令鸣枪前入水划桨被判为抢航犯规，受警告一次。一条龙舟连续两次抢航犯规或在第三次被判犯规的队（不管该龙舟是第几次抢航）将被取消该场次的比赛资格。根据比赛规则，每一组的起航次数总共为3次。

途中

比赛途中，各龙舟必须在规定的航道内划行，窜道干扰和阻碍其他龙舟、锣手和鼓手参与划桨，以及其他不道德行为等，将根据不同情节受到警告、中止比赛和取消该场次的比赛资格的处罚。

终点

龙舟划至终点时，必须在本航道以龙舟（龙头）的前沿（不含龙须和龙角）到达终点线，经裁判长检查，被确认无误之后，比赛成绩方有效。如果有队员在比赛时落水而不在龙舟上，比赛成绩则被判无效。比赛中龙舟不按规定航道通过终点，途中调换队员或器材短缺，以及比赛成绩未经裁判长检查等均可能被判比赛成绩无效和取消成绩。

比赛规则：

1. 比赛赛程为单程800米（参赛队需听从裁判指令，保持航道，不得影响其他赛队。）

2. 在一艘龙舟赶上另一艘龙舟时，超越龙舟有责任把航行水域让给被超龙舟，同样的，被超龙舟不允许给赶超者制造麻烦。否则将被取消资格。

3. 在比赛中，正确的操作行为是可以避免发生挤碰的，但是，如果在发生挤碰情况下不停止划桨的，将取消比赛资格。

4. 比赛成绩由裁判决定。如有平局，将抽签决定谁进入下一轮比赛。

5. 在开始后50米内发生挤碰，比赛裁判可以提示重新开始比赛。在此事件中的肇事者将被取消资格。

6. 在比赛后50米发生挤碰，所有肇事船只将被取消资格，其他船只不管是否被此事影响，都可以继续比赛。比赛成绩和比赛资格的取消都由竞赛委员会确定和裁决。一艘船如果在比赛中倾覆，表明未能完成比赛，将没有比赛成绩。

7. 全部船身都穿过终点线时，且保证所有队员都在船上。此时记录的时间为完成比赛的时间，表示比赛完成。

8. 如果裁判判定由于参赛队的故意行为致使龙舟沉没，大赛组委会有权对该参赛队施以2 000元人民币的罚款或者禁止其参加决赛。

9. 如果出现参赛队故意损坏龙舟行为的，组织者有权要求该参赛队赔偿被损龙舟的修理费用。

10. 参赛队在比赛过程中故意冲撞其他龙舟或者造成其他龙舟倾覆的，比赛主裁判将根据规则判定各自的责任，行为恶劣的将被取消比赛资格。

注意事项

1. 参赛队伍在活动开始前一个半小时到达比赛地点集合报到，在规定时间内未能报到的参赛队，大赛组委会将有权剥夺其比赛资格。

2. 在比赛开始后发生船桨、方向舵或其他比赛用品损坏的，比赛继续进行，不会再重新出发。

第6条　竞赛项目（图17-8）

传统体育与健康

项目 组别	直道赛					往返赛			绕标赛			拉力赛	拔河赛
	200 m	300 m	500 m	800 m	1 000 m	500 m	1 000 m	1 400 m	2 000 m	3 000 m	5 000 m	10 000 m以上	
公开组	√	√	√	√	√	√	√	√	√	√	√	√	√
男子组	√	√	√	√	√	√	√	√	√	√	√	√	√
女子组	√	√	√	√	√	√	√	√	√	√	√	√	√
混合组	√	√	√	√	√	√	√	√	√	√	√	√	√
青年组	√	√	√	√	√	√	√	√	√	√	√		√
少年甲组	√	√	√	√	√	√	√	√	√				√
少年乙组	√	√	√	√	√	√	√	√	√				√
少年丙组	√	√	√	√	√								
老将组	√	√	√	√	√								
冰上龙舟	√	√	√	√	√								

图 17-8　竞赛项目

第 7 条　规则适用范围

本规则适用于国内举办的各类龙舟竞赛。

第十八章　宜昌其他特色体育

学习目标

知识目标

通过了解枝江碟舞、五峰板凳舞、夷陵区龙泉高跷的来历，能够掌握其动作特点。

技能目标

通过学习了解枝江碟舞、五峰板凳舞、夷陵区龙泉高跷，掌握其文化价值并能够欣赏。

素质目标

在日常生活和学习中能够具备顽强拼搏精神，遇到困难能够综合所学，分析问题，积极主动的寻找解决方案，面对困难不退缩，勇于挑战，发挥体育精神。

课堂导入

宜昌，这片古老而神奇的土地，拥有"屈原昭君故里、世界水电之都"的美誉，是"大国重器"三峡工程所在地，秀美山水间孕育了许多具有地方特色的体育项目。例如，龙舟竞渡、土家族健身舞蹈等传统民俗体育，早已成为宜昌文化的瑰宝。这些体育项目不仅展示了宜昌人民的勇敢与智慧，还传递了团结、拼搏、进取的体育精神。随着时代的发展，这些传统体育项目在传承中不断创新，焕发出新的生机与活力。

宜昌的体育特色还体现在群众体育的普及上，始终坚持"以人为本"的体育发展理念，注重提高群众参与体育运动的积极性。在宜昌的各个角落，都可以看到人们积极参与体育锻炼的身影。无论是清晨的公园、傍晚的广场，还是周末的体育场馆，都充满了欢声笑语和活力四溢的体育氛围。这种全民参与的体育氛围，正是宜昌体育事业发展的生动写照。

第一节　枝江碟舞

枝江碟舞，是一种流传于枝江市仙女镇青狮港一带的民间舞蹈，它源于当地的传统文化和生活习俗，具有浓厚的地方风情和独特的舞蹈风格。其历史可追溯至汉代，当时枝江地区已具有高超的音乐舞蹈水平。这种舞蹈最初被称为"青狮碟子舞"，主要在婚庆、祝寿、节庆等喜庆场合表演。枝江碟舞的表演者通常是一群女性，她们身穿传统的民族服饰，头上戴着特制的舞帽，手持特制的碟子，随着节奏跳跃起舞。碟子的使用是枝江碟舞的特色之一，表演者会将碟子用手中的细竹棍或者绳索连接起来，形成一种线条美，然后随着音乐的节奏，以各种动作摆动碟子、翻转碟子，展示出独特的舞蹈效果。表演时，舞者使用瓷碟、顶针和竹筷等道具，通过单碟和双碟的使用方式，配合十字步基本舞步，根据音乐节奏和表演人数的不同，展现出变化多样的表演方式。舞者通过顶针碰撞瓷碟或用竹筷敲击瓷碟，配合手、臂、腿和腰部的协调动作，形成优美的舞姿（图18-1）。

图18-1 枝江蝶舞

2006年，枝江市文化部门对这一舞蹈进行了专业整理和改编，创作为广场舞版本，使其既保留了地方民间特色，又具有健身功能，同时增强了观赏性。此外，还举办了多期培训班，培养了200多位骨干舞者，并在全市各镇（街道）、企业、机关、学校广泛推广。枝江碟舞的普及效果通过连续举办多届大赛得到了检验，参赛演员人数达到了两千多人次。

枝江碟舞的起源没有确切的历史记载，但据传承人回忆，该舞蹈在枝江已流行近百年。枝江碟舞的起源可能与古代农耕文化有关。在古代，农民们在丰收和节庆时会举行庆祝活动，舞蹈是其中重要的表达方式之一。枝江碟舞可能就是在这样的背景下逐渐形成和发展起来的，最初可能是作为一种祭祀或庆祝活动的表演形式。早期的表演者使用瓷碟、顶针和筷子作为道具，节奏多为民间小调，穿插简单的舞蹈动作。表演内容通常涉及男女表达爱情和对美好生活的追求，通过口口相传的方式，在民间代代相传。在古代，这种舞蹈可能是由长辈向后辈传授的，通过家族或村落的传统活动中得以保留和传承。

进入20世纪80年代后，枝江碟舞在保持原有风格的同时，不断完善舞蹈动作、词曲，并开始搬上舞台。随着时代的发展，枝江碟舞在继承传统的基础上不断发展，成为具有枝江地域特色的群众性健身广场舞。枝江地区历史上是一个文化交流的地区，这也促进了枝江碟舞的发展。不同地区的舞蹈形式可能会相互影响和融合，使得枝江碟舞在发展过程中逐渐形成了独特的风格和特点，随着社会的发展和文化的传承，枝江碟舞在现代得到了更多的关注和重视。当地政府和文化机构也积极推动枝江碟舞的传承和发展，通过举办比赛、演出等活动，为枝江碟舞的传统传承提供了有力支持。

枝江碟舞具有深厚的历史文化价值。这种舞蹈承载着丰富的历史文化内涵，具有以下几个方面的价值。

1. 文化传承

枝江碟舞作为当地的传统民间舞蹈，代代相传，是枝江地区丰富多彩的文化遗产之一。通过舞蹈的表演和传承，人们可以感受到古代枝江地区的民俗风情和文化传统，有助于传承和弘扬当地的文化精神。

2. 民俗风情

枝江碟舞反映了当地人民的生活方式、审美情趣和精神风貌，展现了枝江地区独特的民俗风情。舞蹈中所表现的动作、服饰和道具等元素，都蕴含着丰富的民间意蕴，有助于人们了解当地的民俗文化。

3. 艺术表现

枝江碟舞具有独特的舞蹈形式和编排手法，舞者们手持碟子，在舞台上以轻快的步伐和优美的动作展现出独特的舞蹈画面。这种舞蹈形式既有技巧性，又有观赏性，是一种集艺术表现和娱乐性于一体的民间艺术形式。

4. 地方特色

枝江碟舞是枝江地区独有的舞蹈形式，反映了该地区独特的地域特色和民族风情。作为地方文化的代表之一，枝江碟舞有助于塑造和传播当地的地方形象，增强地方认同感和归属感。

综上，枝江碟舞作为湖北省枝江市的一种传统民间舞蹈，具有深厚的历史文化价值，不仅反映了当地的民俗风情和文化传统，也是地方文化的重要组成部分，对于保护和传承地方文化具有重要意义。

第二节 五峰板凳舞

五峰板凳舞是中国湖北省五峰土家族自治县的一种传统民族体育活动，也是土家族民间传统舞蹈之一。这种舞蹈通常在节庆活动、婚礼、迎宾等场合中表演，以其独特的舞蹈形式和富有活力的表现方式而闻名。五峰板凳舞的特点是舞者们手持木制板凳，在舞台上以各种动作和编排展现出生动的场景和故事情节（图18-2）。

五峰板凳龙舞是鄂西土家族、苗族喜爱的传统体育项目。板凳龙可一人独舞，两个配对、三人搭帮、数龙群舞，而以两人在前舞头，一人在后舞尾的三人搭帮最为精彩。板凳龙表演时合着鼓点，按形成的套路规律，有节奏地舞出各种动作。场面欢快热烈，首尾相应、宝珠逗引、节节相随、起落有序、穿来摆去，似遨游江海的蛟龙。在锣鼓声中，人、凳绞缠穿梭，浑然一体，灵龙飞舞，使人眼花缭乱。其动作套路有：黑狗穿裆、龙摆尾、龙翻身、龙爬沙、龙下儿等。舞者须迅速敏捷，顺势划圈、灵活善变、配合默契。这种舞蹈不仅是一种民族传统艺术表演形式，也是土家族文化的重要载体之一。通过表演五峰板凳舞，土家族人民传承和弘扬着自己的民族文化，同时也向外界展示了土家族的生活方式、精神风貌和民俗传统。

图18-2 五峰板凳舞

安居板凳龙舞所用击乐有鼓、大锣、双钹、马锣。采用的锣鼓经（曲牌）有双点头、四门进、上天梯、龙摆尾等。节奏热烈欢快，气氛热烈，轻重缓急，变化多样。

板凳龙舞有多种式样的耍法。有独凳龙。一条家用普通花条板凳饰以彩龙（木刻或扎纸校彩绘），可由二人至三人舞。一人舞时，两手分别执前后腿。二人舞时，一人执前两腿，另一人执后两腿。三人舞时，前二人各以侧手执一腿，后一人双手执两腿。舞动时按照规定套路，合着鼓点，有规律、有节奏地舞出各种花样。有多凳龙，由五至十一人组成，每人各举一凳。前一名示龙头，后一名示龙尾，其余为龙身。另由二人举宝珠逗引龙行进，数人协调行动，节节相随，时起时落，穿来摆去。有时一条龙从头到尾，要用八十多条板凳相连，板与板之间用一木棍相连，每一个木棍有一人拿着，每条板凳上都扎着花灯（替代龙体），花灯上都画了自己喜欢的花草、树、鸟等图案，由于每只花灯都按自己的喜好所画，为此八十多只花灯的图案竟各不相同，甚至五六条龙走在一起也找不出相同的图案。到了夜晚，花灯内点燃烛光，形成一条长长的灯。有篾扎板凳龙，即用竹篾扎成龙形置于板凳之上，以木脚示龙爪，造型逼真。耍板凳龙又分两种舞式，一为独凳龙，一为九节龙（九张板凳相接）。舞板凳龙的动作有二龙抢珠、黄龙穿花、二龙戏水、金蝉脱壳、黄龙盘身等。舞者们在舞台上利用板凳的移动、翻转、叠加等动作，形成多样化的舞蹈画面。他们通过快速的步伐、灵活的身体动作以及板凳的运用，展现出土家族的勇敢、豪迈和热情。五峰板凳舞的节奏感强，动作变化多样，融合了舞蹈、音乐和民族文化元素，深受观众喜爱。

五峰板凳舞作为中国湖北省五峰土家族自治县的一种传统民间舞蹈，不仅具有历史文化价值，还具有重要的现实文化价值：

1. **文化传承与认同感**

五峰板凳舞是土家族文化的重要组成部分，通过传承和演出，有助于传承和弘扬土家族的优秀传统文化。对土家族民众来说，参与板凳舞的表演和学习，可以增强他们的文化认同感和自豪感，加深对自己民族文化的了解和热爱。

2. 促进民族团结与交流

五峰板凳舞不仅在土家族内部具有影响力，也是不同民族之间交流互动的桥梁。通过板凳舞的演出和交流活动，不同民族之间可以增进理解、促进团结，加强文化交流，促进社会和谐稳定。

3. 文化旅游推广

五峰板凳舞作为土家族的传统文化表现形式之一，吸引了大量游客前来观赏和体验。通过板凳舞表演、文化展示等方式，可以促进当地旅游业的发展，增加地方经济收入，推动乡村振兴和文化产业发展。

4. 提升地方形象和知名度

五峰板凳舞作为土家族文化的代表之一，是五峰土家族自治县的重要文化名片。通过板凳舞的传播和宣传，可以提升五峰地区的形象和知名度，吸引更多人关注和了解这个美丽的地方。

五峰板凳舞不仅在历史文化上具有重要价值，更在当代社会中具有重要的现实文化意义。它不仅是土家族文化的传承和展示，也是民族团结、旅游推广和地方形象提升的重要手段和载体。

若将五峰板凳舞进行更高效且合理的推广，五峰板凳舞未来将有望在传承创新、教育推广、产业发展和国际交流等方面取得更加广泛和深远的发展，为土家族文化的传承和发展做出更大的贡献。在文化传承与保护方面，加强对五峰板凳舞的文化传承和保护工作，通过收集整理舞蹈资料、建立档案数据库等方式，记录和保存板凳舞的传统技艺和表演形式。同时，加强对板凳舞传承人的培养和扶持，确保传统技艺能够代代相传。在创新与融合方面，在保持传统的基础上，鼓励五峰板凳舞的创新和融合，吸收其他舞蹈形式和元素，注入现代审美观念和艺术表现手法，使板凳舞更符合当代人的审美需求和文化追求，增强其活力和吸引力。在教育与推广方面，加强五峰板凳舞的教育和推广工作，将其纳入学校课程和社区文化活动中，培养青少年对板凳舞的兴趣和热爱，增强他们的文化自信心和身份认同感，推动板凳舞的普及和传播。在文化产业发展方面，将五峰板凳舞作为文化产业的重要组成部分，加强与旅游、演艺等产业的深度融合，打造板凳舞的品牌形象和文化IP，开发相关衍生产品和服务，推动文化产业的发展和繁荣。在国际交流与合作方面，加强五峰板凳舞与国际舞蹈界的交流与合作，通过参加国际舞蹈节、举办国际交流活动等方式，拓展板凳舞的国际影响力和知名度，促进中外文化的交流互鉴，推动板凳舞的全球化发展。

第三节 夷陵区龙泉高跷

龙泉高跷主要流行于宜昌市夷陵区龙泉镇柏临河两岸，有据可查已有200多年历史。龙泉高跷属灯舞范畴，它既有武术特质，又有体育特征；既有戏剧痕迹，又有曲艺之风；既有演唱角色，又有打击乐伴奏。但龙泉高跷更多的是民间舞蹈属性，主要应用于春节玩灯，大型节庆活动及农家红事喜庆（图18-3）。

图 18-3 龙泉高跷

龙泉高跷有五种表演形式，当地人形容为："花鼓舞、花鼓戏，玩狮子、玩武艺，舞起龙灯唱大戏"。

高跷花鼓舞一般由"一丑两旦"表演。表演时旦角穿花，丑角在旦角穿花中走"∞"字，前后错位。旦角多为男扮女装（现在多为女性表演）。高跷龙鼓舞是主要的贺春形式，边唱边舞，唱词内容主要是恭喜发财、吉祥如意类。

高跷花鼓戏是把打锣声腔系统的花鼓戏（主要是三小戏）搬到高跷上演唱。

高跷狮子是艺人把地狮子搬上高跷，表演狮子习性和特征。有单狮、双狮、群狮多种表演形式，主要有狮子拜四门、金狮理毛、金狮接吻、金狮穿梭、金狮啸天等。

高跷武艺是艺人在高跷上展示高难度武术技艺，意境大都取意于民间传说和历史故事。主要有单鞭救主、八王观阵、两朵金花、五子登科、凤凰展翅、犀牛望月等 15 种。

高跷龙即踩着高跷舞龙灯，主要技艺有拜四门、金龙摆尾、金龙戏水、金龙盘柱、金龙卷拱等。

龙泉高跷是留给后人们的宝贵财富，有重要的精神传承价值、文化研究价值、文化拓展价值、艺术传承价值。

2016 年 2 月、6 月、9 月，分别参与湖北武汉、广东潮州、陕西宝鸡全国春节闹元宵活动和民间艺术展演，并多次获奖。

龙泉镇高跷历史悠久，《宜昌府志》《东湖县志》《夷陵民俗志》对当地民俗活动"演故事""跳狮""龙泉高跷"多有记载。在传承中历经沧桑，不断创新，形成了多支传承谱系。据龙泉镇青龙村高跷艺人徐发明介绍，他是这一支高跷第六代传人，他的师傅是父亲徐仁山，徐仁山从师太爷陈大乾。师祖陈德华，生于 1788 年，他 15 岁学高跷，龙泉高跷至今已有 200 余年历史。

参 考 文 献

[1] 王诚民. 武术套路教程［M］. 哈尔滨：哈尔滨地图出版社，2006.
[2] 国家体育总局健身气功管理中心. 健身气功丛书［M］. 北京：人民体育出版社，2010.
[3] 谭清华等. 新编大学生体育与健康教程［M］. 西安：西安交通大学出版社，2015.
[4] 王颖. 体育与健康［M］. 北京：高等教育出版社，2015.
[5] 汪长芳，等. 传统养生体育教程［M］. 北京：北京体育大学出版社，2016.
[6] 李其明，等. 新体育与健康［M］. 北京：北京体育大学出版社，2017.
[7] 宋金龙，等. 体育与形体、保健［M］. 北京：科学出版社，2008.
[8] 王新祝，等. 土家族撒叶嗬［M］. 昆明：云南人民出版社，2008.
[9] 龙明. 毽球运动［M］. 北京：高等教育出版社，2020.
[10] 宫祥辉，等. 民族传统体育文化研究［M］. 北京：新华出版社，2014.